Krause-Girth

Schein-Lösungen

Cornelia Krause-Girth

Schein-Lösungen

Die Verschreibungspraxis von Psychopharmaka

mit einem Vorwort von Gerd Glaeske

Psychiatrie-Verlag

Die Wiedergabe von Gebrauchsnamen, Handelsnamen, Warenbezeichnungen usw. in diesem Werk berechtigt auch ohne Kennzeichnung nicht zu der Annahme, daß solche Namen im Sinne der Warenzeichen- und Markenschutz-Gesetzgebung als frei zu betrachten wären und daher von jedermann benutzt werden dürften.
Eine Aufstellung der im Text erwähnten Präparate mit Handelsnamen und Inhaltsstoffen findet sich im Anhang.

CIP-Titelaufnahme der Deutschen Bibliothek
Krause-Girth, Cornelia:
Schein-Lösungen: d. Verschreibungspraxis von Psychopharmaka / Cornelia Krause-Girth. - Bonn: Psychiatrie-Verlag, 1989

ISBN 3-88414-099-X

Dieses Buch entstand auf der Grundlage der Dissertation: Psychopharmaka - Exemplarische Analyse ihrer Verordnungspraxis in der Bundesrepublik, Düsseldorf 1984 und wurde unter Mitarbeit von Gunter Herzog aktuell überarbeitet. Autorin und Verlag danken herzlich.
Obwohl wir mit »Ärzten« keineswegs nur Männer meinen und uns unter »Patientinnen« überwiegend Frauen vorstellen, haben wir zugunsten der Lesbarkeit auf neuere geschlechtsneutrale Formulierungen im Sinne von Ärzt/inn/e/n und PatientINNen verzichtet.

Umschlaggestaltung: markus lau, Berlin
Herstellung: Psychiatrie-Verlag, Bonn
Druck: Plump KG, Rheinbreitbach

Inhalt

Lesehinweis

Die drei Kapitel zur Analyse der Verschreibungspraxis von Benzodiazepinen, Neuroleptika und Antidepressiva bilden das »wissenschaftliche Herzstück« dieses Buches. Jedes dieser Kapitel kann einzeln gelesen, aber auch als Nachschlagewerk für die mitunter sehr spezifischen Unterschiede zwischen den einzelnen Präparaten genutzt werden.
Wer schnell zu den aus der Analyse abzuleitenden Veränderungsvorschlägen vorstoßen will, ohne den Weg der Begründung nachzuvollziehen, findet im Schlußkapitel »Gesundheitsförderung durch weniger Psychopharmaka« die wichtigsten Argumente zusammengefaßt.

Pillen für Schwache oder schwach durch Pillen ?

Verordnete Anpassung, Beruhigung auf Rezept, ärztlich verursachte Abhängigkeit und Pharmawatte - all dies sind Assoziationen, die mit dem Begriff Psychopharmaka verbunden sind. Um diese Arzneimittelgruppe geht es in diesem Buch. Nicht, daß es keine sinnvollen Anwendungsbereiche für Neuroleptika, Antidepressiva oder Tranquilizer gäbe, hierauf wird ausdrücklich in den ersten vier Kapiteln verwiesen.

Vielmehr ist es die vielfach leichtfertige ärztliche Verordnung vieler Psychopharmaka, allen voran der Tranquilizer, die die gesamte Gruppe in Mißkredit gebracht hat.

Die Erfolge der Arzneimitteltherapie, z.B. im Bereich der Infektionskrankheiten, haben die Meinung wachsen lassen, daß jede Mißbefindlichkeit, jedes Symptom mit Arzneimitteln behandlungsfähig sei. Die pharmakologische Revolution macht keinen Unterschied mehr zwischen Körper und Psyche. Therapiert wird jede diagnostizierbare oder vermutete Abweichung vom Normalen: Der erhöhte Cholesterinwert ebenso wie Ängstlichkeit oder Depression. Die Medizin scheint - im wahrsten Sinne des Wortes - ver-rückt geworden durch die maßlosen Indikationsversprechen pharmazeutischer Hersteller, die noch in jeder »vegetativen Dystonie« oder »emotional bedingten Schlaflosigkeit« ihr Geschäft wittern.

Aufklärung tut not, und - so diese keine Wirkung zeigt - regulatorische Interventionen. Aufklärung durch Verordnungsanalysen, regulatorische Interventionen mit der Beschränkung der Verfügbarkeit von Arzneimitteln: So dürfen beispielsweise Benzodiazepine im Staate New York nur noch auf streng überwachten Betäubungsmittel-Rezepten verordnet werden. Resultat einer gedankenlosen Verordnungspraxis niedergelassener Ärzte.

Cornelia Krause-Girth beschreibt diese Verordnungspraxis für die Bundesrepublik mit all ihren Diskrepanzen zur herrschenden Lehrmeinung in der Pharmakologie. Solche pharmakoepidemiologischen Analysen sind in der Bundesrepublik Neuland. Der Datenzugang und die Datenlage sind hierzulande ausgesprochen schlecht. Dieses Buch füllt daher eine Lücke. Es bietet eine Form der industrieunabhängigen formation, die für Ärzte außerordentlich wichtig ist. Denn nur auf der Basis empirischer Auswertungen sind Reflexionen über die eigene Verordnungstätigkeit möglich. Das Buch trägt daher auch dazu bei, Türen für Therapieformen außerhalb der schnellen Verschreibung zu öffnen und damit den allzu hohen Stellenwert von Psychopharmaka zu neutralisieren.

Die Therapie im Bereich psychischer Erkrankungen soll Ursachen aufdecken. Symptomzudeckende Therapien mit beruhigenden Arzneimitteln sind kontraproduktiv. Daß die beruhigende Therapie zu häufig angewendet wird, zeigen die Analysen von Cornelia Krause-Girth. Ärzten diesen Spiegel ihres Verordnungsverhaltens vorzuhalten, kann mit Aufregung und Verunsicherung verbunden sein.
Beides trägt aber zum Nachdenken und zur Veränderung bei.

Dr. Gerd Glaeske
September 1989

Dr. rer.nat. Gerd Glaeske arbeitet seit Jahren auf dem Gebiet der Arzneimittelepidemiologie, ehemals als Abteilungsleiter am Bremer Institut für Präventionsforschung und Sozialmedizin, jetzt in der selben Funktion bei einer großen Krankenkasse. Er ist Mitglied der Forschungsgruppe zum Arzneimittelverbrauch in der Weltgesundheitsorganisation (Kopenhagen), Mitglied der Standardzulassungskommission beim Bundesgesundheitsamt Berlin und Autor für Arzneimittelfragen bei der Deutschen Hauptstelle gegen die Suchtgefahren.
Neben der Positivliste sind seine aktuellsten Veröffentlichungen:
»Altern ist keine Krankheit«, Köln, Kiepenheuer & Witsch Verlag, 1988
und »Beruhigungsmittel und Psychostimulantien« in: Vogt, Irmgard und Scheerer, Sebastian (Hrsg.): Drogen und Drogenpolitik, Frankfurt, Campus, 1989.

Die Verschreibungspraxis von Psychopharmaka

Psychopharmaka und psychosoziales Leiden

Das Wort »Psychopharmaka« ist aus der Literatur seit 1548 bekannt und bezeichnete zunächst eine Sammlung von Trost- und Sterbegedichten. Seine jetzige Bedeutung erhielt es erst nach der Entdeckung des ersten Pharmakons, welches gezielt zur Behandlung psychiatrischer Erkrankung eingesetzt wurde: des Neuroleptikums Chlorpromazin. Seine Entdeckung 1951/52 stellte einen Wendepunkt in der Behandlung psychotischer Zustände dar. Spektakuläre Behandlungserfolge bei schizophrenen Patienten mit bis dahin hoffnungsloser Prognose (was faktisch ein Leben in der Anstalt bedeutete) führten zu einer schnellen Verbreitung des neuartigen Medikaments, durch das nach Ansicht vieler Autoren die Behandlung außerhalb der Anstalt erst möglich wurde. Unbestritten markiert die Entdeckung der Neuroleptika auch einen wissenschaftlichen Fortschritt in der Psychiatrie, der zur Intensivierung der Erforschung potentieller weiterer Psychopharmaka herausforderte. Als eine Folge wurde das Wirkungsspektrum des Imipramin entdeckt, des ersten trizyklischen Antidepressivums, das zunächst als schwaches Chlorpromazin beschrieben wurde. Nach weiterer klinischer Erprobung zeigte sich 1957 seine stimmungsaufhellende und antidepressive Wirkung. Die Entwicklung des ersten Benzodiazepintranquilizers (Chlordiazepoxid) war im Unterschied zu den Neuroleptika und Antidepressiva ein Ergebnis systematischer Forschung der Firma Hoffmann La Roche. Trotz therapeutischer Wirksamkeit und vergleichsweise geringer Nebenwirkungen, aufgrund derer die Benzodiazepintranquilizer in relativ kurzer Zeit andere, z.B. barbiturathaltige Beruhigungsmittel, Sedativa und Hypnotika vom Markt verdrängt haben und heute zu den am häufigsten verordneten Medikamenten überhaupt gehören, gilt ihre Entdeckung aus wissenschaftlicher Sicht als weniger bedeutsam.

Da der Anwendungsbereich der Tranquilizer außerordentlich breit und unscharf abgegrenzt ist, werden sie bei einer Vielzahl von Beschwerden verordnet, bei denen ihre therapeutische Wirksamkeit, insbesondere bei Einnahmen über längere Zeit, nicht erwiesen ist. Bei vielen Patientinnen und Patienten verfestigte sich dadurch der Eindruck, es gäbe für »alle Leiden eine Pille« (*Vogt* 1985). Viele Ärzte bestätigen oder erzeugen diese Erwartung durch die vorschnelle Verordnung eines Tranquilizers schon bei leichten Mißbefindlichkeiten. Gerade bei Benzodiazepinen scheint die Verordnungsschwelle sehr niedrig zu liegen, weil sie in der Bundesrepublik als harmlose, nebenwirkungsarme Medikamente mit hohem Nutzen und geringem Risiko vermarktet wurden. Daß dies auch ganz anders gesehen werden kann, zeigt ein Vergleich der Herstellerinformation in der Bundesrepublik und in den USA: Dort werden sehr viel strengere Indikationskriterien angegeben als hier. Mit den Neuroleptika und Antidepressiva gehören die Tranquilizer zu den wichtigen Psychopharmaka in der Behandlung psychischer Leiden. Die drei Gruppen unterscheiden sich in ihrer chemischen Struktur, in ihren biologischen Wirkungen und in ihrem Indikationsspektrum.

Allgemein sind Psychopharmaka definiert als *»Medikamente, die auf das Erleben und auf das Verhalten der Menschen wirken und therapeutisch um dieser ›psychotropen‹ Wirkung willen eingesetzt werden«* (*Spiegel* und *Aebi* 1981, S. 12).

Neuroleptika werden verordnet bei Symptomen der Schizophrenie, nichtschizophrenen Verhaltensstörungen wie Psychopathien, maniformen Syndromen, agitiert-depressiven Symptomen. Sie werden auch als Antipsychotika bezeichnet.

Antidepressiva dienen vorwiegend der Behandlung endogener Depressionen, können jedoch auch bei verschiedenen anderen Depressionsformen (reaktiv, somatogen, klimakterisch, larviert usw.) eingesetzt werden.

Tranquilizer vom Typ der *Benzodiazepine* sind indiziert bei Symptomen von Angst und Unruhe sowie Schlaflosigkeit. Es wird nur diese Gruppe untersucht, weil sie in der Praxis mit Abstand am häufigsten verordnet wird und andere, z.B. barbiturathaltige Beruhigungsmittel, seit den 80er Jahren immer weiter vom Markt verdrängt.

Da letztlich jede Substanz neben mehr oder minder leicht faßbaren somatischen Wirkungen auch auf die psychischen Funktionen einwirkt, muß bei den Psychopharmaka gesichert sein, daß der sog. psychotrope Effekt in der Wirkung des Pharmakons selbst oder in der Wirkung seiner Metaboliten auf Strukturen des zentralen Nervensystems liegt (*Benkert* und *Hippius* 1980).

Ein *ideales Psychopharmakon* (»psychotherapeutic drug«) würde nach *Hollister* (1978):

1. Die pathogenen Mechanismen des Symptoms oder der Erkrankung beseitigen oder erleichtern,
2. schnell wirksam sein,
3. den meisten oder allen Patienten nützen, für die es indiziert ist,
4. keine Gewöhnung zulassen und kein Suchtpotential haben,
5. keine Toleranzentwicklung ermöglichen,
6. minimale Toxizität im therapeutischen Bereich haben,
7. eine niedrige Inzidenz von Nebenwirkungen haben,
8. in Überdosierung nicht tödlich sein,
9. für stationäre wie für ambulante Patienten geeignet sein und
10. keine beeinträchtigende Wirkung auf kognitive, perzeptive oder motorische Funktionen haben.

Die ausführliche Darstellung der wichtigsten gebräuchlichen Psychopharmaka zeigt, daß keines von ihnen auch nur die Hälfte dieser Kriterien erfüllt. Ihre Verordnung ist demnach immer eine Kompromißlösung, bei der die Gefahren aufgrund der gewünschten Wirkung in Kauf genommen werden. Wie groß die Gefahren sind, mag die Untersuchung von *Babigian* und *Odoroff* (1969) zeigen, nach der das Sterberisiko psychiatrisch behandelter Menschen, einschließlich der wegen psychischer Leiden ambulant mit Psychopharmaka behandelten, zwei- bis dreimal höher ist als das der Gesamtbevölkerung. Neben dem Mortalitätsrisiko muß die zunehmende Zahl medikamentenabhängiger und chronisch psychisch kranker Menschen in der Bundesrepublik zu einer kritischen Überprüfung der Praxis Anlaß geben.

Die Häufigkeit der Verschreibung

Psychopharmaka gehören zu den am häufigsten verordneten Arzneimitteln. Die Gesetzlichen Krankenversicherungen mußten 1981 für ihre rund 56 Millionen Versicherten 64,5 Millionen Verordnungen von Psychopharmaka abrechnen, 1983 waren es noch 57 Millionen, das heißt, im Durchschnitt erhielt jeder Versicherte mindestens eine Packung Psychopharmaka im Jahr. Der größte Teil (ca. 80 Prozent) sind Beruhigungs- und Schlafmittel, und zwar überwiegend aus der Gruppe der Benzodiazepine. Die Namen der bekanntesten Handelspräparate sind

Valium, Adumbran, Lexotanil, Tavor, Rohypnol, Mogadan, Dalmadorm. Nach einer Untersuchung der Pharmaindustrie wurden 1982 allein 54,5 Millionen Beruhigungs- und Schlafmittel verordnet (*Meiner* 1987)(s. Abbildungen 1, S. 17 sowie A1 und A2 im Anhang).

In Zusammenfassung verschiedener Erhebungen in der Bundesrepublik stellen *Ellinger* u.a. (1984) als übereinstimmendes Ergebnis fest, daß etwa fünf Prozent der erwachsenen Bevölkerung zu den regelmäßigen, d.h. täglichen Konsumenten von Beruhigungsmitteln gehören, etwa zwei Prozent regelmäßig Schlafmittel und etwa sechs Prozent täglich Schmerzmittel nehmen. Bezieht man Mehrfachverwendungen mit ein, so dürften mindestens sieben Prozent der erwachsenen Bundesbürger regelmäßig Schlaf-, Beruhigungs- oder Schmerzmittel verwenden.

Die Frage nach den Ursachen des hohen Konsums wird je nach Orientierung unterschiedlich beantwortet. Der Auffassung, daß mit der Verfügbarkeit von Psychopharmaka und der Auffassung der medikamentösen Behandelbarkeit vieler Probleme auch die Häufigkeit bestimmter Diagnosen in der Praxis zunehme, stehen Meinungen entgegen, nach denen der steigende Psychopharmakonsum Ausdruck oder Folge einer wachsenden Zahl psychischer, psychosomatischer und somatischer Erkrankungen ist. Während die einen den Tranquilizerverbrauch durch die schlechte seelische Gesundheit, bzw. hohe psychiatrische Morbidität begründet sehen (z.B. *Pflanz* 1973), sprechen andere von »verordneter Intoxikation« weiter Bevölkerungskreise (*Komo* 1978) und von dem großen Zeitalter der kommerzialisierten psychiatrischen Behandlung (*Tourney* 1967). Für manche Autoren zeugen die bei einer Tranquilizer-Verordnung angeführten Diagnosen eher von der Verlegenheit des Arztes und von einer unkritischen Übernahme der von der Pharmaindustrie angebotenen Problemlösungen (*Glaeske* 1983) als von der Behandlungsnotwendigkeit einer großen Anzahl psychisch Kranker. Fest steht, daß in der Bundesrepublik Deutschland insgesamt wesentlich mehr Pharmaka und auch mehr Psychopharmaka verordnet werden als beispielsweise in den USA, obwohl es kaum Grund zur Annahme gibt, daß speziell die seelische Gesundheit in den USA besser sei. Auf eine Diagnose kommen in der Bundesrepublik Deutschland 1,94, in den USA 1,09 Verordnungen, auf einen Patienten entfallen in der Bundesrepublik Deutschland durchschnittlich 14,08, in den USA 3,86 Verordnungen (vgl. *Sichrovsky* 1984).

Während 1980 von den 30-40jährigen Bundesbürgern weniger als die Hälfte Psychopharmaka verordnet bekamen (41 Prozent), sind es bei den über 40jährigen schon drei Viertel, und zwischen 55 und 64 Jahren wird schon durchschnittlich jedem Bundesbürger mindestens ein Psychopharmakon verordnet. Fünf Jahre später - 1985 - hat sich daran grundsätzlich nichts verändert: Fast die Hälfte aller Beruhigungsmittel-Verschreibungen (be-)trafen Menschen über 65 Jahre - genau 20 Millionen von insgesamt knapp 43 Millionen Verordnungen (*Meiner* 1987).

Die Gesamtprävalenz psychischer Erkrankungen in der Bevölkerung über 65 Jahre liegt nach Untersuchungen des Zentralinstituts für seelische Gesundheit in Mannheim zwischen 23 und 34 Prozent (*Cooper* und *Sosna* 1983, *Cooper* und *Vinzelberg-Sommer* 1981). Zwei bis drei Prozent waren funktionelle Psychosen, zehn bis elf Prozent Neurosen und Persönlichkeitsstörungen. Während die Psychosen mit dem Alter zunehmen, haben die neurotischen Störungen ihre größte Häufigkeit in den Altersgruppen um 50 und nehmen ab dem Alter von 65 Jahren eher ab. Die steile Zunahme psychischer Erkrankungen mit dem Alter beruht vor allem auf dem Anstieg organischer Psychosyndrome.

Psychische Erkrankungen waren 1980 die Ursache von neun bis zwölf Prozent aller Rentenzugänge (Berufs- und Erwerbsunfähigkeitsrenten), das war ein Anstieg bei den Frühverrentungen um 25 Prozent gegenüber 1976 (Wissenschaftliches Institut der Ortskrankenkassen 1984).

Diese erschreckenden Zahlen mögen als Indikator dafür gewertet werden, daß es bei uns an wirksamen Behandlungsmethoden für psychische Erkrankungen mangelt und durch die massenhaft verordneten Psychopharmaka keine Verbesserung der seelischen Gesundheit der Bevölkerung oder gar eine dauerhafte Heilung psychischer Erkrankungen erreicht wird.

Die von den Krankenkassen finanzierten Psychotherapien (im wesentlichen analytische oder tiefenpsychologisch fundierte Psychotherapie) stehen nur einer kleinen Gruppe von priviligierten Patienten zur Verfügung. Darüberhinaus gibt es einen unüberschaubaren freien Markt von therapeutischen Angeboten, dessen Ausmaß und Effektivität schwer zu beurteilen ist. Es kann davon ausgegangen werden, daß der größte Teil psychisch leidender Menschen zunächst die Hilfe des Hausarztes sucht.

Die Hauptkonsumenten: Frauen und alte Menschen

Beim Psychopharmaka-Konsum sind Geschlechtsdifferenzen besonders ausgeprägt. Das gilt in der Bundesrepublik genau so wie in anderen Ländern (vgl. *Mellinger* und *Balter* 1981; *Clare* 1981; *Stika* und *Vinar* 1980; *Cooperstock* 1976). Gleichzeitig scheint bei Frauen eine zwei- bis dreimal höhere Rate behandlungsbedürftiger psychischer Erkrankungen vorzuliegen, folgt man epidemiologischen Feldstudien (z.B. *Dohrenwend* und *Dohrenwend* 1976, *Neugebauer* u.a. 1980, *Weyerer* und *Dilling* 1984). Wenn Frauen also sehr viel mehr Psychopharmaka verordnet bekommen, so kann das einerseits daran liegen, daß sie einen allgemein schlechteren seelischen Gesundheitszustand haben und zum anderen, daß sie medizinische Dienste stärker in Anspruch nehmen (*Shepherd* u.a. 1966; *Cassel* u.a. 1972; *Kogan* u.a. 1975; *Hoeper* u.a. 1980; WIdO 1984). Bei Betrachtung der Altersstruktur zeigt sich, daß die Verordnungsmengen und Diagnosen mit dem Alter zunehmen und auch der Frauenanteil immer größer wird (s. Abbildungen A3 und A4 im Anhang).

In der Gruppe der behandelten Bundesbürger über 65 Jahre erhielt durchschnittlich jeder über zwei Beruhigungsmittel-Verordnungen im Jahr. Die Frauen waren jedoch auch hier ungleich stärker betroffen: über alle Altersgruppen hinweg (vom Säugling bis zur Greisin) erhielt im Durchschnitt fast jede Patientin 1985 ein Beruhigungsmittel verordnet. Bei den Männern war es nur knapp jeder zweite (0,95 : 0,44 Beruhigungsmittel-Verordnungen pro Patient, s. Abbildung 1).

Psychotherapie in der ärztlichen Praxis

Nach einer Umfrage in Amerika (*Fauman* 1983) schätzten privat praktizierende niedergelassene Internisten und Chirurgen, daß 21 Prozent ihrer Patienten psychiatrische Probleme hätten, 15 Prozent von einer psychiatrischen Behandlung profitieren würden und sie selbst etwa 17 Prozent ihrer Zeit mit der Behandlung psychiatrischer Probleme verbrachten. Als häufigste psychische Erkrankung nannten sie Depressionen. Mehr als die Hälfte der Internisten gaben an, psychiatrische Probleme wie Depressionen, Angstzustände, psychosomatische Störungen und organische Hirnerkrankungen selbst zu behandeln. Die häufigste Behandlungsform war das Gespräch, gefolgt von der Verordnung von

Abbildung 1: Beruhigungsmittel. Verordnungen pro Kopf 1985 nach Geschlecht und Alter

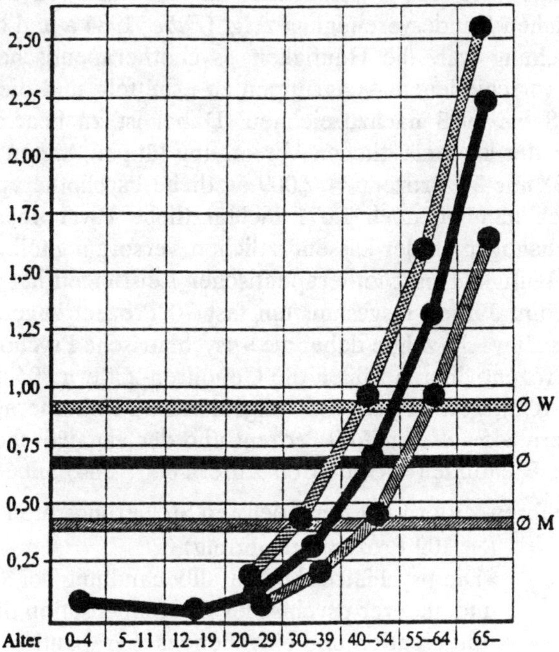

aus : Meiner 1987, S. 923

Tranquilizern, Schlafmitteln, Antidepressiva u.a.

Etwa jeder zweite Patient mit den genannten Problemen bekam einen Tranquilizer verordnet. An Psychiater überwiesen wurden nur die selteneren und schwierigeren psychiatrischen Probleme, wie z.B. Selbstmordversuche und Psychosen. Der Prozentsatz an Psychiater überwiesener Patienten schwankte jedoch unter anderem in Abhängigkeit von der Fachrichtung des Arztes, seiner Einschätzung der Behandlungsprognose und der Diagnose.

Fest steht, daß nur ein Bruchteil der Patienten mit psychischen Problemen in den Praxen niedergelassener Psychiater und Nervenärzte behandelt wird und daß die Mehrzahl Hilfe bei Allgemeinmedizinern, Internisten, Gynäkologen, Orthopäden usw. sucht.

In den letzten Jahren werden zunehmend mehr psychische und psychiatrische Probleme von niedergelassenen Ärzten behandelt und abgerechnet, wie eine Untersuchung auf der Basis von Daten der Kassenärztlichen Bundesvereinigung zeigt (*Faber* 1984 a und b). Ziel dieser Untersuchung war, die Häufigkeit psychotherapeutischer Leistungen bei den verschiedenen Arztgruppen zu ermitteln und die Entwicklung von 1978 bis 1983 nachzuzeichnen. Dabei ist zu beachten, daß von 69.000 in der kassenärztlichen Versorgung tätigen Ärzten (Stand Oktober 1983) nur 2,9 Prozent = 2.009 ärztliche Psychotherapeuten waren. Zusätzlich nahmen noch 1.071 nichtärztliche Psychotherapeuten und 513 Psychagogen an der kassenärztlichen Versorgung teil.

Die Häufigkeit psychotherapeutischer Leistungen hat in den untersuchten fünf Jahren insgesamt um fast 70 Prozent zugenommen. Den stärksten Zuwachs zeigte dabei die »psychiatrische Psychotherapie« mit fast 74 Prozent (hierzu zählen die Gebühren-Ziffern 804, 806, 807, 812, 817 und 835), gefolgt von der »allgemeinen Psychotherapie« (Gebühren-Ziffern 845 - 849) mit 69 Prozent und der »analytischen Psychotherapie der Richtlinien« (Gebühren-Ziffern 860 - 864) mit 30 Prozent.

Die Gebühren-Ziffern mit den höchsten Steigerungsraten waren:

Nr. 812 (+ 109 Prozent Steigerung)
»Die psychiatrische Notfallbehandlung bei Suizidversuch und anderer psychischer Dekompensation durch sofortige Intervention und eingehendes therapeutisches Gespräch.«

Nr. 817 (+ 117 Prozent)
»Eine eingehende psychiatrische Beratung der Bezugsperson psychisch gestörter Kinder oder Jugendlicher.«

Nr. 849 (+ 97 Prozent)
»Eine psychotherapeutische Behandlung von mindestens 20 Minuten Dauer bei psychoreaktiven, psychosomatischen und psychoneurotischen Störungen.«

Die psychiatrische Psychotherapie ging zu knapp 40 Prozent auf das Konto von praktischen und anderen organisch orientierten Ärzten (den sogenannten Somato-Medizinern) und wurde nur zu 60 Prozent von Psychiatern und Nervenärzten ausgeführt.

Auch die Leistungen der allgemeinen Psychotherapie wurden zu fast 40 Prozent von Somato-Medizinern, zu 52 Prozent von Nervenärzten und knapp acht Prozent von ärztlichen Psychotherapeuten erbracht.

Nur bei der Abrechnung der analytischen Psychotherapie der Richtlinien, welche eine psychoanalytische Ausbildung voraussetzt, waren die Somato-Mediziner mit elf Prozent geringer beteiligt. Sie wurde zu 62 Prozent von ärztlichen Psychotherapeuten und zu 27 Prozent von Nervenärzten abgerechnet. Die Untersuchung zeigt, daß praktisch alle Ärztegruppen psychotherapeutische Leistungen abrechnen, am häufigsten - nach Nervenärzten und Psychotherapeuten - die praktischen Ärzte, Gynäkologen, Internisten und Kinderärzte. Somit wird ein erheblicher Teil der psychotherapeutischen Versorgung von nicht dazu ausgebildeten Somato-Medizinern abgerechnet. Wie oft diese abgerechneten psychotherapeutischen Leistungen mit der Verordnung von Psychopharmaka verbunden waren, lassen die Daten leider nicht erkennen.

Zu einer verantwortlichen Behandlung psychischen Leidens und dem gezielten Einsatz von Psychopharmaka gehört auch die Kenntnis der sozialen Ursachen und therapeutischen Behandlungsmöglichkeiten. Da das Medizinstudium solche Kenntnisse nicht ausreichend vermittelt, verfügen in der Regel nur Ärzte mit einer zusätzlichen psychotherapeutischen Ausbildung darüber. Diese sind jedoch nicht nur selten unter den niedergelassenen zu finden, sondern auch noch höchst ungleichmäßig über Städte, Länder und Gemeinden sowie einzelne Stadtteile verteilt.

Was eigentlich für alle therapeutischen Instanzen in- und außerhalb des medizinischen Versorgungssystems gilt, gilt für ärztliche Psychotherapeuten und Psychoanalytiker in ganz besonderem Maße. In ländlichen und armen Regionen sind sie wesentlich seltener zu finden als in städtischen Ballungszentren mit Ausbildungsinstituten und in Stadtteilen mit sozialen Randgruppen und vielen Arbeitern wesentlich seltener als in Stadtteilen mit hohem Einkommensniveau und wenigen Arbeitern (*Wittchen* u.a. 1980, *Angermeyer* und *Rohde* 1987)

Ebenso wie die soziale Schicht entscheidet daher auch der Wohnort darüber, ob ein Patient die Chance einer qualifizierten psychotherapeutischen Beratung oder Behandlung hat. Da in der Bundesrepublik bei jeder Diagnose eines psychischen Problems mindestens ein Psychopharmakon verordnet wird (s. Abbildung 2, S. 21), kann der Umfang nicht medikamentöser therapeutischer Behandlung in der medizinischen Praxis nicht allzu groß sein. Das zeigt auch das Verhältnis der Krankenkassen-Ausgaben von 70 Millionen DM für Psychotherapie

(Süddeutsche Zeitung vom 13.4.84) gegenüber rund einer Millarde DM für Psychopharmaka. Und das, obwohl inzwischen hinreichend belegt ist, daß durch psychologische oder psychotherapeutische Behandlung erhebliche Kosten für medizinische Leistungen gespart werden können (vgl. zusammenfassend *Bühringer* und *Hahlweg* 1984) und Kurztherapien nicht weniger wirksam sein müssen als langfristige und zeitintensive Psychotherapien (*Finzen* 1984).

Gemessen an allen ärztlichen Leistungen machen die psychotherapeutischen Behandlungen nur 0,56 Prozent aus, wobei auch der Vergleich der Kassen soziale Unterschiede zeigt. Patienten aus den traditionellen Pflichtversicherungen der Arbeiter nach der Reichsversicherungsordnung (den RVO-Kassen mit den niedrigsten Einkommen und den höchsten Krankenständen) erhalten deutlich weniger psychotherapeutische Leistungen als Patienten der Ersatzkassen: Bei den RVO-Kassen betrug der Anteil der psychotherapeutischen an allen ärztlichen Leistungen 0,47 Prozent, bei den Ersatzkassen dagegen 0,7 Prozent (*Faber* 1984 b). Zweifellos ist danach der Griff zum Rezeptblock eine überaus häufige Reaktionsform auf psychisches Leiden.

Der Griff zum Rezeptblock

Der weitaus größte Teil aller Psychopharmaka-Verordnungen kommt von drei Facharztgruppen: praktischen Ärzten, Internisten und Nervenärzten, d.h. Neurologen und Psychiatern. Die restlichen Facharztgruppen verordnen zusammen nur etwa vier Prozent aller Psychopharmaka. Von Nervenärzten, Neurologen und Psychiatern werden rund 1/3 aller Antidepressiva und Neuroleptika verordnet, aber nur sieben Prozent der Tranquilizer (VIP 1983).

In anderen Ländern, aus denen vergleichbare Daten vorliegen, ist es ähnlich. In den USA verordnen die Psychiater sogar nur fünf Prozent aller psychotropen Medikamente (vgl. *Mellinger* u.a. 1974, *Stika* und *Vinar* 1980, *Clare* 1981).

Die Patienten von Nervenärzten und Psychiatern unterscheiden sich von denen der Allgemeinmediziner und Internisten offenbar vorwiegend durch die Schwere der psychischen Problematik, das Ausmaß der Chronifizierung, die Häufigkeit vorausgegangener Behandlungen und die akute Behandlungsbedürftigkeit. Die häufigsten Diagnosen, mit

Abbildung 2: Häufigkeit der wichtigsten Diagnosen in Tausend 1980 und 1983 und die durchschnittliche Anzahl Verordnungen (VO) pro Diagnose (nach VIP)

ICD-Nr.	Diagnose	1980	VO pro Diagnose	1983	VO pro Diagnose
29	Psychosen	5801	1,38	6.868	1,34
30	Neurosen	19.450	1,13	18.258	1,12
780.6	Schlafstörungen	13.870	1,07	13.656	1,06
790	Nervosität/ Depression	7.412	1,18	7.184	1,17
799	ohne Diagnose	13.982	1,68	14.115	1,60

denen Psychopharmaka-Verordnungen begründet werden, sind: Schlafstörungen, Organneurosen ohne nähere Angaben, Kopfschmerzen, Depression ohne nähere Angaben, Nervosität (s. Abbildung A5 im Anhang). Das alles sind keine eindeutig definierten Erkrankungen.

Die Untersuchung von Psychopharmakakonsumenten (z.B. *Cooperstock* 1983, *Ernst* und *Füller* 1988) zeigt, daß Psychopharmaka oft als Ersatz für bessere Lösungen therapeutischer, sozialer und gesellschaftlicher Art verschrieben werden und daß auch die Patient(inn)en diese Verordnungen zum Teil als negativ empfinden.

Gegen die Verordnung von Psychopharmaka als erste und einzige ärztliche Reaktion auf psychisches Leiden müssen folgende Einwände geltend gemacht werden:

- durch eine Psychopharmakabehandlung werden Ursachen und Konflikte zugedeckt und nicht beseitigt. Nur bei einem kleinen Teil der Behandelten wird eine Konfliktbearbeitung durch Medikamente eher möglich oder auch versucht.
- Gesellschaftliche wie individuelle Krankheitsursachen bleiben für beide Seiten Arzt und Patient unerkannt, die Situation wird entpolitisiert.
- Die Patienten gewöhnen sich an die Krankenrolle, werden passiv und abhängig von der Medizin. Mit der Medikamenteneinnahme geben sie die Verantwortung für die Lösung ihrer Probleme ab.
- Durch die oft längerfristige Einnahme gefährden sie nicht nur ihre körperliche Gesundheit, sondern auch ihr psychisches und soziales Wohlbefinden.

Kriterien einer rationalen Therapie mit Psychopharmaka

Rational begründet ist eine Therapie mit Psychopharmaka dann, wenn bei einer *eindeutig definierten Indikation* oder Diagnose ein *therapeutisch zweckmäßiges Präparat* verordnet wird, dessen Wirksamkeit für genau diese Indikation durch kontrollierte klinische Studien hinreichend belegt ist und keine unerwünschten Wirkungen oder andere Faktoren bekannt sind, welche die Unbedenklichkeit der Anwendung einschränken oder für eine negative Beurteilung der Anwendung sprechen.

Eine wissenschaftliche Beurteilung der therapeutischen Zweckmäßigkeit der wichtigsten Psychopharmaka auf dem Arzneimittelmarkt der Bundesrepublik entsprechend dem aktuellen Stand der medizinischen Wissenschaft liegt mit dem Bewertenden Arzneimittel-Index Band 2 (*Greiser* 1983) vor.

Trotzdem läßt sich die therapeutische Zweckmäßigkeit einer Verordnung nicht immer sicher beurteilen, denn es gibt kaum eine psychiatrische Diagnose, zu der nicht verschiedene Behandlungsmethoden wissenschaftlich belegbare Therapieerfolge aufzuweisen hätten. Da weder die Ursachen psychischer Probleme und psychiatrischer Erkrankungen, noch die Wirkungsweise der verschiedenen Psychopharmaka hinreichend geklärt sind, ist eine kausale Therapie durch sie nicht möglich. Ob die symptomatische Behandlung mit einem Medikament therapeutisch zweckmäßig ist, hängt von Faktoren ab, die sich oft nur für den Einzelfall beurteilen lassen.

Bei der Verordnung von Tranquilizern beispielsweise ist das Risiko der Abhängigkeitsentwicklung abzuwägen gegen die Möglichkeit der vorübergehenden emotionalen Entlastung.

Bei den Neuroleptika sind die Nebenwirkungen beim einzelnen Patienten oft ein Grund, das Medikament abzusetzen. Ob stattdessen auf ein anderes Präparat gewechselt wird und wenn, auf welches, hängt von der Erfahrung des behandelnden Arztes und der individuellen Symptomatik des Patienten ab und läßt sich oft nicht wissenschaftlich begründen. Für die Einschätzung der Zweckmäßigkeit ist darüber hinaus die Dosierung und Therapiedauer entscheidend. Das ist besonders deutlich bei Antidepressiva, die oft erst nach einer bestimmten Verordnungsdauer und in einer ganz bestimmten Konzentration die erwünschte Wirkung erreichen. Aber auch bei Tranquilizern läßt sich eine Verordnung nur dann sicher als rationale Therapie bewerten, wenn

Diagnose, Dosierung und Therapiedauer bekannt sind. Während die Verordnung eines Tranquilizers in einer bestimmten Problemsituation kurzfristig unbestritten sinnvoll sein kann, ändert sich die Situation vollständig, wenn daraus eine Dauerverordnung wird. Gegen letzteres spricht nicht nur die Tatsache, daß eine Wirksamkeit für eine mehr als viermonatige Behandlung bisher nicht bewiesen ist, sondern die Gefahr der Entwicklung einer psychischen und/oder physischen Abhängigkeit, die Chronifizierung einer akuten Krisensituation, die Verhinderung einer selbständigen Problemlösung durch Abnehmen der Verantwortung und Aufrechterhalten des abhängigen Patientenstatus sowie die Tatsache, daß durch eine Medikalisierung psychischer Probleme die Ursachen für beide Seiten - Arzt und Patient - verschleiert bleiben.

Was sind Fehlverordnungen?

Von Fehlverordnungen kann gesprochen werden, wenn Ärzte Psychopharmaka verschreiben, die entweder

- unzureichend klinisch kontrolliert sind (unsere Arzneimittelgesetzgebung läßt das zu),
- therapeutisch unzweckmäßig sind (z.B. Kombinationspräparate von Antidepressivum und Beruhigungsmittel) oder aber
- mit einem höheren Risiko von Nebenwirkungen behaftet sind als andere Präparate mit ähnlicher Wirkung.

Für alle drei Fälle finden sich Beispiele bei den besonders häufig verordneten Psychopharmaka:

1. Die Antidepressiva Normud, Alival und Psyton wurden trotz mangelhafter klinischer Erprobung 1983 zusammen eine Million mal verordnet. Alle drei wurden mittlerweile wegen erheblicher gefährlicher Nebenwirkungen vom Markt genommen, das Alival erst 1986, obwohl schon seit Anfang 1985 Todesfälle bekannt geworden waren.
2. Therapeutisch unzweckmäßig ist nach überwiegender Expertenmeinung die gesamte Gruppe der Antidepressivakombinationspräparate, die 1983 (noch häufiger als 1980) etwa 2,8 Millionen mal verordnet wurden.
3. Therapeutisch unzweckmäßig sind z.B. Benzodiazepine mit sehr langer Halbwertzeit und vielen therapeutisch wirksamen Metaboliten. Sie haben gegenüber Benzodiazepinen mit kurzer Halbwertzeit, de-

ren Elimination unabhängig vom Alter des Patienten ist, keine wesentlichen Vorteile.

Die Freiheit der Pharmaindustrie, auch unzureichend klinisch kontrollierte Präparate zu vermarkten und ihnen nicht überprüfbare Wirkungen zuzuschreiben, in Verbindung mit der mangelhaften Information vieler Ärzte, machen einen erschreckenden Fehlkonsum von Psychopharmaka möglich. Obwohl den Herstellern von Alival und Psyton (die den Wirkstoff Nomifensin enthalten) die mangelnde klinische Erprobung und die schon 1983 erschienenen Warnhinweise (z.B. im »arznei-telegramm« und in den »Bitteren Pillen«) mit Sicherheit bekannt waren, konnten sie durch eine aufwendige Werbung ungehindert dafür sorgen, daß diese Präparate langerprobte und bewährte Psychoparmaka von ihren Marktpositionen verdrängten. Das Alival war 1983 das am vierthäufigsten verordnete Antidepressivum, das Psyton war 1983 das zweithäufigste Antidepressivumkombinationspräparat. Im Deutschen Ärzteblatt wurde erst 1985 über schwere Unverträglichkeitsreaktionen berichtet (82 (1985), S. 879), und bis das Präparat dann endlich verboten wurde und vom Markt verschwand, waren noch eine Reihe von Patienten damit behandelt worden.

Selbst wenn der niedergelassene Arzt nur Präparate mit nachgewiesener therapeutischer Wirksamkeit bei einer genau definierten Indikation verordnet, bleibt doch die Frage, ob diese Behandlung erfolgversprechend und zweckmäßig und tatsächlich besser als kein Medikament oder eine andere Behandlungsmethode ist.

Das Dilemma (der Ärzte) bei der Entscheidung für eine Behandlung mit Psychopharmaka verdeutlichen die folgende beiden Zitate.

»Wenn ich einen schizophrenen Patienten vor mir habe, weiß ich zwar, daß er durch eine Behandlung mit Neuroleptika mehr Besserungschancen hat als mit anderen therapeutischen Verfahren. Wenn ich aber begründen soll, weshalb ich ihm ein bestimmtes Neuroleptikum mit antipsychotischer Wirkung appliziere und nicht ein anderes, muß ich die Antwort schuldig bleiben.
Ähnlich, wenn nicht noch schlimmer, ist die Situation bei der Behandlung mit Antidepressiva, weil hier nicht nur das rechte Präparat, sondern auch noch die richtige Dosierung am einzelnen Patienten durch Versuch und Irrtum herausgefunden werden muß. Am bedenklichsten schließlich ist die Lage bei der Behandlung von sogenannten ›Problempatienten‹ mit Minortranquilizern, nicht nur wegen der bekannten hohen Placeboer-

folgsrate, sondern wegen der verschwindend geringen klinischen Wirkungsunterschiede in der Präparatkategorie.« (*Heimann* 1975)

»Eine spezifische Indikationsstellung, d.h. die Auswahl des für einen bestimmten Patienten gerade jetzt richtigen Medikamentes ist nicht möglich, weil allgemein gültige Kriterien fehlen, die vor Behandlungsbeginn eine verläßliche Voraussage des Therapieerfolges erlauben.« (*Woggon* 1983)

Eindeutige Diagnosen?

Kaum eine in der Praxis übliche Definition eines psychischen Problems erfüllt das Kriterium der Eindeutigkeit.

Das gilt insbesondere für Diagnosen wie neurovegetative Dystonie, nervöse Reiz-, Überforderungs-, Erschöpfungszustände, psychovegetative Dysregulation, Psychsomatosen usw. Kennzeichnend für diese Begriffe ist, daß sie keine eindeutig definierten klinischen Symptome und Krankheitsursachen beschreiben, sondern lediglich ausdrücken, daß Ursachen und Symptome unklar sind und irgendwo im psychischen Bereich vermutet werden. Für klinisch-pharmakologische Untersuchungen sind diese »Verlegenheitsdiagnosen« nicht verwendbar, weil sich nicht objektiv beurteilen läßt, ob ein so unklar beschriebener Ausgangszustand durch Einnahme eines bestimmten Psychopharmakons positiv verändert wird. Bei der Beurteilung der therapeutischen Wirksamkeit von Psychopharmaka auf der Basis von Literaturauswertungen und Experteneinschätzungen, wie sie im Arzneimittel-Index vorgenommen wurden (*Greiser* 1983), mußten daher alle diese undefinierbaren Indikationen als nicht bewertbar ausgenommen werden. Wird ein Psychopharmakon wegen der Diagnose »Vegetative Dystonie« verordnet, so kann diese Verordnung daher mit Recht als fragwürdig, wenn nicht als überflüssig beurteilt werden, auch ohne Kenntnis eines Einzelfalles. Wenn das häufig geschieht, kann von einer unzweckmäßigen Verordnungspraxis gesprochen werden. Aber selbst wenn die Diagnosen hinreichend definiert sind (z.B. im Diagnosenschlüssel, ICD), so sagt dies noch nichts über die Objektivität der Diagnostik aus. Die Übereinstimmung verschiedener Ärzte bei der Diagnostik psychischer Probleme liegt weitaus niedriger als bei organisch bedingten Erkrankungen. Aber nicht nur die Tatsache, daß der gleiche Patient von verschiedenen Ärzten ganz unterschiedlich diagnostiziert wird oder im Laufe seines

Lebens das ganze psychiatrische Diagnosen-Schema durchläuft oder Gesunde unter entsprechenden Umgebungsbedingungen für psychiatrisch krank erklärt wurden (vgl. zusammenfassend *Dörner* 1975), macht die Fragwürdigkeit psychiatrischer Diagnostik aus.

Die empirisch ebenfalls belegte mangelhafte Beziehung zwischen Symptombeschreibung und Diagnose sowie die geringe Beziehung zwischen Diagnose und Therapie führten zur wissenschaftlichen Infragestellung der psychiatrischen Diagnostik insgesamt.

»Angesichts der Unzuverlässigkeit und Inkonsistenz der psychiatrischen Diagnostik, der unzureichenden Beziehung zwischen Diagnose und Symptomatik bzw. Therapie (zu schweigen von der Beziehung zu den Ursachen, zur Ätiologie), sind wir in unseren Überlegungen an den Punkt gekommen, an dem zu sagen ist, daß unter wissenschaftlichen Kriterien die ganze Einrichtung der psychiatrischen Diagnostik nach dem Modell der Körpermedizin fragwürdig geworden ist und ihrem eigenen Anspruch, Ordnung und Handlungsanweisungen zu vermitteln, nicht gerecht wird.« (*Dörner* 1975, Seite 141).

Bewertung

Die Verschreibungen von Psychopharmaka ohne Kenntnis des Einzelfalls zu bewerten, ist aus verschiedenen Gründen sehr schwierig:

1. Die Diagnostik psychischer Probleme ist unzuverlässig und inkonsistent, die Übereinstimmung der Diagnosen von Praktikern und Internisten mit denen von Psychiatern ist gering (*Weyerer* und *Dilling* 1984). Alle Diagnosen müssen als wenig valide, reliabel und objektiv angesehen werden.
2. Eine kausale Therapie mit Psychopharmaka ist bisher unmöglich. Ebenso unmöglich ist, aus der Diagnose eine Prognose über den Behandlungserfolg abzuleiten.
3. Die Rate von Spontanremissionen und hohe Placeboerfolgsquoten (25 Prozent bei Schizophrenen, 35 Prozent bei Depressiven) lassen selbst bei Therapieerfolg nicht den Schluß zu, daß das Medikament die Ursache und die Verordnung daher sinnvoll war.
4. Nach der Entscheidung für eine bestimmte Medikamentengruppe mit einer spezifischen Wirkung gibt es keine wissenschaftlich gesicherten Kriterien zur Auswahl eines bestimmten Präparates, wenngleich insbesondere in den Herstellerinformationen selektive Wirkungen behauptet werden (*Woggon* 1983).

Die Forschungslage

Im Unterschied zu anderen europäischen Ländern und den Vereinigten Staaten von Amerika liegen aus der Bundesrepublik kaum Untersuchungen über das Verordnungsverhalten der niedergelassenen Ärzte und die Entwicklung des Arzneimittelverbrauchs vor. Untersuchungen wie die Arbeit von *Greiser* und *Westermann* (1979), die im Auftrag des Bundesministeriums für Arbeit und Sozialordnung die Verordnungen niedergelassener Ärzte in Niedersachsen 1974 und 1976 erforschten, bilden eine Ausnahme. Schon damals bemerkten die Autoren den Mangel an repräsentativen Erhebungen dieser Art in der Bundesrepublik und verwiesen auf die prekäre Situation, daß das einzig regelmäßig erstellte umfassende Datenmaterial vom Institut für Medizinische Statistik (IMS) ausschließlich der Pharmaindustrie zur Verfügung steht. Daran hat sich bis heute nicht viel geändert. Die Empfehlung der Weltgesundheitsorganisation (WHO) von 1969, den Medikamentenverbrauch in den einzelnen Ländern regelmäßig zu erfassen, und im Hinblick auf resultierende medizinische, soziale und ökonomische Konsequenzen zu erforschen, wurde bei uns bisher nicht aufgegriffen. Der 1969 in Oslo gegründeten Forschungsgruppe zur Untersuchung des Medikamentenkonsums, die nach zehnjährigem Bestehen ihre Forschungsergebnisse 1979 veröffentlichte (hrsg. von *Bergmann* u.a. 1979), gehörten Wissenschaftler aus 14 europäischen Ländern an. Die Bundesrepublik Deutschland fehlte. Zum Vergleich des Medikamentenkonsums in verschiedenen Ländern hat die WHO das »DDD-System« vorgeschlagen. Unter DDD (= Defined Daily Doses) ist die durchschnittliche Erhaltungsdosis eines Arzneimittelwirkstoffes bei Anwendung aufgrund seiner Hauptindikation zu verstehen. Diese definierte tägliche Dosis wird entsprechend der klinischen Praxis und den Herstellerempfehlungen von Experten zahlenmäßig festgelegt. Sie ist eine technische Einheit zur Messung und zum Vergleich des Medikamentenkonsums, unabhängig von Dosierungen und Packungsgröße (vgl. *Lunde* u.a. 1979). Berechnet man die Anzahl DDD pro Einwohner pro Tag, hat man eine Schätzung darüber, wieviele Menschen eines Landes eine bestimmte medikamentöse Behandlung erhalten. Diese Angaben machen wiederum einen genaueren internationalen Vergleich möglich. Insbesondere aus Ländern mit stärker staatlich kontrolliertem Arzneimittelmarkt liegen inzwischen DDD-Angaben für eine Reihe von Pharmagruppen vor (z.B. aus der Tschechoslowakei seit 1970, aus Norwegen seit 1975). Auf der Basis dieser Daten läßt sich die Entwicklung der Verordnungsgewohnheiten in einzelnen Ländern auch im internationalen Vergleich beurteilen und gezielt beeinflussen, wie die folgenden Beispiele zeigen. In Schweden ging der Verkauf an Tranquilizern der Gruppe der Benzodiazepine von 1975 bis 1980 um vier Prozent zurück, in Island von 1976 bis 1978 um 20 Prozent (*Bergmann* 1981), und in Amerika sank die Verschreibungsmenge von 1973 bis 1979 um 28 Prozent (*Mellinger* und *Balter* 1981). Auf der Basis des DDD-Systems wurden Konsumtrends in verschiedenen Ländern miteinander verglichen. *Stika* und *Vinar* (1980) verglichen den Konsum angstlösender Benzodiazepine von 1976 bis 1978 in Island, Nordirland, Norwegen, Schweden, Finnland, Tschechoslowakei und der DDR, *Grimsson* u.a. (1979) beschrieben den Gebrauch psychotroper Medikamente von 1971 bis 1976 in Finnland, Island, Norwegen und Schweden, und *Bergmann* (1981) verglich den Konsum verschiedener Psychopharmakagruppen in fünf skandinavischen Ländern von 1975 bis 1977. Die Bundesrepublik blieb aus all diesen Vergleichen ausgespart, da bis 1980 von offizieller Seite keine Angaben über Verordnungshäufigkeiten oder DDD's von Psychopharmaka vorlagen. Dadurch konnte sich der bundesrepublikanische Markt ungestört - weil unkontrolliert - weiter entfalten, während in den genannten Ländern die Feststellung eines übermäßigen Konsums an Psychopharmaka in der Regel gesundheitspolitische Gegenmaßnahmen nach sich zog.

So hatte die Feststellung eines um 25 Prozent höheren Verkaufs von Tranquilizern in Norwegen im Vergleich zu Finnland und Schweden in den Jahren 1975 bis 1977 eine neue Verordnungsrichtlinie zur Folge, die u.a. vorschreibt, daß Tranquilizerverordnungen nur einmal ausgegeben werden können. Der Verkauf in Norwegen wurde dadurch 1980 auf das gleiche Niveau gesenkt wie zuvor in Finnland und Schweden (vgl. *Bergmann* 1981). In Island konnte von 1976 bis 1978 eine zwanzigprozentige Reduktion erzielt werden; einmal dadurch, daß die Zehn-Milligramm-Valium-Tabletten vom Markt entfernt wurden und zum anderen durch Rückmeldung der Verschreibungsgewohnheiten an die Ärzte. In den USA dürfen seit 1975 Benzodiazepin-Rezepte nur noch fünfmal wiederholt werden und haben eine maximale Gültigkeit von sechs Monaten

(*Morrison* 1975). In Neuseeland wurde 1979 die Verschreibungsmenge auf einen Monatsbedarf reduziert (*Keup* und *Platz* 1980, S. 335). In South Carolina wurden von staatlicher Seite die Benzodiazepine aus Kostengründen sogar ganz aus dem abrechenbaren medizinischen Behandlungsprogramm gestrichen, wobei der Vergleich der Verschreibungen sechs Monate vor und nach ihrer Streichung zeigte, daß nur 35 Prozent der Verordnungen durch andere - z.B. Neuroleptika-Verordnungen - ersetzt wurden und 65 Prozent der Medikamente anscheinend gespart werden konnten. Allerdings ist nicht auszuschließen, daß ein kleiner Teil privat gekauft wurde und die Selbstmedikation anstieg. Ein möglicher Grund dafür, daß viele dieser Medikamente jedoch offensichtlich nicht durch andere ersetzt wurden, könnte darin liegen, daß viele Ärzte speziell die Benzodiazepine als so harmlos ansahen, daß die Verordnungsschwelle niedriger lag als für andere Medikamente (*Keeler* und *McLurdy* 1975).

Seit 1981 veröffentlicht das Wissenschaftliche Institut der Ortskrankenkassen nun auch für die Bundesrepublik jährlich Statistiken über die von der gesetzlichen Krankenversicherung (GKV) abgerechneten Pharmakaverordnungen. In der gesetzlichen Krankenversicherung sind 90 bis 92 Prozent der Bundesbürger versichert. Von ihnen weiß man seither, welche Medikamente sie wie oft verordnet bekommen, allerdings nicht mit welcher Begründung. Nach wie vor fehlen offizielle Angaben über die Verordnungen zu Lasten privater Krankenversicherungen und den Verbrauch bei Selbstmedikation, was zusammen etwa 30 Prozent der Gesamtmenge ausmacht (nach *Glaeske* 1983). Um beispielsweise den Verbrauch an Benzodiazepintranquilizern in der Bundesrepublik mit anderen Ländern vergleichen zu können, mußte *Glaeske* zur Berechnung der DDD-Werte auf die sonst kaum zugänglichen IMS-Daten zurückgreifen. Die von der Pharmaindustrie geheimgehaltene jährliche Statistik mit dem Titel »Der pharmazeutische Markt« (DPM) ist das einzig umfassende und kontinuierlich erstellte Datenmaterial aus der Bundesrepublik, welches zum internationalen Vergleich herangezogen werden kann. *Glaeskes* Berechnungen machen deutlich, warum die Pharmaindustrie an einer Veröffentlichung dieser Daten nicht interessiert ist: Im Vergleich zu Norwegen und Schweden nimmt die Bundesrepublik bei den als Tagestranquilizern verordneten Benzodiazepinderivaten »eine bedenkliche Spitzenposition ein: sowohl die Anzahl der angebotenen Mittel, wie aber auch der Verbrauch liegen deutlich über dem Wert der verglichenen Länder« (*Glaeske* 1983 S. 40).

Seit dem Bekanntwerden der Zahlen über den Psychopharmakaverbrauch in der Bundesrepublik und der Veröffentlichung kritischer Arzneimittelführer wie der »Bitteren Pillen« (*Langbein* u.a. 1983) und des »Bewertenden Arzneimittel-Index« (*Greiser* 1983), hat ein heftige öffentliche Diskussion eingesetzt, in der die Ärzte zunehmend ins Kreuzfeuer der Kritik gerieten. In einer Flut von Artikeln in Fach- und Laienpresse, z.B. als Titelgeschichte mit dem Thema »Sucht auf Rezept« (Stern 28, 1983) wurde die Öffentlichkeit nicht nur über ein erschreckendes Ausmaß von Psychopharmakaverordnungen, sondern auch über leichtfertige und unsinnige Verschreibungsweisen der Ärzte sowie über unerwünschte Wirkungen und Gefahren von Psychopharmaka informiert. Die Reaktionen reichten von gesellschaftskritischen Fragen (»Was ist in einer Gesellschaft faul, wenn sie einen derartig großen Bedarf an Beruhigungsmitteln entwickelt?« *Waldmann* 1983) über die massive Kritik an der Pharmaindustrie und ihrer kaum reglementierten Einflußmöglichkeiten bis zur Verurteilung der niedergelassenen Ärzteschaft.

Der nordrhein-westfälische Arbeits- und Sozialminister *Farthmann* bezeichnete das in die Öffentlichkeit geratene Datenmaterial der Pharmaindustrie (Verbrauchsindex für Pharmazeutika, VIP 1980) als gesundheitspolitisch hoch brisant, da in ihm erstmalig der Zusammenhang zwischen von Ärzten gestellten Diagnosen und verschriebenen Arzneimitteln sichtbar werde. Es sei absurd, daß die Ärzte selbst über ihre zum Teil problematischen Verschreibungsweisen nicht informieren würden (Frankfurter Rundschau 27.3.1984). Die von verschiedener Seite immer wieder gestellte Forderung nach Veröffentlichung der Daten wurde vom Institut für Medizinische Statistik nicht erfüllt. Vielmehr erreichte das Institut durch eine einstweilige Verfügung den Verkaufsstopp eines Buches, in dem die bis dahin geheimgehaltenen Daten in journalistischer Form aufbereitet und unter dem Titel »Krankheit auf Rezept - die Praktiken der Praxisärzte« (*Sichrovsky* 1984) veröffentlicht wurden. Die meines Wissens erste offizielle Bekanntgabe von IMS-Daten zum Psychopharmakakonsum erschien im Mai 1987 im Deutschen Ärzteblatt (*Meiner* 1987). Die wenigen dort genannten Zahlen zum Beruhigungsmittelverbrauch 1982 und 1985 bestätigen die in den folgenden Kapiteln genannten Zahlen und Trends. Eine Veröffentlichung solcher Daten ist nicht nur im Interesse einer Versachlichung der zum Teil recht hitzig geführten Diskussion überfällig, sondern liegt vor allem im Interesse der Arzneimittelsicherheit der Bevölkerung. Das wird auch von offizieller Seite - dem Bundesministerium für Jugend, Familie, Frauen und Gesundheit - in dem »Bericht über Erfahrungen mit dem Arzneimittelgesetz 1982« so eingeschätzt:

»Zur Beurteilung der Arzneimittelrisiken sind auch die Abgabemenge und der Verbrauch des betreffenden Arzneimittels wichtig ... Da Zahlen über den Arzneimittelverbrauch nicht zur Verfügung stehen, können die sich aus den Verbrauchsänderungen ergebenden Hinweise auf Risiken nicht erkannt und Gegenmaßnahmen nicht ergriffen werden. Nur bei Kenntnis der Verbrauchsdaten kann die Behörde handeln, bevor es zu gravierenden Arzneimittelschäden oder manifestem Mißbrauch-Abhängigskeitsverhalten in größerem Umfang gekommen ist. Die bisher von der pharmazeutischen Industrie geübte Praxis, dem Bundesgesundheitsamt nur auf Anfrage im Einzelfall Verbrauchszahlen zur Verfügung zu stellen, wird der Risikoproblematik nicht gerecht... Die Bundesregierung hält es im Interesse der Arzneimittelsicherheit für erforderlich, Daten über die ... abgegebenen Arzneimittel ... zu erhalten« (BMJFG, 1982, zitiert nach *Sichrovsky* 1984).

Auch heute hat sich an der hier kritisierten Praxis der Pharmaindustrie nichts geändert. Da sie allein über die erforderlichen umfassenden Daten verfügt und entscheidet, wann welche zur Veröffentlichung freigegeben werden, unterbleiben wirksame offizielle Maßnahmen zur Reduzierung des Arzneimittelrisikos der Bevölkerung. Eine industrieunabhängige kontinuierliche Erfassung und Evaluation der Verordnungspraxis findet nicht statt.

Die eigene Untersuchung

In den folgenden drei Kapiteln wird die Praxis der Verordnung von Psychopharmaka auf der Basis aller verfügbaren Daten untersucht. Die Analyse konzentriert sich auf die drei bedeutsamen Gruppen von Psychopharmaka - von psychiatrischer Seite auch als Psychopharmaka im engeren Sinne bezeichnet (*Schulte* und *Tölle* 1980). - die Tranquilizer vom Typ der Benzodiazepine, die Neuroleptika und die Antidepressiva. Aus jeder Gruppe werden exemplarisch die fünf am häufigsten verordneten Präparate näher untersucht. In einer Sekundäranalyse der Daten wird geprüft, wie häufig bestimmte Präparate mit welcher diagnostischen Begründung an welche Patienten - nach Alter und Geschlecht - verordnet werden, wie häufig welche anderen Medikamente mitverordnet werden und welche Fachärzte diese Präparate besonders häufig verordnen. Die wichtigsten Datenquellen sind der Arzneimittelindex der gesetzlichen Krankenversicherungen (GKV), der vom Wissenschaftlichen Institut der Ortskrankenkassen (WIdO) herausgegeben wird, und der Verschreibungsindex für Pharmazeutika (VIP) des Instituts für Medizinische Statistik (IMS).

Der Arzneimittelindex der gesetzlichen Krankenversicherungen (GKV)

Im Rahmen eines Forschungsprojektes (GKV-Arzneimittelindex) wurden die führenden 500 zu Lasten von gesetzlichen Krankenkassen verordneten Fertigarzneimittel in den Jahren 1981, 1982 und 1983 untersucht. Der GKV-Arzneimittelindex enthält hochgerechnete Verschreibungswerte aller zu Lasten der GKV verordneten Arzneimittel auf der Basis einer nach bundesrepublikanischen Großregionen geschichteten Stichprobe und etwa ein Promille aller Rezeptblätter. Diese Arzneimittel wurden entsprechend ihrer Verordnungshäufigkeit und ihres Umsatzes jeweils Rangreihen zugeordnet. Neben Produktbezeichnung, Hersteller, Darreichungsform, Packungsgröße, Preis und Zugehörigkeit zur Indikationsgruppe gemäß Roter Liste sind jeweils getrennt nach allgemeiner Krankenversicherung (AKV) und Krankenversicherung der Rentner (KVdR) für jedes Arzneimittel angeführt:

- Die Anzahl der Verordnungen in Tausend und in Prozent der Gesamt-GKV-Verordnungen.
- Der Umsatz zu Apotheken-Verkaufspreisen in Tausend DM und in Prozent des Gesamtumsatzes in der GKV.

Durch die Ausdifferenzierung in allgemeine und Krankenversicherung der Rentner läßt sich der Anteil alter und junger Patienten an den Arzneimittelkonsumenten grob schätzen. Was fehlt, sind Daten zum Arzneimittelverbrauch der etwa zehn Prozent Bundesbürger, die selbst zahlen oder privat versichert sind.

In den im folgenden beschriebenen Verschreibungsindex gehen die Daten dieser Gruppe mit ein.

Der Verschreibungsindex für Pharmazeutika (VIP)

Eine repräsentative Stichprobe von 3,5 Prozent der praktizierenden Ärzte der zehn wichtigsten Fachrichtungen aus dem gesamten Bundesgebiet liefert eine Woche pro Quartal Kopien sämtlicher von ihnen ausgestellten Rezepte ab, auf denen zusätzlich die Diagnose(n) bzw. die Symptome, (falls die Diagnose noch nicht feststeht), die der Verordnung zugrunde liegen, sowie Kasse, Alter und Geschlecht des Patienten angegeben sind und ob die Diagnose zum ersten Mal gestellt wurde (1. Konsultation) oder bei wiederholter Behandlung (2. und Folgekonsultation). An knapp fünf Berichtstagen werden durchschnittlich pro Arzt ca. 30 Rezepte erstellt (je nach Facharztgruppe unterschiedlich). Die »Panelärzte« werden nach einem Stichprobenplan angewählt, der die prozentuale Verteilung der berufstätigen Ärzte in freier Praxis in der Bundesrepublik und West-Berlin nach zehn Fachrichtungen, Bundesländern, Gemeindegrößenklassen und Alter der Ärzte entsprechend der Angaben des statistischen Bundesamtes zugrunde gelegt ist. Sind zu einer Diagnose zwei oder mehr Präparate verschrieben worden, gilt jedes Präparat zu den übrigen als Mitverordnung. Als Mitdiagnose wird der Fall bezeichnet, in dem auf dem Rezept zu den verordneten Präparaten mehr als eine Diagnose verzeichnet ist.

Im VIP werden neben den Rohdaten (Panel-Daten) auch die von der Stichprobe auf die Grundgesamtheit hochgerechneten Werte angegeben, und zwar jeweils für drei und zwölf Monate. Während sich der Dreimonatswert auf die Rezeptauswertung der Berichtswoche des entsprechenden Quartals bezieht, handelt es sich bei dem Zwölfmonatswert um die Summe des Berichtsquartals plus der vorausgegangenen drei Quartale.

Die Aufteilung nach Gemeindegrößen erfolgte nach dem Standort des verordnenden Arztes.

Die Daten des VIP wurden bisher nicht offiziell veröffentlicht, da sie vorwiegend aus Marktforschungsinteressen erhoben werden. Sie geben Auskunft darüber, wie häufig ein Medikament durch welche Ärzte (Alter, Fachrichtung) an welche Patienten (Alter, Geschlecht, Kasse) mit welcher Diagnose in welcher Region und Gemeindegröße verordnet wurde. Die an einer repräsentativen Ärztestichprobe gewonnenen Panel-Daten werden hochgerechnet auf die Gesamtheit aller Ärzte und

Patienten in der BRD. Das gesamte Datenmaterial besteht aus Angaben über hochgerechnete und prozentuale Häufigkeiten des Zusammentreffens jeweils zweier Variablen. Es liegen keine Zusammenhangsanalysen vor, die das gleichzeitige Auftreten von mehr als zwei Variablen zahlenmäßig abbilden. Um differenzierte Aussagen über das Verordnungsverhalten der niedergelassenen Ärzte machen zu können, wäre die Kenntnis dieser Zusammenhänge notwendig.

Geltungsbereich und Interpretierbarkeit der Daten lassen sich durch folgende Überlegungen in Frage stellen:

1. Wenngleich die Stichprobe der Panelärzte als repräsentativ angesehen werden kann, legt doch die Betrachtung der Methodik nahe, daß nur eine bestimmte Gruppe von Ärzten bereit ist, sich an einer solchen Untersuchung viermal im Jahr für eine Woche zu beteiligen und Auskunft über die eigene Verordnungspraxis und Patientenstruktur zu geben. Es ist zu vermuten, daß die Panelärzte eine spezifische Selektion von Ärzten sind, deren Verordnungspraxis sich möglicherweise von der anderer Ärzte unterscheidet. *Die Repräsentativität (Inhaltsrepräsentanz) der Stichprobe ist daher anzuzweifeln.*
2. Die *Aussagefähigkeit* der Daten im Bereich der *Diagnosen* erscheint dadurch *eingeschränkt*, daß die Ärzte die Diagnosen im Anschluß an die Verordnungen zu ihrer Begründung angeben und nicht unabhängig von der Behandlung des Patienten. Es ist zu vermuten, daß deshalb häufiger erst nach der Entscheidung für ein bestimmtes Medikament überlegt wird, mit welcher Diagnose sich diese Verordnung begründen ließe und dementsprechend dann eine Diagnose aus dem vom Hersteller angegebenen Anwendungsbereich oder entsprechend anderer Informationen gewählt wird und weniger eine Diagnose, die unmittelbar aus der Untersuchung des Patienten resultiert.
3. Die *Häufigkeitsangaben* bei *Diagnosen und Verordnungen* stehen einer unbekannten Anzahl von Patienten gegenüber und sind dadurch *ungenau*. Es ist den Daten nicht zu entnehmen, wieviele Patienten eine Diagnose und eine Verordnung, wieviele zwei und mehr Diagnosen und Verordnungen erhielten. Ebenso ist nicht bekannt, wieviele Patienten mehrfach gezählt wurden, bei den Drei-Monatsdaten dadurch, daß ein Patient in der Berichtswoche mehrere Verordnungen erhielt oder im Zwölf-Monatszeitraum dadurch, daß der gleiche Patient in mehreren Berichtszeiträumen behandelt wurde. Die zu erwartende Wahrscheinlichkeit der Mehrfachzählung ist dementsprechend

im Drei-Monatszeitraum geringer. Der stichprobenhaft durchgeführte Vergleich der Drei- und Zwölfmonatsdaten zeigt jedoch, daß der Zwölfmonatswert in der Regel nicht oder nicht weit über dem vierfachen des Drei-Monatswertes liegt, so daß aus Gründen der Vergleichbarkeit nur die Zwölf-Monatswerte angegeben werden, wenn nicht anders vermerkt.

Zur Begriffserklärung:

VIP 1980: Die Daten wurden in den vier Quartalen 1980 erhoben und hochgerechnet.

VIP 1983: Die Daten wurden im dritten und vierten Quartal 1982 und im ersten und zweiten Quartal 1983 erhoben und daraufhin hochgerechnet.

Gültigkeit der Daten

Die Verordnungspraxis in der Bundesrepublik scheint - trotz der Hochrechnung von einer selektiven Stichprobe - durch den VIP relativ gut abgebildet zu werden. Das legt zumindest der Vergleich dieser Daten mit denen des Arzneimittelindex der GKV nahe: Auf der Ebene der hier untersuchten einzelnen Präparate weichen die Verordnungsmengen für 1983 in beiden Datenquellen eher geringfügig (s. Abbildung A6 im Anhang) voneinander ab und das, obwohl die Erhebungszeiträume nicht identisch waren. Im GKV-Arzneimittelindex 1983 sind die im Kalenderjahr 1983 verordneten Mengen eines Präparates, im VIP 1983, die vom dritten Quartal 1982 bis zum zweiten Quartal 1983 hochgerechneten Verordnungsmengen angegeben.

Grundsätzliche Zweifel an der Gültigkeit der Daten des VIP sind daher nicht begründet.

Beruhigungsmittel vom Typ der Benzodiazepine

Verordnungsgrundlagen

Indikationen

Der Versuch, wissenschaftlich begründete, klar abgrenzbare Indikationen für Benzodiazepine zu bestimmen, gerät schnell zum erkenntnistheoretischen und methodologischen Problem. Welche der zahlreichen Studien aus Klinik und Praxis, in denen die Wirksamkeit dieser Stoffe bei den verschiedensten Symptomen, Syndromen oder komplexen Krankheitsbildern belegt wird, entspricht den wissenschaftlichen Standards, die an klinische Forschung anzulegen sind? In der Arbeit von *Greiser* (1983) werden nur die Studien zur Bewertung der Wirksamkeit von Psychopharmaka einbezogen, welche nach Expertenmeinung eindeutig definierbare Symptome und Erkrankungen erforscht haben. Ausgeschlossen wird danach der große Bereich psychosomatischer Erkrankungen, psychovegetativer und psychoreaktiver Störungen. Genau mit diesen Diagnosen jedoch wird ein Großteil der Beruhigungsmittel-Verordnungen begründet. So stellen etwa *Benkert* und *Hippius* (1980) fest, daß Tranquilizer ihren Hauptindikationsbereich bei den Krankheitsbildern haben, bei denen eigentlich psychotherapeutische Verfahren Mittel der Wahl und Tranquilizer lediglich vorübergehend als zusätzliche Hilfsmittel sinnvoll sind:
»Wenn es heute in der täglichen Praxis bedauerlicherweise zur Gewohnheit geworden ist, bei jeglichen Befindlichkeitsstörungen, Zuständen von Unlust, Verstimmungen oder ›psychischen Störungen‹ sofort Tranquilizer zu verordnen, dann dürfen deshalb Tranquilizer nicht dafür herhalten, daß Diagnosen oft gar nicht mehr gestellt werden. Man sollte sich vor der Verordnung von Tranquilizern immer vergegenwärtigen, daß es im Grunde wünschenswert ist, eine psychotherapeutische Behandlung durchzuführen.« (S. 188)

Ähnlich argumentieren auch *Haase* und *Linde* (1981). Da dem Großteil der von niedergelassenen Ärzten behandelten Patienten kein psychotherapeutisches Behandlungsangebot offen steht, gemacht wird oder werden kann, ist anzunehmen, daß die rein medikamentöse Behandlung mit Beruhigungsmitteln bei diesen Indikationen die Regel, ihre Kombination mit psychotherapeutischen oder anderen Methoden eher die Ausnahme darstellt. In den von der Pharmaindustrie zitierten Studien aus der ärztlichen Praxis finden sich dann auch eher Berichte von allein mit Benzodiazepinen »erfolgreich« behandelten Patienten. Als »medikamentöse Psychotherapie in der Allgemeinpraxis« ist ein Artikel aus der Ärztlichen Praxis (*Klever* 1966) betitelt, in dem die Verordnung eines Benzodiazepins bei »allen Erkrankungen, bei denen das vegetative Nervensystem ursächlich oder sekundär eine Rolle spielt«, vorgeschlagen wird, wobei in über 80 Prozent (von 434 Patienten) der erhoffte Behandlungserfolg erreicht werden konnte . In einem weiteren Artikel aus der gleichen Zeitschrift wird als »internistische Behandlung bei psycho-vegetativen Störungen« die Verabreichung des gleichen Mittels bei 118 Patienten geschildert, bei denen die Diagnosestellung z.T. Probleme bereitete (*Baur* 1965). Der Autor, der sich selbst mehr und mehr zum »Psycho-Diagnostiker und -Therapeuten« werden sieht, spricht deshalb von »Symptom-Diagnosen«, wobei Symptome psychischer Art häufig mit funktionell-somatischen Beschwerden verbunden waren. Weitere Beispiele eines mißverständlich zu weit und zu ungenau gefaßten Indikationsspektrums für Benzodiazepine sind leicht zu finden (z.B. *Peters* 1980; *Busch* 1977).

Bei diesen Veröffentlichungen handelt es sich nicht um kontrollierte klinische Studien, sondern um Erfahrungsberichte aus der Praxis, deren wissenschaftlicher Wert sehr eingeschränkt ist. Für die Verbreitung solcher Artikel sorgt die Pharmaindustrie, oft sind sie den Werbebroschüren als quasi objektiver Beleg beigefügt. Es verdiente eine eigene Untersuchung, einmal zu prüfen, wieviele Studien, die zum Beleg der Wirksamkeit bestimmter Medikamente angeführt werden, im Auftrag und auf Kosten der Hersteller und wieviele davon unabhängig und nach sauberen, überprüfbaren wissenschaftlichen Kriterien durchgeführt wurden.

Eindeutig sind die Indikationskriterien der Benzodiazepine in der deutschsprachigen Literatur nur für die Anwendung als Muskelrelaxantien und Antikonvulsiva. Abgesehen von der vorsichtigen Warnung vor dem Suchtpotential, die seit 1984 auch die Hersteller geben, gibt es kaum einschränkende Hinweise, die den Einsatz bei verschiedensten Beschwerdebildern verbieten. Vielmehr entsteht der Eindruck, das

Benzodiazepine aufgrund ihrer geringen Nebenwirkungen und Toxizität unter Beachtung gewisser Verordnungsregeln bei einer Vielzahl von Symptomen, Syndromen und Krankheitsbildern zumindest hilfreich sein können, wenn sie nicht gar einen ausreichenden Behandlungserfolg sichern (wobei teilweise offenbar auch als Erfolg angesehen wird, wenn die Patienten lernen, ihre Probleme mit Medikamenten zu »behandeln« und damit in dauerhafter Abhängigkeit vom Arzt verbleiben).

»Angst, Unruhe, Spannung, Gereiztheit, psychosomatische Beschwerden, Schlaflosigkeit, Muskelspasmen, Alkoholentzugssymptome, Alpträume und Schlafwandeln bei Kindern, verschiedene Krampfleiden« (*Spiegel* und *Aebi* 1981, S. 26 f.) werden als Hauptindikationsbereiche genannt. Die verbreitete übermäßige Ausdehnung des Anwendungsbereichs führte schon 1981 im Deutschen Ärzteblatt zu vorsichtig warnenden Artikeln, z.B. unter dem Titel: »Benzodiazepine: Kein Mittel gegen Alltagsärger« (*Forth* 1981).

Der Vergleich zur angloamerikanischen Literatur zeigt, daß Benzodiazepine dort im wesentlichen als Mittel zur *Behandlung von Ängsten, bzw. zur kurzfristigen Befreiung von Angstsymptomen* beschrieben werden (vgl. z.B. *Hollister* 1978, PDR 1981). In klinischen Vergleichsstudien konnte zwar ihr therapeutischer Wert bei bestimmten Patientengruppen belegt werden (vgl. zusammenfassend *Greiser* 1983), Ausmaß und Dauer der Wirksamkeit sind jedoch fraglich. Aus diesem Grunde wird in dem der deutschen Roten Liste entsprechenden amerikanischen Physicians Desk Reference (PDR) bei allen Indikationen für Benzodiazepine vermerkt, daß die Wirksamkeit bei Dauergebrauch, d.h. mehr als vier Monaten, durch systematische klinische Studien nicht belegt sei. Dieser Hinweis findet sich in der von Herstellerseite herausgegebenen deutschsprachigen Literatur (z.B. Rote Liste) nicht, sondern nur in dem von der Pharmaindustrie unabhängigen »transparenz-telegramm« (herausgegeben von der Arzneimittel-Informations-Dienst GmbH) und in dem Bewertenden Arzneimittel-Index (*Greiser* 1983), so daß dem Großteil der in der Bundesrepublik Deutschland praktizierenden Ärzte diese Information fehlen dürfte (ebenso die über bestimmte Nebenwirkungen).

Mittlerweile unbestritten sind Benzodiazepine Mittel der Wahl bei *Schlaflosigkeit und Schlafstörungen*, ihre Wirksamkeit ist vielfach belegt. Allerdings ersetzt die erfolgreiche Behandlungsmöglichkeit nicht die Klärung der Ursachen, aus denen Patienten nicht schlafen können. Nur

dadurch läßt sich ein langfristiger Konsum vermeiden. Für den bestimmungsgemäßen Gebrauch wurden von verschiedener Seite Regeln formuliert, die darauf abzielen, den immer häufiger werdenden Mißbrauch zu vermeiden. *Haase* und *Linde* (1981) stellen z.B. zehn Gebote auf und kommen zusammenfassend zu dem Ergebnis:
»Werden Tranquilizer in niedriger, aber ausreichender Dosierung über einen begrenzten Zeitraum in Verbindung mit einem unverzichtbaren Minimum an psychotherapeutischer Zuwendung und Führung verabreicht, und werden Patienten mit bereits bestehender Abhängigkeit - gleich welcher Art - von dieser Medikation ausgeschlossen, so gäbe es zu dieser Thematik keine Probleme von praktischer Relevanz« (1981).

Von der American Medical Association (AMA 1974) wurden schon sehr viel früher engere Verordnungsregeln für Benzodiazepine formuliert:

1. Nur zur Befreiung von schweren Symptomen anwenden, nicht bei kleineren Beschwerden.
2. Zugrunde liegende Störungen diagnostizieren und behandeln vor einer symptomatischen Behandlung und Befreiung von Symptomen.
3. Hat der Patient eine Suchtvorgeschichte, sind diese Medikamente zu vermeiden.
4. Keine Überdosierung, so daß die Leistungen des Patienten sich nicht verschlechtern.
5. Vertrautheit mit Entzugstechniken, wenn Mißbrauch auftritt.
6. Beobachtung der Möglichkeit einer Abhängigkeit bei allen Patienten, die längerfristig behandelt werden.
7. Einschränkung der Verschreibungsmenge entsprechend der Zeiträume zwischen den Arztbesuchen.
8. Warnung der Patienten wegen der Interaktion mit Alkohol und anderen Mitteln.
9. Information an die Patienten, die Mittel nur zum persönlichen Gebrauch zu verwenden und von Kindern fernzuhalten.
10. Betrachtung der Medikamente als Teil eines übergeordneten Behandlungsplans. (AMA 1974)

In einer kritischen Analyse vorliegender Untersuchungen zur Pharmakotherapie der Angst kommen auch *Greenblatt* und *Shader* (1978) zu dem Ergebnis, daß Benzodiazepine in der kurzfristigen Behandlung neurotischer Ängste den Placebos und Barbituraten überlegen sind, daß es jedoch keine Belege für ihre langfristige Wirksamkeit und ihren therapeutischen Nutzen gibt.

Ganz anders dagegen denken die deutschen Autoren *Beckmann* und *Haas* (1984) über die Therapie mit Benzodiazepinen:

»Die immer wieder gehörte Empfehlung, eine Benzodiazepin-Therapie nicht über drei Monate auszudehnen, ist aus der verständlichen Sorge über eine mögliche Abhängigkeit erwachsen, entspricht aber nicht immer der klinischen Durchführbarkeit. Ein beträchtlicher Teil der Angst-Erkrankungen dauert länger, ist u.U. chronisch und ist dementsprechend zu therapieren. Eine rigide zeitliche Limitierung ... ist ärztlich nicht zu vertreten...

Bei der hohen Zahl der Betroffenen ... wäre es auch unrealistisch, nur psychotherapeutische Maßnahmen zu fordern und auf wirksame, ärztlich verordnete Anxiolytika aus gegenwärtig überakzentuierter Sorge um Mißbrauch und Abhängigkeit zu verzichten.« (S. 119)

Diese Aussagen markieren einen typischen Unterschied zwischen angelsächsischen und bundesrepublikanischen Autoren im Hinblick auf die Therapie mit Beruhigungsmitteln.

Die Indikation von Benzodiazepinen bei Psychosen ist umstritten. Während manche Ärzte sie explizit aus dem Anwendungsbereich ausschließen (*Pöldinger* 1982), halten andere sie aufgrund von Erfahrungen aus der Psychiatrie auch für die Psychosenbehandlung geeignet. Allerdings muß hier differenziert werden zwischen schizophrenen und affektiven Psychosen und Mono- und Kombinationstherapie (vgl. *Beckmann* und *Haas* 1984). In der Schizophreniebehandlung ist eine Monotherapie mit Benzodiazepinen nach allgemeiner Auffassung wenig effektiv, wenngleich gelegentlich positive Behandlungsergebnisse berichtet wurden (z.B. *Beckmann* und *Haas* 1980). Dagegen ist der Nutzen einer Kombination von Benzodiazepinen und Neuroleptika weniger umstritten und wird von manchen Autoren (*Lingjaerde* u.a. 1979) für die Therapie chronischer und therapieresistenter Schizophrenie empfohlen, weil die Benzodiazepine offenbar den antipsychotischen Effekt der Neuroleptika verbessern.

In der Monotherapie von Depressionen sind - nach Analyse von 19 Vergleichsstudien (*Schatzberg* und *Cole* 1978) - Antidepressiva häufig (genauer in zehn der 19 Studien), insbesondere bei endogenen Depressionen, den Benzodiazepinen überlegen, dagegen wurden in neun

Studien keine signifikanten Unterschiede zwischen Benzodiazepinen und Antidepressiva gefunden. Die bei einigen Patienten berichtete Zunahme suizidaler Tendenzen unter Benzodiazepinen (*Ryan* 1968) sollte von ihrer isolierten Anwendung bei Depressionen abhalten. Die Kombination mit Antidepressiva kann zu Beginn der Behandlung akuter Depressionen kurzfristig sinnvoll sein.

Kontraindikationen

Auch zwischen den von Herstellerseite in der Roten Liste (1980) angeführten Kontraindikationen und denen im transparenz-telegramm (1980/1) und im amerikanischen PDR genannten zeigen sich bemerkenswerte Unterschiede. Während in der Roten Liste Myasthenia gravis die einzige von allen Herstellern genannte Kontraindikation darstellt, finden sich in anderen Quellen zusätzlich folgende Gegenanzeigen:

- Überempfindlichkeit gegen Benzodiazepine
- Engwinkelglaukom
- Schwangerschaft im 1. Drittel (erhöhtes Mißbildungsrisiko nicht auszuschließen)
- Stillzeit (Benzodiazepine treten in die Muttermilch und verbleiben zehn Tage im Körper von Neugeborenen. - Über Entzugssymptome bei Neugeborenen bei plötzlichem Absetzen wurde berichtet. (vgl. transparenz-telegramm 1983, S. 476).
-

Nur im PDR (1981) angeführte Kontraindikationen sind:

- Psychosen, psychotische Erkrankungen
- depressive Neurose (bei Clorazepat)
  primär depressive Störung (bei Lorazepam)
- Kinder
  unter sechs Monaten (bei Diazepam)
  unter sechs Jahren (bei Oxazepam)
  unter zwölf Jahren (bei Lorazepam)
  Jugendliche unter 18 Jahren (bei Chlorazepat dipotassium, entspricht Dikalium - Chlorazepat)

(Da sich die Angaben des PDR auch nach den Herstellerinformationen richten, sind sie für die einzelnen Präparate unterschiedlich.) Für die dort ausgeschlossenen Altersgruppen finden sich in der Roten Liste sogar spezielle Darreichungsformen und differenzierte Dosierungs-

empfehlungen, z.B. für Adumbran (Oxazepam) vom Hersteller Thomae:
Kinder von 1-3 Jahren: 1-2mal 7,5 mg
Kinder von 4-5 Jahren: 2-3mal 7,5 mg.

Unerwünschte Wirkungen

Als wesentlicher Vorteil der Benzodiazepine gegenüber allen anderen Tranquilizern wird hervorgehoben, daß die therapeutischen Risiken auch nach hohen Dosen und nach längerer Einnahme am geringsten seien und auch die Einnahme sehr hoher Dosen in suizidaler Absicht nicht zu Todesfällen geführt habe (vgl. *Benkert* und *Hippius* 1980 S. 190). Im Widerspruch dazu stehen Untersuchungen, die von *Keup* und *Platz* zusammengefaßt werden: In einer amerikanischen Untersuchung von 914 medikamenteninduzierten Todesfällen wurde zweimal Diazepam als alleinige Ursache festgestellt und in 51 Fällen eine Kombination aus Diazepam und Alkohol. Schon 1965 war über einen Fall von Diazepamentzug mit Krampfanfällen und tödlichem Ausgang berichtet worden. Bei Selbstvergiftungen in Schottland wurden immerhin in 40 Prozent Benzodiazepine verwendet (*Keup* und *Platz* 1980).

Einen Überblick über Häufigkeit und Art der Neben- und Wechselwirkungen der Benzodiazepine gibt Abbildung 3 auf der nächsten Seite.

Schon die bloße Aufzählung der Nebenwirkungen macht deutlich, daß Benzodiazepine keine harmlosen Medikamente sind. Dabei sind wichtige unerwünschte Wirkungen auf die Psyche in der obigen Tabelle noch gar nicht genannt. So führt die gewünschte Dämpfung der ZNS-Aktivität oft nur vorübergehend zu Müdigkeit und Konzentrationsschwäche und äußert sich später in Form von Gleichgültigkeit und Apathie. Diese oft beschriebenen Wesensveränderungen entwickeln sich langsam und werden von den Betroffenen oft selbst nicht bemerkt. Dazu gehört auch der Anstieg aggressiver und selbstzerstörerischer Impulse. (*Di Mascio* 1973; *Covi* u.a. 1977, *Workman* und *Cunningham* 1975). Zusammen mit der verlängerten Reaktionszeit, die von den Konsumenten meist nach kurzer Zeit nicht mehr bemerkt wird, dürften diese Faktoren entscheidend sein für das erheblich vergrößerte Unfallrisiko. So haben Autofahrer, die Benzodiazepine einnehmen, ein fünffach erhöhtes Unfallrisiko auch noch am Morgen nach abendlicher Tabletteneinnahme (transparenz-telegramm 1983, S. 476).

Abbildung 3: Neben- und Wechselwirkungen der Benzodiazepine

Wirksubstanz	Nebenwirkungen	Wechselwirkung mit	Mögliche Folgen
Benzodiazepine	Einschränkungen des Reaktionsvermögens Exazerbation (Verschlimmerung) von Atembeschwerden Erregung an Stelle von Sedation (besonders bei alten und geschwächten Personen) Mißbrauch und Abhängigkeit (geringeres Suchtpotential im Vergleich mit Barbituraten) In der Schwangerschaft und Stillzeit nur bei strengster Indikationsstellung anwenden **Häufig:** Benommenheit, Ataxie, Schwäche; Thrombose und Phlebitis nach i. v. Injektion, Schmerzen an der Injektionsstelle (i. m. Chlordiazepoxid) **Gelegentlich:** Verwirrtheit, Kopfschmerzen, Gleichgewichtsstörungen, Fieber; Appetitzunahme, Übelkeit, Verstopfung; Ab-nahme von Libido und Potenz, Menstruationsstörungen; Mundtrockenheit, Brady- oder Tachykardie, Blutdruckabfall, Hemmung d. Magensekretion, Depressionen; Artikulationsstörungen (hohe Dosen, Langzeitbehandlung) **Selten:** Blutbildveränderungen, Gelbsucht, Leberfunktionsstöıungen; allergische Reaktionen; Leukopenie Extrapyramidale Symptome, plötzliche Ohnmacht (Chlordiazepoxid), Sehstörungen, Herabsetzung der Augenbewegungen, Halluzinationen, Abnahme oder Verlust der Kornealreflexe (Diazepam), Akkomodationsstörungen (Medazepam); Halluzinationen (Lorazepam), Nystagmus (Chlorazepat	Alkohol	Alkohol kann die sedative Wirkung der Benzodiazepine verstärken Verstärkte ZNS-dämpfende Wirkung
		Butyrophenone und andere Neuroleptika	Verstärkung der sedativen und anticholinergen Wirkungen der Benzodiazepine
		Trizyklische Antidepressiva	
		Barbiturate, MAO-Hemmer	Verstärkte sedative Wirkung der Benzodiazepine
		Phenothiazine	Phenothiazine können die sedative Wirkung der Benzodiazepine verstärken

aus: transparenz-telegramm 1980/1, S. 360

Als Folge der Verschlechterung psychomotorischer und kognitiver Leistungen und subjektiv nicht wahrgenommenen Ataxie werden zahlreiche Stürze, Fallenlassen von Gegenständen und Verletzungen berichtet. Selten jedoch sehen die Patienten selbst die Ursachen ihres Mißgeschicks oder Unglücks in der Tabletteneinnahme - zumal sie nicht ausreichend darüber informiert sind. Für alte Menschen, die ja die Hauptkonsumenten sind, ist dies besonders tragisch.

Das in der Regel leidvoll erlebte Nachlassen der Leistungsfähigkeit wird mit Benzodiazepinen massiv beschleunigt. Konzentrationsstörungen, Unfälle oder Stürze gefährden die Eigenständigkeit, verunsichern, bewirken einen Verlust an Lebensmut und Glück und können schließlich zur Pflegebedürftigkeit führen. Die gerade bei älteren Menschen häufigen paradoxen Wirkungen können schließlich schwere Erregungszustände und Halluzinationen zur Folge haben, die eine Einweisung ins psychiatrische Krankenhaus notwendig machen. Auch Überdosierungen finden sich überaus oft gerade bei alten Menschen - da Abbau und Ausscheidung oft verzögert und die Kumulationsneigung sehr hoch ist, müßten die Dosierungen entsprechend dem Alter der Patienten verringert werden. Das ist in der Praxis nicht der Fall.

Laut *Kornhuber* (1988) stehen 20 Prozent der im Krankenhaus eingelieferten Patienten unter Benzodiazepinen. Bei wievielen Patienten Benzodiazepine ein direkter oder indirekter Einweisungsgrund sind oder eine psychiatrische Behandlung zur Folge haben, ist nicht festzustellen.

Beim Absetzversuch kommt es regelmäßig zum Wiederaufflackern der ursprünglichen Symptome Unruhe, Angst, Schlaflosigkeit und darüber hinaus zu Entzugserscheinungen, die über Monate andauern können. Die erwünschten Wirkungen sind in den ersten Tagen und Wochen der Einnahme am größten, während die unerwünschten Wirkungen, inbesondere die Wesensveränderung, Gewöhnung und Abhängigkeit danach im Vordergrund stehen, bzw. mehr und mehr zunehmen. Eine längere Verordnung - über vier Wochen - sollte nur noch in besonders begründeten Ausnahmefällen erlaubt sein. Obwohl eine Reihe von Benzodiazepinen seit 1986 unter das Betäubungsmittelrecht fallen, können sie nach wie vor in beliebiger Menge - bevorzugt große Packungen - beliebig oft wiederholt verordnet werden. Kein Arzneimittelgesetz schützt Patienten davor, durch Tranquilizerverordnungen süchtig gemacht zu werden.

Abhängigkeit und Mißbrauch von Benzodiazepinen

Lange Zeit wurde die Gefahr des Mißbrauchs und der Abhängigkeitsentwicklung aufgrund des Vergleichs mit anderen Hypnotika (z.B. Barbituraten) und Tranquilizern als gering eingeschätzt. So etwa in der oft zitierten Untersuchung von *Marks* (1978), der über 44 publizierte und 54 registrierte Fälle in der Bundesrepublik von 1960-1977 und weltweit von weniger als 500 Fällen seit 1957 berichtete. Unter Berufung auf Marks wird das Suchtpotential noch heute oft von Herstellerseite als außerordentlich gering dargestellt. In der Roten Liste 1982 wird nur von einem Hersteller (von 19) auf die Suchtgefahr hingewiesen (*Greiser* 1983). Neuere Arbeiten belegen dem gegenüber ein vielfach höheres Risiko als bisher angenommen, und seit 1984 sind die Hersteller verpflichtet, auf die Suchtgefahr hinzuweisen.

Die differenziertesten Untersuchungen zur Benzodiazepin-Abhängigkeit in der Bundesrepublik liegen von *Poser* u.a. (1982, 1983) aus der Psychiatrischen Universitätsklinik Göttingen vor. In den Jahren 1976 - 1981 wurden dort allein 263 benzodiazepinabhängige Patienten behandelt, von denen ein Drittel ausschließlich oder überwiegend benzodiazepin-abhängig, ein Drittel gleichstark von Benzodiazepinen und anderen Suchtmitteln, meist Alkohol und das letzte Drittel hauptsächlich von anderen Substanzen abhängig war. Seit 1978 sind Benzodiazepine unter den Medikamenten die häufigsten Suchtstoffe. *Poser* u.a. (1982) stellten bei 16 Prozent der 1978 stationär aufgenommenen Patienten (N = 649) eine Medikamentenabhängigkeit fest, und von diesen Suchtkranken hatten 85,7 Prozent Benzodiazepine zu sich genommen. *Keup* und *Platz* (1980) berichteten von einer Untersuchung, nach der unter 2.500 Krankenhausaufnahmen mit medikamenteninduzierter Sedierung, Lethargie oder Koma Diazepam als Mitverursacher hinter Alkohol an zweiter Stelle stand.

Da Benzodiazepine sehr viel häufiger als andere Psychopharmaka verschrieben werden, stellt die Gruppe der Abhängigen - trotz des verhältnismäßig geringen Prozentsatzes - absolut einen zahlenmäßig erheblichen Teil der Patienten. Nach Schätzungen der deutschen Hauptstelle gegen Suchtgefahren sind 500-800 000 Menschen in der Bundesrepublik medikamentenabhängig, davon doppelt soviele Frauen wie Männer. Daß die Suchtgefahr lange Zeit zu gering eingeschätzt wurde, beruht nach Ansicht von *Poser* u.a. (1982) darauf, daß viele beruht nach Ansicht von *Poser* u.a. (1982) darauf, daß viele Abhängige unerkannt bleiben und die Entwicklung einer Medikamentenabhängigkeit oft viele Jahre dauert. Nach *Schmidtobreick* (1982) ist zu erwarten, daß der Großteil der Dauerkonsumenten und Mißbraucher der 60er und 70er Jahre erst in den 80er und 90er Jahren als schwer abhängig diagnostiziert werden wird.

Die Liste der von den Ärzten 1983-1984 am häufigsten als mißbraucht gemeldeten Substanzen führen vier Benzodiazepine an: Diazepam, Bromazepam, Lorazepam und Oxazepam. Auch insgesamt sind die Benzodiazepin-Derivate mit 50,2 Prozent aller Nennungen in den ärztlichen Mißbrauchsberichten führend (*Glaeske* 1987, S. 42)

Viele Benzodiazepin-Abhängige waren vorher von anderen Mitteln abhängig oder benutzen gleichzeitig andere Mittel, was die Schätzung der wahren Inzidenz sehr erschwert. Zunehmend werden jedoch auch primäre Abhängigkeiten beobachtet. Meist entwickelt sich die Sucht über viele Jahre, wobei die Dosis langsam gesteigert wird oder mehrere Mittel eingenommen werden (2,1 Präparate im Durchschnitt, *Poser* u.a. 1982).

Aber auch bei vorschriftsmäßiger Einnahme geringer Dosen kann sich in kurzer Zeit eine Abhängigkeit entwickeln. Diese sogenannte »Niedrigdosisabhängigkeit« entwickelt mindestens ein Viertel der Tavor- oder Valium-Konsumenten schon nach vier Monaten, nach einem Jahr zeigen schon 80 Prozent die durch Angst, Spannung und Schlaflosigkeit gekennzeichneten Entzugserscheinungen (*Böning* und *Schrappe* 1984). Erfolgt dann keine geeignete Behandlung, werden die Symptome meist durch erneute Einnahme von Tranquilizern zu bekämpfen versucht, und der Weg in die Sucht ist vorgezeichnet. Von ärztlicher Seite wird die Abhängigkeit immer noch viel zu selten erkannt. Bei einer Befragung praktisch tätiger Schweizer Ärzte (*Ladewig* 1982) zeigte sich, daß zwei Drittel Benzodiazepine länger als zehn Wochen verordnen. Nur ein Fünftel von ihnen hegte den Verdacht auf einen Benzodiazepin-Mißbrauch bei ihren Patienten. Bei den erfaßten 794 Patienten lag bei 23 Prozent ein isolierter und bei 31 Prozent ein mit Alkohol oder Medikamenten kombinierter Mißbrauch vor. Verordnungsgründe waren Angst, Schlafstörungen oder vielfältige psychosomatische Beschwerden. Geschätzt wurde eine Rate von zwei Abhängigen auf 100.000 Verschreibungen. Das wahre Ausmaß abhängiger Patienten dürfte jedoch sehr viel höher liegen. Von den drei Arten des Mißbrauchs (nach *Poser* u.a.

lösen zu können, ist die letzte Art verantwortlich für die zunehmende Ausbreitung der Benzodiazepin-Abhängigkeit. Es sind meist die für Ärzte besonders schwierigen Patienten mit chronischer Symptomatik und diversen psychosozialen Schwierigkeiten, denen trotz offensichtlicher Abhängigkeit z.T. jahrelang weiter Benzodiazepine verordnet werden. So reagierte von den untersuchten Schweizer Ärzten weniger als ein Drittel mit einem Verschreibungsstopp auf die Feststellung eines Mißbrauchs, 21 Prozent reduzierten die Dosis und 41 Prozent stellten auf andere Medikamente um, davon acht Prozent auf ein anderes Benzodiazepin (!). Nur ein knappes Viertel (24 Prozent) erwog als Behandlungsmaßnahme Psychotherapie. In der Bundesrepublik dürften die Verhältnisse ähnlich sein. *Kornhuber* - ein vehementer Kritiker der verbreiteten Benzodiazepin-Verordnungen- schätzt, daß etwa zehn Prozent unserer erwachsenen Bevölkerung benzodiazepinabhängig sind und macht im Deutschen Ärzteblatt nachdrücklich auf die Schwere der Benzodiazepinabhängigkeit wegen der großen Häufigkeit von Rückfällen und der langen Dauer der Entzugssymptome aufmerksam.

»Leistungsversagen, beruflicher Abstieg, vorzeitige Berentung, Ehescheidung und Selbstmordversuche kommen bei Benzodiazepinabhängigkeit häufig vor. Der Absetzversuch führt regelmäßig zu jenen Symptomen, deretwegen sie ursprünglich genommen wurden: Unruhe, Angst, Schlaflosigkeit.« (*Kornhuber* 1988, S. 405).

Art und Schwere der Entzugserscheinungen sind abhängig von der Einnahme-Dauer und der Dosis. So treten Entzugsdelirien in der Regel erst nach langdauerndem hochdosierten Konsum auf und sind bei kombiniertem Mißbrauch von Alkohol und Medikamenten häufiger und schwerer als bei primärem Benzodiazepin-Mißbrauch. Die Therapie erfordert meist mehrere stationäre Entgiftungen und langwierige Entwöhnungsbehandlungen. Die akute Symptomatik reicht von Delir, Krampfanfällen, Halluzinationen über vegetative Erscheinungen wie Zittern, Herzrasen, Blutdrucksteigerung, Schwitzen, Schmerzen verschiedenster Art, gesteigerter Erregbarkeit, bis zu Angstanfällen, Depressionen, Depersonalisationserlebnissen, Erschöpfung und Schlaflosigkeit (*Poser* u.a. 1982).

Bei Selbstmordversuchen mit Medikamenten sind sehr oft Benzodiazepine beteiligt. In einer Untersuchung (*Jäger* u.a. 1984) von 123 Vergiftungsfällen mit fünf verschiedenen Benzodiazepinen wurden elf Komata, fünf davon mit zentraler Atemdepression festgestellt. Obwohl keine Todesfälle trotz Einnahme erheblicher Tablettenmengen eintraten, sollte diese Studie zur Vorsicht mahnen. Von den 94 weiblichen und 29 männlichen Patienten waren immerhin 39 Kinder unter 12 Jahren (!), was möglicherweise durch die sorglose Aufbewahrung der als harmlos eingeschätzten Medikamente mitverursacht ist. Beim Vergleich der Benzodiazepine wurde eine deutlich höhere Toxizität von Flunitrazepam (Rohypnol) und Lorazepam (Tavor) gegenüber Diazepam und Oxazepam festgestellt. Die toxische Dosis wurde für Lorazepam mit 50 - 100 mg angegeben, nachdem schon bei 50 mg ein Koma beobachtet wurde. Bei Bromazepam wurde nach 300 mg ein Koma beobachtet, die toxische Dosis bei 200 - 300 mg festgelegt. Bei Diazepam traten gefährliche Dosen erst ab 600 mg auf, bei Oxazepam bis 750 mg überhaupt nicht. Die toxischen Dosen werden hier bei 500 mg angenommen. Bisher wurde als Argument für die überaus niedrige Toxizität der Benzodiazepine immer wieder angeführt (zuletzt *Beckmann* und *Haas* 1984), daß Suizidversuche mit 2.000 mg Diazepam folgenlos überlebt wurden. Die Feststellung der o.g. Studie, daß die toxische Dosis der Benzodiazepine jeweils unterschiedlich ist und bei dem Benzodiazepin Flunitrazepam, mit einer toxischen Dosis von nur 10 mg, schon bei 32 mg ein Koma auftrat, spricht gegen die leichtfertige Annahme einer geringen Toxizität aller (!) Benzodiazepine. Auch spricht dies für eine berechtigte Skepsis gegenüber neu eingeführten Präparaten sowie gegen ein unüberschaubares Angebot von Benzodiazepinen auf dem Arzneimittelmarkt (zur Zeit über 30, vgl. *Glaeske* 1986).

Pharmakologie und Biochemie

Im Tierversuch zeigen sich folgende Wirkungen:

1. Sedierung, jedoch keine narkotische Wirkung auch in hohen Dosen.
2. Dämpfung elektrisch oder chemisch induzierter Krämpfe (antikonvulsiv).
3. Zentral ausgelöste Muskelentspannung, Ataxie in höheren Dosen.
4. Hemmung bedingter Reflexe, d.h. daß Verhaltensweisen bei Tieren, die sonst durch Lernerfahrungen unterdrückt werden, wieder ausgeführt werden.
5. Zähmungseffekt in nicht allgemein sedierenden Dosen (vgl. *Pöldinger* 1982; *Spiegel* und *Aebi* 1981).

Für die klinische Anwendung entscheidend ist die affektiv und körperlich entspannende und damit angstlösende Wirkung sowie die Sedierung und Förderung der Schlafbereitschaft. *Haase* formuliert die »Faustregel«:

»Je stärker die affektiv entspannende und damit angstlösende Wirkung, umso eher Sedierung, Schlafanbahnung, Muskelrelaxierung, antikonvulsive Wirkung«. (1977, S. 12)

Wirkungen auf die Stimmung und das Vegetativum werden als Folge der affektiven Entspannung und somit als indirekte Wirkungen gesehen.

Seit 1977 ist bekannt, daß die Benzodiazepine ihre charakteristische Wirkung entfalten, indem sie, an spezielle Rezeptoren in synaptischen Membranen gebunden, die Wirkung des Neurotransmitters Gamma-aminobuttersäure (GABA) verstärken. Die sog. »Benzodiazepinrezeptoren« konnten in Hirnschnitten durch radioaktiv markierte Benzodiazepine sichtbar gemacht werden, wobei sich herausstellte, daß sie in sehr unterschiedlicher Dichte in den verschiedenen Hirnstrukturen vorliegen, besonders viele im limbischen System, in der Hirnrinde und im Kleinhirn. Außerhalb des ZNS wurden keine Benzodiazepinrezeptoren nachgewiesen (*Pöldinger* 1982).

Die GABA fungiert als wichtigster Transmitter der postsynaptischen wie der präsynaptischen Hemmung, v.a. an Interneuronen, die durch negative Rückkoppelung eine übersteigerte Antwort von Hauptzellen auf einströmende erregende Afferenzen blockieren. (Insgesamt sind schätzungsweise 30 Prozent aller Neuronen des ZNS GABAerg).

Durch die über die GABA ausgelösten synaptischen Hemmprozesse läßt sich der krampflösende Effekt der Benzodiazepine erklären, die Ursachen der Angstbeseitigung bleiben jedoch noch unklar. Ebenso sind die Ursachen der Angstentstehung, bzw. deren pathophysiologische Mechanismen, zwar Gegenstand verschiedener hypothetischer Modelle, wissenschaftlich jedoch weitgehend ungeklärt. Die Bindung der GABA an eine Nervenzelle bewirkt einen verstärkten Chlor-Ionen-Einstrom, eine Hyperpolarisation und damit eine verminderte Erregbarkeit. Es wird angenommen, daß die Benzodiazepin-Rezeptoren üblicherweise mit körpereigenen Substanzen besetzt werden, diese konnten jedoch bisher nicht analysiert werden.

Für die Entstehung eines Entzugssyndroms gibt es bisher zwei pharmakologische Erklärungsmodelle.

1. Die Benzodiazepine haben die körpereigenen Substanzen von ihren

Rezeptoren verdrängt und aufgrund des mangelnden Bedarfs ist deren Konzentration gesunken.

2. Benzodiazepine verstärken die GABA-Wirkung an der Zelle, so daß insgesamt weniger GABA gebraucht wird. Das hat zur Folge, daß weniger GABA produziert und freigesetzt wird unter der Benzodiazepin-Einnahme.
   Bei plötzlichem Absetzen ist nicht genug GABA verfügbar, so daß eine Übererregbarkeit der Zellen und damit ein Aufflackern der ursprünglichen Angst- oder Erregungssymptomatik erfolgt. Das Entzugssymptom wird nach dieser Sicht nicht als Ausdruck einer Abhängigkeitsentwicklung gedeutet, sondern als momentane zelluläre Fehlregulation, welche durch ausschleichendes Absetzen vermieden werden kann.

Die Gefahr einer Abhängigkeitsentwicklung ist nach Auffassung verschiedener Autoren am größten bei kurz wirksamen Präparaten und sinkt mit steigender Halbwertzeit. Die Halbwertzeit ist die Zeit, in der die Konzentration eines Pharmakons auf die Hälfte des Anfangwertes sinkt.

Pharmakokinetik

Alle Substanzen werden in der Leber verstoffwechselt und nur zu einem geringen Teil unverändert über die Nieren ausgeschieden. Nach oraler Gabe werden sie schnell absorbiert, haben eine hohe Plasmaproteinbindung und verteilen sich relativ rasch in alle Gewebe - bei Schwangeren auch in den Feten.

Die Wirkungsdauer ist u.a. abhängig von der Anzahl aktiver Spaltprodukte (Metabolite) und wird durch die Halbwertzeit gekennzeichnet. Sie liegt zwischen einer halben Stunde und fünf Tagen. Die Dosierungsvorschrift sollte sich daher nach der Halbwertzeit richten. Diese ist den Herstellerangaben jedoch in der Regel nicht zu entnehmen und den Verordnern daher meist nicht bekannt. Auch dies ist ein Grund für therapeutisch unzweckmäßige Verordnungen, da die Dosierungsempfehlungen oft unsinnig sind. Während z.B. die dreimalige Gabe eines kurzwirksamen Benzodiazepins wie Oxazepam sinnvoll sein kann, um eine gleichmäßige Wirkung über den ganzen Tag zu erzielen, ist sie für Diazepam (wie vom Hersteller empfohlen) schlicht unzweckmäßig. Erreicht wird eine zunehmende Konzentration des Mittels, die bei mehrtägiger Therapie gefährlich ansteigt. Auch die Bedingungen auf Seiten des Patienten bestimmen die Abbaugeschwindigkeit und verdienen Berücksichtigung. So ist von einer einmaligen Gabe Chlorazepat bei jüngeren Patienten nach zwei Tagen immer noch die halbe Dosis wirksam, während es bei alten Menschen z.B. bis zu sechs Tagen dauert, bis die Konzentration auf die Hälfte gesunken ist. Daher sollten alten oder leberkranken Menschen nur kurz wirkende Benzodiazepine verordnet werden, deren Ausscheidung unabhängig von Alter und Leberfunktion erfolgt. (s. Abbildung A7 im Anhang)

Die Pharmakokinetik (Blutkonzentration und Abbaugeschwindigkeit) kann außer durch Alter und Leberfunktion auch durch Geschlecht, Schwangerschaft, Darreichungsform, Nahrungsaufnahme sowie andere Arzneimittel beeinflußt werden.

Für die klinische Praxis (z.B. für das Suchtpotential) ebenfalls bedeutsam sind

- die Geschwindigkeit der Wirkstoffanflutung (Wirkungseintritt)
- der Plasmaspiegelverlauf bei wiederholter Verabreichung (Kumulationsneigung)
- die Geschwindigkeit der Wirkstoffelimination (Halbwertzeit).

Wirkungsunterschiede

Die in Packungsbeilagen und Herstellerinformationen betonten Wirkungsunterschiede der verschiedenen Benzodiazepinderivate konnten empirisch bisher nicht eindeutig nachgewiesen werden (vgl. *Greenblatt* und *Shader* 1978). Bisher sind lediglich Unterschiede im Ausprägungsgrad, z.B. der sedierenden, antikonvulsiven und muskelrelaxierenden Wirkung bekannt. Quantitative Wirkungsunterschiede werden häufig im Zusammenhang mit Halbwertzeiten diskutiert. Nach der »*Hollister*-Hypothese« (*Hollister* 1978) hängt das Suchtpotential von der Eliminationsgeschwindigkeit ab; Substanzen mit einer Eliminations-Halbwertzeit von etwa 16 Stunden haben das höchste Abhängigkeitspotential, d.h. z.B. Lorazepam, Oxazepam. Darüber hinaus scheint eine rasche enterale Resorption und damit ein schneller Wirkungseintritt sowie eine hohe Dosis pro Tablette das Zustandekommen einer Abhängigkeit zu fördern, während eine starke Sedierung sie eher verhindert, weil die Patienten einschlafen (*Kemper* u.a. 1980). Nebenwirkungen wie die häufige Beeinträchtigung der Leistungsfähigkeit und Katersymptome sind nach Ansicht von *Zitman* (1982) stärker und länger anhaltend bei Benzodiazepinen mit langen Halbwertzeiten und bei hohen Dosierungen.

Beim Vergleich der Entzugssymptome von fünf Benzodiazepinen mit kurzer, mittlerer und langer Halbwertzeit stellen *Kales* u.a. (1979) fest, daß Schlaflosigkeit, bzw. eine Verschlechterung des Schlafes im Vergleich zur Ausgangslage, nur beim Absetzen von Benzodiazepinen mit kurzer und mittlerer Halbwertzeit erfolgte, und zwar auch dann, wenn sie nur für kurze Zeit gegeben worden waren (bei Triazolam, Nitrazepam, Flunitrazepam; Halbwertzeit 4,5-24 Stunden). Bei den Benzodiazepinen mit langer Halbwertzeit (Diazepam 20-50 Stunden), Flurazepam (47-100 Stunden) dagegen konnte nach kurzfristigem Gebrauch keine Schlaflosigkeit als Entzugssymptom festgestellt werden (ob sich diese nach längerfristigem Gebrauch einstellt, wurde nicht überprüft).

Die pharmakokinetischen Eigenschaften der Benzodiazepine (wie Absorption, Distribution, Metabolismus und Elimination) haben demnach zweifellos Bedeutung für die klinische Praxis, da sie das Risiko von Nebenwirkungen, Abhängigkeit, Entzugserscheinungen und die Toxizität determinieren. Sie bedürfen jedoch weiterer Erforschung, da die bisherigen Ergebnisse z.T. widersprüchlich oder unzureichend gesichert sind.

Deutsche und amerikanische Herstellerinformationen

Neben der medizinisch-pharmakologischen Ausbildung sind eine Reihe von anderen Faktoren für das Verordnungsverhalten der Ärzte von Bedeutung, u.a. das gerade konkret verfügbare Wissen über einzelne Präparate. Hierfür sind die von den Herstellern verbreiteten Informationen über Pharmareferenten, Arzneimittelprospekte und Rote Liste bedeutsamere Informationsquellen als wissenschaftliche Fachliteratur. Aus diesem Grund soll der Analyse der Verordnungspraxis ein Vergleich der Herstellerangaben für vier Benzodiazepine in der Roten Liste (1981) und im entsprechenden amerikanischen Physicians Desk Reference (PDR) (1981) sowie deren Bewertung im Arzneimittel-Index (*Greiser* 1983) vorangestellt werden.

Die Gegenüberstellung (s. Abbildung 4) zeigt, daß die Angaben im PDR für die vier Präparate Dikalium-Clorazepat, Diazepam, Oxazepam, Lorazepam weitgehend identisch sind, lediglich geringfügige Unterschiede bezüglich der Anwendungsbeschränkungen bestehen. In der

Abbildung 4: Gegenüberstellung der Indikationen in PDR und Roter Liste und ihre Bewertung im Arzneimittel-Index

Inhaltsstoff PDR 1981	Rote Liste 1981	Arzneimittel-Index 1983
DIKALIUM-CHLORAZEPAT: z. B. TRANXENE (Handelsname) - Ängste *) - kurzzeitige Befreiung von Angstsymptomen *) - symptomatische Behandlung von Alkoholentzugssymptomen nicht bei Angst und Spannung, die im Zusammenhang mit Alltagsstreß auftreten - depressiven Neurosen - psychotischen Reaktionen - Schwangeren - stillenden Müttern - Kindern unter 18 Jahren - länger als 4 Monate	z. B. TRANXILIUM - Angst-, Spannungs-, Erregungs- und Reizzustände	positiv
	- vegetative Dystonie	
	- psychosomatisch bzw. psychovegetativ bedingte Organ- und Schlafstörungen	positiv 1)
	- Stimmungsbeeinträchtigung und Labilität	nicht bewertet
	- Organneurosen	1) positiv bewertet wurden nur die Schlaf- nicht die Organstörungen.
	nicht bei Myasthenia gravis *) nur bei zwingender Indikation: bei Schwangeren im 1. Trimenon und während der Stillzeit Für Kinder ab 6 J. Dosierungsvorschläge	
DIAZEPAM: z. B. VALIUM - Ängste *) - kurzzeitige Befreiung von Angstsymptomen *) - symptomatische Beh. des Alkoholentzugs - Skelettmuskelspasmen (reflektorisch) - Spastizität (durch Motoneuronzerstörung - Athetosis - stiff-man Syndrom - Krampfleiden (nur als Zusatzmedikation) - Prämedikation (hier bes. injizierbares V.) - Tetanus nicht länger als 4 Monate (Effektivität nicht belegt) 1) - bei Kindern unter 6 Monaten - bei bekannter Überempfindlichkeit - bei psychotischen Patienten 1) bei Angst und Spannung in Zusammenhang mit Alltagsstreß	VALIUM - Erregung	positiv
	- Spannung	positiv
	- Angst	positiv
	- psychoneurotische Störungen	nicht bewertet
	- vegetative Dystonie	nicht "
	- psychosomatische Störungen (bes. Herz-, Kreislauf; Magen, Darm)	nicht "
	- Schlafstörungen	positiv
	- Muskelverstannung	nicht "
	- Krampfbehandlung	nicht "
	- Status epilepticus	nicht "
	- Geburtserleichterung	nicht "
	- chirurgische Interventionen	nicht "
	nicht bei Myasthenia gravis	
OXAZEPAM: z. B. SERAX - Ängste (anxiety disorders) *) - kurzzeitige Befreiung von Angstsymptomen *) - oder Angst verbunden mit Depression - Angst verbunden mit Alkoholentzug - Alkoholentzugssymptome besonders geeignet für ältere Patienten nicht für Kinder unter 6 Jahren - zur Langzeitbehandlung, d. h. mehr als 4 Monate (Effektivität nicht belegt) *) - für Schwangere *) - bei Angst und Spannung, die im Zusammenhang mit Alltagsstreß auftreten	z. B. ADUMBRAN - Störungen der Schlafrhythmik	positiv
	- kardiovask. u. gastrointestinale Störungen	nicht bewertet
	- psychogene Atemstörungen	positiv
	- Dentitionsbeschwerden	nicht "
	- Erschöpfungszustände	nicht "
	- Übererregtheit	positiv
	- Sexualneurosen	nicht "
	- Überforderungssyndrom	nicht "
	- Angst- und Unruhezustände	positiv
	bei ADUMBRAN zusätzlich - schwere Angst- und Erregungszustände, auch im Verlauf von Psychosen	positiv
	geeignet für Kinder (Dosierungsang. ab 1 Jahr!) Strenge Indik. für Schwangere im 1. Trimenon nicht bei Myasthenia gravis *)	

*) Diese Angaben sind bei allen 4 Präparaten genannt.

Inhaltsstoff	PDR 1981	Rote Liste 1981	Arzneimittel-Index 1983
LORAZEPAM:	z. B. ATIVAN	z. B. TAVOR	
	- Ängste *)	- Angstneurosen	positiv
	- kurzzeitige Befreiung von Angstsymptomen oder Angst verbunden mit Depression *)	- Zwangsneurosen	nicht bewertet
		- Angstzustände bei Depressionen und Schizophrenien	positiv
	- zur Prämedikation	- Emotionell bedingte Schlafstörungen und	positiv
	nicht bei Angst und Spannung, die im Zusammenhang mit Alltagsstreß auftreten *)	- funktionelle Organstörungen	nicht bewertet
	- bei Patienten mit primärer Depression	- Angst als komplizierender Faktor bei körperlichen Erkrankungen	positiv
	- bei Psychosen	- Phobien	positiv
	- bei Engwinkelglaukom	zur Prämedikation	positiv
	- bei bekannter Überempfindlichkeit *)	nicht bei: Myasthenia gravis*)	
	- bei Kindern unter 12 Jahren		
	- länger als 4 Monate *)		

BROMAZEPAM: ist nicht enthalten im PDR

*) diese Angaben sind bei allen 4 Präparaten genannt.

Roten Liste dagegen besteht Übereinstimmung lediglich bei der Kontraindikation Myasthenia gravis, die Indikationen sind zumindest in der Wortwahl, teilweise jedoch auch inhaltlich unterschiedlich formuliert. Die Übereinstimmung wie Unterschiedlichkeit ist z.T. sicher Folge des Aufbaus der Roten Liste, in der Kontraindikationen an gesonderter Stelle für die gesamte Stoffgruppe aufgeführt sind, während die Ausformulierung der Indikation pro Präparat entsprechend der Herstellerangaben erfolgt.

Es fällt schnell auf, daß im PDR nur die Indikationen aufgeführt sind, die auch laut Arzneimittel-Index und zitierter Literatur empirisch belegt sind. Die deutschen Hersteller dagegen können sich offensichtlich erlauben, die Wirksamkeit ihrer Präparate für Indikationen zu behaupten, für die es keine Belege durch kontrollierte klinische Studien gibt. Offensichtlich ist diese Informationspolitik Folge einer viel geringeren staatlichen Kontrolle des Arzneimittelmarktes bei uns. Der Rückgang des in den 70er Jahren wesentlich höheren Benzodiazepinkonsums wird von der amerikanischen »Food and Drug Administration« auch auf vermehrte sachliche Information in Fach- und Laienpresse zurückgeführt (*Greiser* 1983).

Zusammenfassende Bewertung

Zwischen verschiedenen Benzodiazepinen bestehen bezüglich des klinischen Wirkungsspektrums keine qualitativen Unterschiede, und die praktisch bedeutsamen pharmakokinetischen Unterschiede sind nur ansatzweise erforscht. Die Beschreibung der Anwendungsbereiche läßt vermuten, daß Benzodiazepine nicht wegen ihrer spezifischen (antikonvulsiven, muskelrelaxierenden und anxiolytischen) Wirkungen eingesetzt werden, sondern wegen ihrer unspezifischen Wirkung auf das Erleben und Verhalten. Eine langfristige Behandlung mit Benzodiazepinen (über vier Monate) vergrößert die Gefahr einer psychischen, sozialen oder physischen Abhängigkeitsentwicklung und entbehrt jeder wissenschaftlichen Begründung. Zusammengefaßt:

- Die Benzodiazepine gelten als die Psychopharmaka mit den geringsten Nebenwirkungen.
- Das Indikationsspektrum ist zu weit gefaßt und empirisch nicht ausreichend begründet.
- Die Vielzahl auf dem Markt befindlicher Präparate mit zum Teil unterschiedlichen Indikationsansprüchen ist ebenfalls nicht begründet.
- Die klinische Bedeutung parmakokinetischer Unterschiede bedarf noch weiterer Erforschung.
- Die für den niedergelassenen Arzt in der Bundesrepublik Deutschland zugänglichen, vorwiegend vom Hersteller formulierten Gebrauchsinformationen ermöglichen eine mißbräuchliche, zu häufige und zu lange andauernde Verordnung von Benzodiazepinen.
- Die Gefahr der Abhängigkeitsentwicklung wird oft heruntergespielt.

Nach pharmakokinetischen Gesichtspunkten lassen sich die fünf untersuchten Benzodiazepine zwei Gruppen mit ähnlicher klinischer Wirkung zuordnen:

Oxazepam und Lorazepam (Adumbran und Tavor) sind Präparate mit kurzer Halbwertzeit, deren Elimination unabhängig ist von Leberfunktion und Alter der Patienten. Die übrigen drei Benzodiazepine haben mittlere bis lange Halbwertzeiten, welche mit dem Alter der Patienten noch ansteigen. Für ältere Patienten ist die erste Gruppe besser geeignet als die zweite.

Wenn sich die verordnenden Ärzte an dem beschriebenen wissenschaftlichen Erkenntnisstand orientieren, dann ist zu erwarten, daß

1. an ältere Menschen nur Benzodiazepine mit kurzer Halbwertzeit (das sind Oxazepam und Lorazepam) verordnet werden und nicht solche mit längerer Halbwertzeit und der im Alter verstärkten Gefahr der Kumulation (das sind Diazepam, Bromazepam, Clorazepat)
2. die beiden pharmakokinetisch verschiedenen Gruppen mit kurzer und langer Halbwertzeit auch unterschiedlich verordnet werden
3. Präparate mit vergleichbarer Pharmakokinetik ähnlich verordnet werden (Oxazepam und Lorazepam)
4. Präparate gleichen Inhalts von verschiedenen Herstellern (z.B. Oxazepam als Adumbran und Praxiten) in gleicher Weise verordnet werden.

Sollte das Ergebnis der folgenden Datenanalyse von diesen Arbeitshypothesen erheblich abweichen, so ist zu fragen, ob ein Zusammenhang zwischen der nicht rationalen Verschreibungsweise und den ebenfalls oft nicht wissenschaftlich begründeten Informationen von seiten der Hersteller besteht.

Verordnungspraxis von Benzodiazepinen

Verbreitung

Von allen Psychopharmaka werden Benzodiazepine am häufigsten verordnet: 1980 waren zwei Drittel aller Beruhigungs- und Schlafmittel Benzodiazepine, 1985 stieg ihr Anteil auf drei Viertel, bedingt durch den Rückgang der Barbiturate. Insgesamt ist seit etwa 1982 ein leichter Rückgang der Verordnungen zu verzeichnen.

Etwa 50 Prozent der ambulanten Patienten und 30 Prozent aller stationären Patienten erhalten nach Angaben des Deutschen Ärzteblattes (*Klotz* 1981, S. 2233) Benzodiazepine. Das transparenz-telegramm, spricht von 18 Prozent der männlichen und 27 Prozent der weiblichen Bevölkerung in der Bundesrepublik Deutschland als Konsumenten von Benzodiazepinen und weltweit von 40 Milliarden jährlich konsumierter Einzeldosen (1983, S. 476). Während die Verordnungen von Benzodiazepinen in den USA von 1973 - 1981 auf ca. die Hälfte zurückgingen, verdoppelte sich in der Bundesrepublik im gleichen Zeitraum die Verordnungsmenge. 1980 nahmen durchschnittlich drei Prozent aller Männer und 5,9 Prozent aller Frauen über zwölf Jahre pro Tag eine definierte Menge (DDD) eines Benzodiazepins, Sedativums oder Hypnotikums zu sich; das entspricht einem Bevölkerungsanteil von 2,44 Millionen Einwohnern (*Greiser* 1983).

Die Häufigkeit ihrer Verordnung basiert vor allem auf dem »ungeheuer breiten Einsatzspektrum. Tranquilizer sind praktisch für alles und nichts einsetzbar. So werden Indikationsbereiche für alle Formen des Mißbehagens angegeben, von Störungen im Schafrhythmus über Verhaltensstörungen im höheren Lebensalter und bei Jugendlichen bis zu Sexualneurosen oder prämenstruellen Spannungen oder Fieberkrämpfen. Von klaren Indikationen und einer daraus resultierenden sachgerechten Medikation kann dabei keine Rede sein. Gerade diese Indifferenz hat jedoch zu der rasanten Absatzentwicklung der Tranquilizer beigetragen«. (*Schmidtobreick* 1982, S. 9).

Diagnosen

Der überwiegende Teil der Verordnungen (85 Prozent) wurde mit Diagnosen aus der Klasse der Neurosen (41 Prozent), mangelhaft bezeichneten Krankheiten (17 Prozent), Symptomen (17 Prozent) und der Psychosen (zehn Prozent) begründet (s. Abbildung A8 im Anhang)

Weitaus am häufigsten (1983 6,5 Millionen mal) werden Benzodiazepine bei psychosomatischen Störungen verordnet, obwohl feststeht, daß ihre therapeutische Wirksamkeit bei dieser Diagnose nicht ausreichend gesichert ist (s. folgenden Abschnitt). Schlafstörungen waren der zweithäufigste Grund zur Verordnung (3,8 Millionen). Die therapeutische Wirksamkeit für diese Indikation ist zwar belegt, Benzodiazepine sind jedoch allenfalls nur kurzfristig und in besonderen Krisensituationen geeignete Mittel. Es sieht so aus, als hätten die verordnenden Ärzte dies häufig nicht berücksichtigt, denn die meisten Verordnungen wurden bei Folgekonsultationen vorgenommen, d.h. sie könnten auch zum wiederholten Male vorgenommen worden sein, und es wurden wesentlich mehr große Packungen (mit mindestens 50 Tabletten) als kleine Packungsgrößen verordnet (s. Abbildung 8 auf S. 71)

Die eigentliche, am wenigsten umstrittene Indikation für Benzodiazepine ist *Angst und Angstsymptome.* Die entsprechenden Diagnosen sind Angstneurose und Phobie. Sie waren jedoch nur in zwei Prozent der Fälle Verordnungsgrund, bzw. in Zahlen ausgedrückt: von 22,3 Millionen Verordnungen wurden nur 447.000 mit der zentralen Indikation begründet. Bei den vier Prozent Verordnungen bei affektiven Psychosen könnte es sich um die Initialphase der Behandlung schwerer Depressionen handeln, bei der die kurzfristige Kombination von Antidepressiva und Benzodiazepinen sinnvoll sein kann.

Alle anderen Verordnungen müssen schon allein aufgrund der zur Begründung angeführten Diagnosen als zumindest fragwürdig, wenn nicht unzweckmäßig eingestuft werden. Das bedeutet: Bei ausschließlicher Betrachtung der angeführten Diagnosen müssen *mindestens drei Viertel aller Verordnungen als nicht rational begründet* bezeichnet werden.

Dem Rückgang der Tranquilizer-Verordnungen von 1980-1983 korrespondiert der Rückgang insbesondere unspezifischer Diagnosen bei den Neurosen und mangelhaft bezeichneten Krankheiten (z.B. Neurasthenie, Nervosität, »ohne Diagnose«, s. Abbildung A8 im Anhang).

Verordnungen bei psychosomatischen Störungen

Die Diagnose Organneurose, die 1983 6,6 Millionen mal zur Begründung von Tranquilizer-Verordnungen angeführt wurde, ist im internationalen Diagnosenschlüssel wie folgt beschrieben (ICD Nr. 305):

»Psychosomatische Störungen (körperliche Störungen wahrscheinlich psychischen Ursprungs). Die krankhaften Veränderungen spielen sich im allgemeinen im vegetativen Nervensystem ab und wirken sich meist in einem Organsystem besonders aus. Auszuschließen sind Störungen, in denen der psychogene Faktor entweder zweifelhaft oder geringfügig ist oder wo diese Störung Teil einer anderen Krankheit ist.« (Diagnosenschlüssel 1971, S. 53).

Die beschriebene Diagnose wurde 1983 11,9 Millionen mal gestellt und mit durchschnittlich 1,1 Verordnungen behandelt. 1980 waren noch eine Million mehr Organneurosen diagnostiziert und behandelt worden, ein Viertel davon bei Erstkonsultation. Das heißt, jährlich werden in der Bundesrepublik Deutschland etwa drei Millionen Patienten wegen psychosomatischer Erkrankungen erstmalig behandelt, das entspricht einer behandelten Inzidenz von fünf Prozent der Bundesbürger bei einer Prävalenz von etwa 20 Prozent. Es ist dabei zu berücksichtigen, daß mit dieser Diagnose keineswegs alle psychosomatischen Erkrankungen, sondern lediglich die primär nicht organisch klassifizierten Syndrome erfaßt sind. 95 Prozent der Diagnose wurden von Praktikern und Internisten (68 und 27 Prozent) gestellt, nur drei Prozent von Nervenärzten.

Über die Hälfte der psychosomatischen Erkrankungen wurden mit Tranquilizern behandelt (55 Prozent), ein Fünftel (19 Prozent) mit Hypnotika und Sedativa, vier Prozent mit Neuroleptika und sieben Prozent mit Antidepressiva, davon vier Prozent mit Antidepressiva-Kombinationspräparaten. Die Patienten sind besondes häufig im mittleren und höheren Lebensalter, mehr als zwei Drittel sind weiblich. In ähnlicher Weise steigen die Tranquilizer-Verordnungen ab dem Alter von 40 Jahren sprunghaft an und betreffen dann zunehmend mehr Frauen. Die mangelnde Spezifität der Diagnosen psychosomatischer Erkrankungen, welche eine Beurteilung effektiver Behandlungen in klinischen Studien erschwert, zeigt sich auch darin, daß die meisten Erkrankungen (87 Prozent) der Untergruppe 305.9 zugeordnet wurden, das sind »nicht näher bezeichnete psychophysiologische oder psychosomatische Störungen, psychogene Störungen anderer oder nicht näher bezeichneter Körperteile« (Diagnosenschlüssel 1971, S. 55).

Die Wahl dieser Diagnose in über zehn Millionen Fällen (10,9 1980 und 10,3 1983) verweist auf die Ratlosigkeit vieler Ärzte gegenüber bestimmten Beschwerden und Befindlichkeitsstörungen. Die Reaktion der

Verordnung eines Benzodiazepins, das nach allen Erkenntnissen kaum mehr helfen kann als ein Placebo, zeigt darüber hinaus die Unfähigkeit vieler Ärzte, ihre Inkompetenz für die Behandlung dieser Probleme zuzugeben.

Stattdessen greifen sie zu der von der Pharmaindustrie geschickt offerierten Lösung.

Das Beispiel Lexotanil

Im Arzneimittel-Index wird die therapeutische Wirksamkeit des Bromazepams lediglich für die Indikationen Angst und Schlaflosigkeit als ausreichend belegt und positiv bewertet. Der Hersteller beschreibt in der Roten Liste und in den Gebrauchsinformationen für Fachkreise (1980) den Anwendungsbereich wesentlich weiter: Angst, Spannung, Unruhe und Schlaflosigkeit, Stimmungsbeeinträchtigungen und Antriebsstörungen bei nervösen Reiz-, Überforderungs- und Erschöpfungszuständen, psychoreaktive, psychoneurotische, psychovegetative, psychosomatische Syndrome.

Folgende Eigenschaften werden dem Präparat vom Hersteller zugeschrieben:

1. Psychisch stabilisierend, anxiolytisch, beruhigend, entspannend (innerhalb der ersten Stunde) und
2. innerhalb des ersten Tages psychisch aufhellend, antriebsfördernd, stimmungsaufhellend, kontaktverbessernd.

Die oft wiederholte, jedoch nicht belegte Behauptung einer stimmungsaufhellenden Wirkung wird von ärztlicher Seite offenbar kritiklos übernommen: Lexotanil wird besonders häufig bei Diagnosen verordnet, die depressive Stimmungen anzeigen, wie depressive Neurose, endogene Depression, reaktive depressive Psychose.

Darüber hinaus wird es entsprechend der vom Hersteller behaupteten Indikationen oft bei unspezifischen Diagnosen verordnet, wie nicht näher bezeichneten Neurosen, psychosomatischen Störungen und Symptomen, nicht näher bezeichneten Psychosen.

Seine Erklärung findet diese »irrationale« Verschreibungsweise in den vom Hersteller verbreiteten »Gebrauchsanweisungen«, wie etwa in dem Artikel von *Busch*, geschrieben im Einführungsjahr von Lexotanil (1977). In diesem Artikel, der beispielhaft für viele steht, werden für konkrete Probleme des niedergelassenen Arztes Lösungen angeboten:

1. Für die Schwierigkeit psychiatrischer Diagnostik und Therapie und die Unsicherheit des Praktikers gegenüber psychischen Erkrankungen und
2. für die Orientierungsprobleme des Praktikers gegenüber einem unüberschaubaren Angebot an Psychopharmaka.

Als Lösung wird ein »therapieorientiertes Diagnoseprinzip« offeriert. Um Psychopharmaka zu geben, sei eine exakte Diagnosestellung nicht notwendig. Vielmehr könne die Psychopharmakatherapie selbst zur Differentialdiagnose dienen. Mit zwei bis drei Präparaten der Firma Hoffmann La Roche habe der Praktiker ein ausreichendes Inventar für die Therapie der meisten psychisch bedingten, nicht weiter diagnostizierten Erkrankungen. Erst wenn diese Pharmaka innerhalb von drei Wochen keinen Erfolg brächten, sollte eine Überweisung zum Spezialisten stattfinden (in der Regel zum Nervenarzt). Beruhigend ist auch die Einschätzung von Busch: »Die meisten psychischen Störungen sind genauso banal wie die meisten Infekte und sie haben eine ebenso gute Heilungstendenz«, die weitaus häufigsten psychischen Störungen seien Folgeerscheinungen leichterer und oft nur aktueller situationsbedingter Ängste und Konflikte. Aufgabe des Arztes sei es, die gute Selbstheilungstendenz durch Psychopharmakagabe zu unterstützen. Da die Psychopharmakatherapie zielsymptomorientiert sei, brauche der Arzt sich auch weniger um eine exakte Diagnosestellung zu bemühen als vielmehr um eine zuverlässige Erfassung aller Symptome, um dann pragmatisch zu einem therapieorientierten Verständnis des Krankheitsbildes zu gelangen. Nach kurzer Orientierung über die Zielsymptome, deren Hintergründe aufzuklären der Arzt sich in der Regel sparen könne, wird ihm empfohlen, wie folgt vorzugehen: (s. Abbildung 5 auf der nächsten Seite).

Bei mehr psychischen Symptomen, z.B. Psycholabilität, Anpassungsstörungen, Stimmungsbeeinträchtigungen, verordne man zunächst Lexotanil (Bromazepam). Wenn sich innerhalb von längstens sechs Tagen ein Therapieerfolg einstellt, sei dies ein differentialdiagnostischer Hinweis auf das Vorliegen einer der vier angeführten »leichten psychischen Störungen«, und der Patient solle schon in der ersten Woche zu einem Auslaß- oder Absetzversuch ermuntert werden. Im Hinblick auf die Beendigung der Therapie wird empfohlen, die Einnahme auf eine abendliche Dosis zu beschränken und auf die Einnahme im Intervall überzugehen.

Abbildung 5: Diagnostisch-therapeutisches Leitschema (aus: *Busch* 1977)

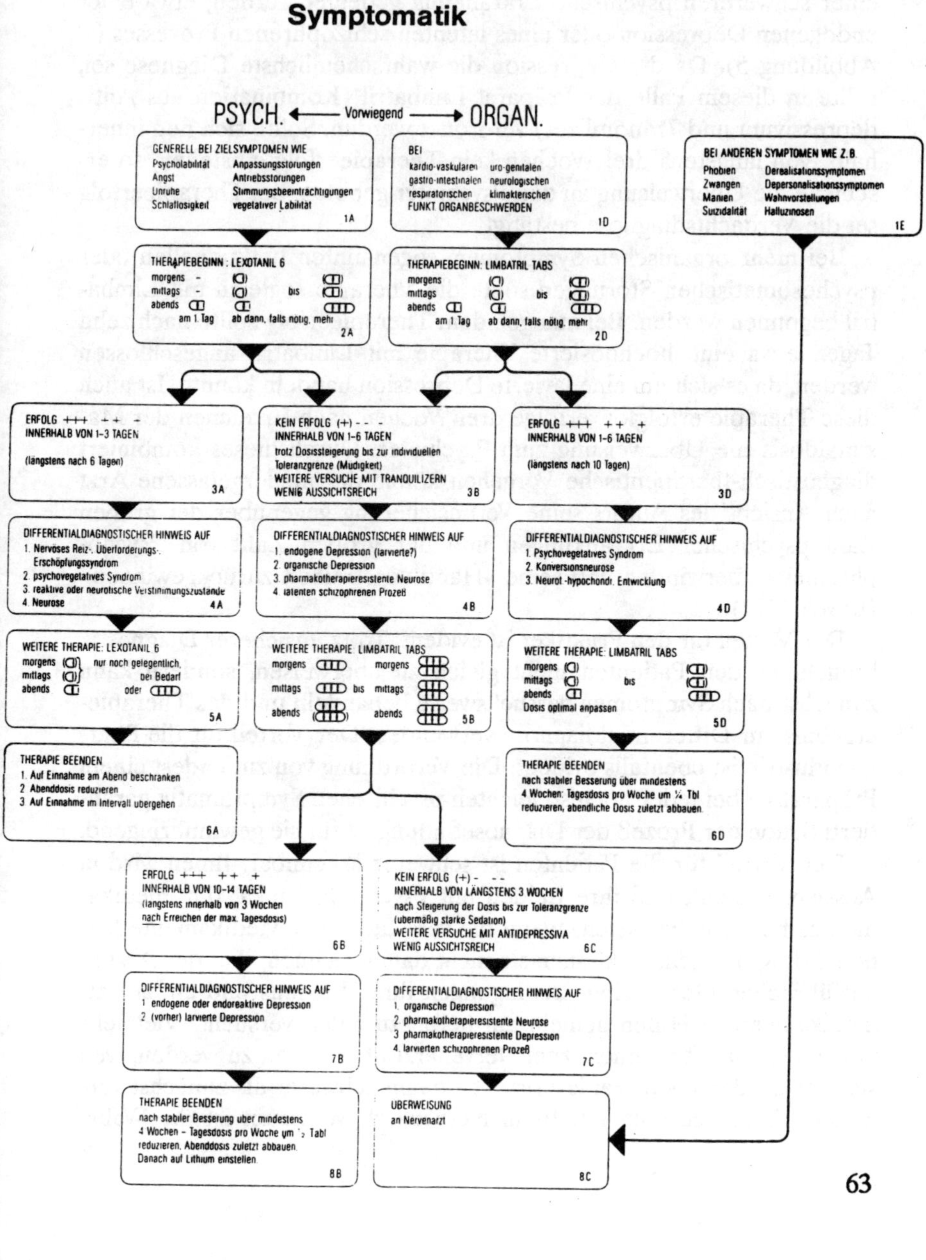

Falls kein Therapieerfolg innerhalb der ersten Woche trotz Dosissteigerung zu verzeichnen sei, solle dies als Hinweis auf das Vorliegen einer schwereren psychische Erkrankung gedeutet werden, etwa einer endogenen Depression oder eines latenten schizophrenen Prozesses (s. Abbildung 5). Da die Depression die wahrscheinlichste Diagnose sei, sollte in diesem Falle das Präparat Limbatril (Kombination aus Antidepressivum und Tranquilizer) verordnet werden. Sollte sich nun innerhalb von längstens drei Wochen kein Therapieerfolg einstellen, so erschiene die Überweisung an den Psychiater geboten, bei Therapieerfolg sei die Verdachtsdiagnose bestätigt.

Bei mehr organischen Symptomen, sogenannten funktionellen oder psychosomatischen Störungen sollte die Therapie sogleich mit Limbatril begonnen werden. Bei mangelndem Therapieerfolg sollte nach zehn Tagen etwa eine hochdosierte Therapie mit Limbatril angeschlossen werden, da es sich um eine lavierte Depression handeln könnte. Ist auch diese Therapie erfolglos, erfolge drei Wochen nach Erreichen der Maximaldosis die Überweisung zum Psychiater. Durch dieses kombiniert diagnostisch-therapeutische Vorgehen könne der niedergelassene Arzt nach Ansicht des Autors seine Verunsicherung gegenüber der großen Zahl psychischer Erkrankungen und der großen Zahl von Psychopharmaka überwinden und seine »Handlungsfreiheit zurückgewinnen« (*Busch* 1977).

Der Vorteil für den Praktiker ist evident: Trotz unsicherer Diagnostik braucht er den Patienten nicht gleich zu überweisen, sondern kann zunächst nach Symptomen versuchsweise behandeln und das Therapieergebnis zur Differentialdiagnose verwenden. Der Vorteil für die Pharmaindustrie ist ebenfalls evident: Die Verordnung von zumindest einem Präparat ist bei jeder noch so leichten psychischen Symptomatik garantiert! Schon der Prozeß der Diagnosefindung ist für sie gewinnbringend.

Der Vorteil für die Patienten ist schwerer erkennbar: Ihnen wird in Aussicht gestellt, daß ihre Leiden mit Psychopharmaka, d.h. medikamentös behandelbar seien. Wenn die verschiedenen Medikamente keinen Erfolg bringen, so können sie nicht damit rechnen, daß der Arzt in ausführlichen Gesprächen Bedingungen ihres Leidens und andere als medikamentöse Hilfen gemeinsam herauszufinden versucht. Vielmehr müssen sie damit rechnen, zum Nervenarzt überwiesen zu werden, weil sich ihr Leiden als therapieresistent - damit schwerer als zunächst vermutet - herausgestellt hat. Beim Nervenarzt wiederum ist die Wahrscheinlichkeit einer medikamentösen Therapie noch größer. In der Regel verordnen diese bei der gleichen Diagnose mehr Medikamente als Praktiker und Internisten (s.AbbildungA22 im Anhang). So behandelte Patienten haben kaum die Chance festzustellen, ob und wie sie ihre Leiden ohne Medikamente lindern können. Damit ist ein erster Schritt zu ihrer Entmündigung und in die Abhängigkeit getan: Ihr Wohlergehen werden sie danach eher der Medikamentenwirkung als ihrer eventuell veränderten Lebensführung zuschreiben.

Verordnungen bei Alkoholismus und Drogenabhängigkeit

Zwar entfallen auf die beiden Diagnosen Alkoholismus und Drogen - bzw. Medikamentenabhägigkeit nur ein Bruchteil der Psychopharmaka-Verordnungen, da diese Diagnosen äußerst selten gestellt wurden, die Art der Verordnungen ist jedoch so erschreckend irrational, daß sie zumindest kurz beschrieben werden sollen. Basis sind Daten von 1983 (VIP).

Bei der Diagnose Alkoholismus wurden in 79 Prozent der Fälle Psychopharmaka verordnet, davon waren neun Prozent Substanzen mit vorwiegend stimulierender Wirkung auf die Psyche (Psychoanaleptika).

An der Spitze der Einzelpräparate steht das Clometiazol (Distraneurin), ein Präparat, das speziell geeignet ist zur Behandlung von akuten Alkoholentzugssymptomen, das jedoch aufgrund seines außerordentlich hohen Suchtpotentials nach überwiegender Expertenmeinung in der ambulanten Behandlung nicht mehr angewandt werden sollte. Es wurde 95.000 mal in 38 Prozent aller Alkoholismusdiagnosen verordnet. Gleich danach folgen Benzodiazepine: Von den 19 am häufigsten verordneten Beruhigungsmitteln (Psycholeptika) sind 13 Benzodiazepine. Die Kombination mit Alkohol potenziert deren Wirkung und führt zu Mehrfachabhängigkeit. Der Ersatz des Alkohols durch Medikamente kann die Suchtkarriere verschleiern und verlängern helfen. All diese Verordnungen können auch ohne Kenntnis des Einzelfalles als hoch problematisch und irrational bezeichnet werden.

Auch die 27.000 fache Verordnung von Antabus (stark suchterzeugend) läßt daran zweifeln, daß den verordnenden Ärzten die Risiken einer solchen Behandlung bewußt sind. Fast ist man erleichtert festzustellen, daß Captagon (ein euphorisierendes Medikament mit hohem Suchtpotential) nur bei knapp einem Prozent der diagnostizierten Fälle verordnet wurde. Unter den Ärzten, die Alkoholismus behandeln, waren knapp 80 Prozent Praktiker und Internisten und gut 20 Prozent Neurologen.

Bei der Behandlung von Drogen- und Medikamentenabhängigkeit ist das Bild nicht weniger erschreckend: Bei knapp 60 Prozent der diagnostizierten Fälle wurden Psychopharmaka verordnet, bei 18 Prozent Analgetika. Nur ein kleiner Teil dieser Medikamente (die knapp fünf Prozent Neuroleptika) haben kein Suchtpotential. Die Benzodiazepine sind noch die harmlosesten unter den häufiger verordneten Psychopharmaka. In der Häufigkeit führen die Medikamente, die unter Drogenabhängigen den größten (Wiederverkaufs-)Wert besitzen: Medinox, Vesparax, Distraneurin, Valoron-N, Temgesic, Fortral und Captagon (das hier in sieben Prozent der Fälle verordnet wird). Rationale Gründe lassen sich für diese Verordnungen nicht angeben - allenfalls die, daß die Ärzte sicher sein können, daß ihnen diese Patienten erhalten bleiben. Weitere Interpretationen sollen in Anbetracht der geringen zahlenmäßigen Bedeutung (und der damit verbundenen hohen Fehlerwahrscheinlichkeit) unterbleiben.

Unterschiede zwischen einzelnen Präparaten

Dort, wo es sinnvoll erscheint, die Verordnungspraxis möglichst konkret auf der Ebene von Einzelpräparaten zu beschreiben, wird hier auf die fünf 1983 am häufigsten verordneten Benzodiazepine eingegangen, das sind: Oxazepam (Handelsnamen: Adumbran und Praxiten), Bromazepam (Lexotanil), Diazepam (Valium und Diazepam Ratiopharm), Dikalium-Chlorazepat (Tranxilium) und Lorazepam (Tavor) (s. Abbildung A9 im Anhang). Da die angeführten Mittel sich nicht in ihrer pharmakologischen Wirkung unterscheiden, sondern lediglich in ihrer Pharmakokinetik, sind bei rationaler Verordnungsweise keine großen Unterschiede zu erwarten, schon gar nicht bei Präparaten mit identischem Inhaltsstoff. Bei trotzdem auftretenden Unterschieden müssen die Informationen und Werbemethoden der Hersteller als Ursache in Erwägung gezogen werden.

Alter und Geschlecht der Patienten

Frauen erhalten zwei bis dreimal soviel Benzodiazepine verordnet wie Männer. Während bis zum Alter von zwölf Jahren männliche Kinder eher mehr verordnet bekommen, steigt ab der Pubertät der Anteil weiblicher Rezipienten mit dem Alter erheblich an. Bei den über 65jährigen Benzodiazepinkonsumenten ist der Frauenanteil schließlich über 75 Prozent (nach VIP 1983). Insgesamt geht der Tranquilizerkonsum ab dem Alter von 40 Jahren sprunghaft in die Höhe. Knapp die Hälfte aller Benzodiazepine werden von 40-64jährigen eingenommen. Auf die über 65jährigen entfällt mehr als ein Drittel der Gesamtmenge. Es scheinen danach vor allem Probleme in der Lebensmitte - sog. midlife crisis - und im Alter zu sein, die mit Benzodiazepinen behandelt werden. Das an alte Menschen am häufigsten verordnete Benzodiazepin ist Adumbran (Oxazepam).

Wenngleich jüngere Patienten nur einen geringen Teil der Benzodiazepin-Empfänger stellen, (die Altersgruppen bis 39 Jahre stellen maximal 19 Prozent unter den fünf Benzodiazepinen und in der Indikationsgruppe maximal 20 Prozent), sollen die wissenschaftlich außerordentlich umstrittenen Verordnungen an Kinder und Jugendliche kurz beschrieben werden.

Unter Zugrundelegung amerikanischer Verordnungs-Kriterien waren demnach allein bei Betrachtung von vier Benzodiazepinen mindesten 19.000 Verordnungen an Kinder im Jahre 1980 kontraindiziert!

Abbildung 6: Verordnungen von Benzodiazepinen an Kinder und Jugendliche in Tausend (nach VIP 1980) und ihre Bewertung nach amerikanischen Kriterien (PDR 1981)

Präparat	Verordnungen (hochger. Zahlen in Tsd.) Altergruppe in Jahren 0-1	1-4	5-11	12-19	Bewertung nach PDR- Angaben nicht indiziert bis zum Alter von:	Anzahl Fehl-Verordnung
Adumbran	1	5	5	24	6 Jahren	6.000
Praxiten	0	0	3	4	6 Jahren	0
Lexotanil	0	0	6	44	unbekannt	
Valium	2	8	11	16	6 Monaten	nicht erkennbar
Diazepam R	0	1	1	10	6 Monaten	keine
Tavor	0	0	2	10	12 Jahren	2.000
Tranxilium	0	1	3	7	18 Jahren	11.000

Diagnosen

Bei der Häufigkeit der verschiedenen Diagnosegruppen zeigen sich signifikante Unterschiede zwischen den untersuchten Präparaten (s. Abbildung A10 im Anhang). Besonders erstaunte, daß Adumbran und Praxiten, zwei Präparate mit gleichem Inhaltsstoff (Oxazepam), schwerpunktmäßig bei verschiedenen Diagnosen verordnet werden. Bei Praxiten überwiegen die klassischen, eher psychiatrischen Indikationen: Über die Hälfte der Verschreibungen entfallen auf Psychosen und Neurosen. Bei Adumbran begründen diese Diagnosen nur 40 Prozent der Gesamtverordnungen. Dagegen zeigt sich ein Schwerpunkt bei unspezifischen Diagnosen, wie etwa nicht näher bezeichnete psychosomatische Störungen. Der Vergleich mit den Herstellerinformationen liefert eine Erklärung: Bei Praxiten betont der Hersteller psychiatrische Indikationen, z. B. Phobien und schwere Angstzustände im Verlauf endogener Psychosen, während der Hersteller des Adumbrans den Anwendungsbereich überaus breit und unspezifisch faßt (s. Abbildung 4, S. 54).

Tavor wird - ähnlich wie Lexotanil - entsprechend der vom Hersteller behaupteten stimmungsaufhellenden Wirkung signifikant häufiger als andere Benzodiazepine bei Depressionen und depressiven Symptomen eingesetzt. Ebenfalls im Einklang mit den Herstellerinformationen (s. Abbildung 4, S. 54) wird Tavor häufig bei psychiatrischen Indikationen, besonders oft bei Psychosen (17 Prozent) verordnet. Valium nimmt als ältestes Präparat in vieler Hinsicht eine Sonderstellung ein. Es wird auch häufiger bei anderen Diagnosen verschrieben.

Fachgruppe der Ärzte (Gebietsbezeichnungen)

Die untersuchten Präparaten werden zu über 95 Prozent durch die drei Arztgruppen Praktiker (61 - 75 Prozent), Internisten (18 - 26 Prozent) und Nervenärzte (2 - 17 Prozent) verschrieben (s. Abbildung A11 im Anhang). Im einzelnen zeigten sich jedoch signifikante Unterschiede, die sicher im Zusammenhang mit den zuvor beschriebenen verschiedenen Diagnoseschwerpunkten interpretiert werden müssen.

Praktiker bevorzugen offensichtlich Adumbran. Pro Jahr verschreibt durchschnittlich jeder von ihnen das Präparat 150 mal. Dadurch kommen drei Viertel aller Adumbran-Verordnungen von Praktikern, während der gleiche Inhaltsstoff als Praxiten nur zu zwei Drittel von Praktikern, dafür deutlich häufiger von Nervenärzten verschrieben wird.

Für Internisten ist Lexotanil das bevorzugte Benzodiazepin-Präparat. Sie verordnen es pro Jahr durchschnittlich 140 mal. Auch die Nervenfachärzte verschreiben am liebsten Lexotanil (224 mal im Jahr durchschnittlich), gefolgt von Tavor mit 193 Verordnungen pro Jahr.

Alter der Ärzte

Je nach Alter bevorzugen die Ärzte unterschiedliche Benzodiazepine (s. Abbildung A12 im Anhang). Insgesamt werden sie von älteren Ärzten über 50 Jahre deutlich häufiger verschrieben. Möglicherweise sind jüngere Ärzte aufgrund besserer Ausbildung und Information generell zurückhaltender bei der Verordnung. Das relativ neue Präparat Lexotanil wird allerdings nahezu gleich häufig von jungen und älteren Ärzten verschrieben.

Allein- und Mitverordnungen

In einem von vier Fällen wird das Benzodiazepin zusammen mit anderen Medikamenten verordnet. Häufig werden andere Psychopharmaka - Tranquilizer, Neuroleptika, Hypnotika, Sedativa, Antidepressiva - und Analgetika mitverordnet. Tavor wird am häufigsten mit anderen Psychopharmaka kombiniert (bei der Hälfte aller Mitverordnungen), insbesondere mit Antidepressiva. Die spezifisch formulierten Indikationsansprüche des Herstellers liefern hierfür eine naheliegende Erklärung. Lexotanil wird am häufigsten allein verordnet (in 76 Prozent aller Verordnungen).

Gemeindegröße

Die Daten belegen, daß auch die Größe der Gemeinde, in der die niedergelassenen Ärzte praktizieren, von Bedeutung für Art und Anzahl ihrer Verordnungen ist. Welche Variablen hierfür im einzelnen verantwortlich sind, läßt sich den Daten nicht entnehmen und würde eine komplexe Analyse möglicher Einflußfaktoren erfordern, z. B. Besuchshäufigkeit von Pharmareferenten, Arztdichte und Konkurrenz,

Ausbildungsstand, Patientenstruktur usw. Hier läßt sich lediglich feststellen, daß die untersuchten Präparate 1980 häufiger in kleinen Gemeinden (bis zu 100.000 Einwohnern) verordnet wurden als in größeren Gemeinden und Großstädten (s. Abbildung A13 im Anhang).

Krankenkassen

Die untersuchten Präparate werden je nach Kassenart unterschiedlich häufig verordnet (s. Abbildung A14 im Anhang). Das könnte ein Hinweis auf ein sozial- oder schichtspezifisches Verordnungsverhalten sein. Auf der Basis der vorhandenen Daten können jedoch keine Interpretationen abgesichert werden.

Häufigkeit und Umsatz

Der mittlere Umsatz je Verordnung läßt sich dem GKV-Arzneimittelindex entnehmen, und zwar getrennt nach Allgemeiner Krankenversicherung und Krankenversicherung der Rentner (AKV und KVdR). Dabei fällt auf, daß der mittlere Umsatz je Verordnung in der KVdR durchschnittlich höher ist als in der AKV (s. Abbildung 7 auf der nächsten Seite). Das läßt sich durch die (therapeutisch sicher unzweckmäßige) Verordnung größerer Packungen an die dort versicherten alten Menschen erklären.

Für den Umsatz ist jedoch auch der Preis der Präparate bedeutsam. Das zeigt der Vergleich der Rangreihe nach Verordnungshäufigkeit und Umsatz. Unter den fünf am häufigsten verordneten Präparaten kostet die Verordnung von Valium am wenigsten, die von Tranxilium am meisten. Entsprechend erzielen die Hersteller von Valium trotz häufiger Verordnungen geringere Umsätze als die Hersteller des seltener verordneten Tranxilium (s. Abbildung 7). So erklärt sich, wie die Hersteller trotz zurückgehender Verordnungshäufigkeiten in den letzten Jahren oft ihre Umsätze noch erhöhen konnten, nämlich über höhere Preise und größere Packungen (s. Abbildung 7).

Die definierte Tagesdosis (DDD) gibt an, welche Menge von jedem Präparat etwa die gleiche therapeutische Wirkung hat. Um die gleiche Wirkung einer Tagesdosis Adumbran von 50 mg zu erzielen, müssen z.B. 2 mg Tavor und 4,5 mg Lexotanil verordnet werden. Mit den 1981 verordneten Präparaten konnten von 1.000 Einwohnern fünfzehn mit

Abbildung 7: Verordnungshäufigkeit, Umsatz und definierte Tagesdosen (DDD) der fünf wichtigsten Benzodiazepin-Tranquilizer. (nach WIdO 1981, *Glaeske* 1983)

Wirkstoff / Präparat		GKV-Index (1981) Rangreihe n. VO-Häufigk./ Umsatz		Mittl. Umsatz je VO in DM		Anteil VO der KVdR a. GKV in %	D DD (mg)	DDD pro Tag pro 1000 Einw.
				A KV	KV dR			
Oxazepam	Adumbran	3	9	15,95	17,45	68	50	7,66
Bromazepan	Lexotanil	4	7	18,46	19,20	43,2	4,5	15,2
Diazepam	Valium	23	51	11,70	13,68	57,2	10	6,63
Lorazepam	Tavor	41	41	20,17	20,07	53,9	2	3,12
Clorazepat	Tranxilium	56	43	20,10	22,56	49,5	20	2,00

Lexotanil, knapp acht mit Adumbran und drei mit Tavor täglich in üblicher Dosierung behandelt werden (s. Abbildung 7).

Packungsgrößen

Von allen fünf Präparaten werden mehr große (50 bis 75 Tabletten) als kleine Packungen (20 bis 25 Tabletten) verordnet. Das Verhältnis großer zu kleiner Packungen variiert von vier zu eins bei Adumbran bis zwei zu eins bei Valium und Tranxilium.
In anderen Ländern ist die Verordnung kleiner Packungen inzwischen schon teilweise gesetzlich vorgeschrieben. In der Bundesrepublik werden den meisten Patienten (bis zu 80 Prozent) Großpackungen ver-

Abbildung 8: Verhältnis von großen zu kleinen Packungen (nach DPM 1981) in Tausend

Präparat	Anzahl verordneter Großpackungen (50 Tabl.)	Anzahl verordneter Packungen a 20 Tabletten	Prozentsatz kleiner Packungen an allen VO
Adumbran	5.589,0*)	1.201,9*)	18
Lexotanil	4.024,7	2.438,2	38
Valium	2.104,9	939,5	31
Tavor	1.839,4	489,6	21
Tranxilium	925,2	417,7	31

*) bei Adumbran enthält die Großpackung 75, die kleinere 25 Tabletten

ordnet, obwohl dies therapeutisch unsinnig ist. Bei kleinen Packungen ist der Patient gezwungen, die Mittel nach kurzer Zeit wieder abzusetzen oder den Arzt erneut zu konsultieren, womit eine enge therapeutische Betreuung gefördert und die Abhängigkeitsentwicklungen und der Mißbrauch am ehesten verhindert werden können. Auch unter ökonomischen Gesichtspunkten (steigende Ausgaben der Krankenkassen für Arzneimittel) ist die Verordnung großer Packungen von Benzodiazepinen unvertretbar, da ein Teil der Patienten diese nicht aufbraucht.

Zusammenfassung

Die Analyse der Verordnungspraxis hat gezeigt:

Der überwiegende Teil der Verordnungen erfolgt bei Erkrankungen und Symptomen, für die die therapeutische Zweckmäßigkeit nicht belegt ist. Das sind oft genau die Erkrankungen, die den niedergelassenen Arzt vor schwierige diagnostische und therapeutische Probleme stellen, z. B. der weite Bereich der psychosomatischen Erkrankungen und funktionellen Störungen. Die Mehrzahl der niedergelassenen Ärzte ist weder für ihre Diagnose noch für ihre Therapie ausreichend ausgebildet. Um dennoch behandeln zu können, sind Tranquilizer die von der Pharmaindustrie offerierten und für ungefährlich gehaltenen Mittel. Die Häufigkeit und Dauer der Anwendung legen nahe, daß den meisten niedergelassenen Ärzten die Risiken der Verordnungen nicht bewußt sind. Andererseits kann der erhebliche Verordnungsrückgang in den letzten Jahren als Zeichen einer zunehmenden Skepsis gegenüber Benzodiazepinen und besseren Kenntnis ihrer Risiken gesehen werden. Die genauen Einflußfaktoren des Rückgangs verdienen nähere Erforschung.

Die medikamentöse Behandlung von Alkoholismus sowie Medikamenten- und Drogenabhängigkeit kann nur als erschreckendes Beispiel irrationaler Arzneimitteltherapie gesehen werden. Andererseits sollte diese Erkenntnis dazu veranlassen, über Möglichkeiten des besseren Umgangs von niedergelassenen Ärzten mit süchtigen oder abhängigkeitsgefährdeten Menschen nachzudenken.

Die Unterschiede bei der Verordnung der wichtigsten Benzodiazepinen sind z. T. schwer zu interpretieren, da offenbar die wissenschaftlichen Voraussetzungen keine bedeutsame Rolle bei der Auswahl eines Präparates spielen. Selbst Präparate mit gleichem Inhaltsstoff werden

z. T. ganz unterschiedlich verordnet. Es ist zu vermuten, daß den Ärzten die klinisch-pharmakologischen Unterschiede (nach denen zwei bis drei Präparate auf dem Markt das Wirkspektrum ausreichend repräsentieren könnten) weniger bewußt sind als die von Herstellerseite suggerierten unterschiedlichen Wirkungen und Anwendungsbereiche. Dies wird ganz deutlich beim Vergleich der angeführten Diagnosen. Sie zeigen eine hohe Übereinstimmung mit den Indikationsansprüchen der Hersteller und kaum eine Übereinstimmung mit den empirisch gesicherten Indikationen. Dementsprechend bevorzugen Neurologen die Benzodiazepine, deren Indikationsbereich mit psychiatrischen Diagnosen beschrieben wird (z. B. Tavor), während Praktiker eher Präparate verschreiben, deren Indikationsschwerpunkte bei organischen oder psychosomatischen Symptomen liegen (z. B. Adumbran, Valium).

In der Rangreihe der Verordnungshäufigkeit wären alt eingeführte, lang erprobte Präparate mit höherer Häufigkeit sinnvoll und zu erwarten. Statt dessen zeigt ein erst 1977 eingeführtes Mittel (Lexotanil) die höchste Verordnungsmenge, gemessen an definierten Tagesdosen, pro Kopf der Bevölkerung. Die massenhafte Verordnung von Benzodiazepinen an alte Menschen, bei denen sie gehäuft zu unerwünschten oder paradoxen Wirkungen führen, ist besorgniserregend.

Ebenso wenig verständlich ist die Tatsache, daß die meisten Verordnungen in Form von Großpackungen erfolgen, und das bei einer Medikamentengruppe, deren Langzeitwirkung nicht als erwiesen gelten kann und die vorwiegend kurzzeitig und symptomatisch, d. h. bei Bedarf eingesetzt werden sollte.

Die Rückmeldung solch irrationaler Verordnungsgewohnheiten an die betroffenen Ärzte ist im Interesse einer rationalen Gesundheitspolitik dringend zu fordern. Allerdings sollte sie mit der Vermittlung wissenschaftlich fundierter Therapierichtlinien verbunden werden.

Mittel gegen psychotische Störungen - Neuroleptika

Verordnungsgrundlagen

Die Therapie psychiatrischer Erkrankungen mit Neuroleptika (synonym gebrauchte Begriffe sind: Major Tranquilizer, Antipsychotika, Ataraktika) begann 1952 mit dem Phenothiazin Chlorpromazin. Seine klinisch-therapeutische Wirkung war von *Delay* und *Deniker* (1952) als psychomotorische Verlangsamung, emotionale Ausgeglichenheit und affektive Indifferenz charakterisiert worden (vgl. *Benkert* u. *Hippius* 1980, S. 85).

Während in früheren Jahren angenommen wurde, daß der antipsychotische Effekt der Neuroleptika mit den extrapyramidalmotorischen Wirkungen fest verknüpft sei und diese sogar als Gradmesser für die klinische Wirkungsintensität genommen wurden, ist mit der Entdeckung von klinisch ähnlich wirksamen Substanzen ohne extrapyramidalmotorische Wirkungen (z.B. Clozapin) in den letzten Jahren eine Neufassung des Begriffs »Neuroleptikum« notwendig geworden. *Benkert* und *Hippius* kommen daraufhin zur folgenden Definition:

»Der klinisch-therapeutische Effekt der Neuroleptika beruht auf ihrer dämpfenden Wirkung auf psychomotorische Erregtheit, aggressives Verhalten, affektive Spannungen, psychotische Trugwahrnehmungen, psychotisches Wahndenken, katatone Verhaltensstörungen und schizophrene Ichstörungen. Wenn ein Pharmakon dieses Wirkungsprofil besitzt, sollte es unabhängig davon, ob es etxrapyramidalmotorisch wirksam ist oder nicht, als Neuroleptikum bezeichnet werden.« (1980, S. 87)

Finzen dagegen schreibt:

»Die Besonderheit der Neuroleptika ist die therapeutische Beeinflussung von manischen, schizophrenen und körperlich begründbaren Psychosen. Sie erreichen mehr als lediglich Beruhigung und Dämpfung, die auch durch Tranquilizer oder Hypnotika herbeigeführt werden könnten. Sie bewirken eine Besserung der teilweise quälenden psychotischen Symptome, wie Verfolgungsangst, psychomotorische Erregung, Halluzinationen oder Denkstörungen.« (*Finzen* 1979, S. 71) Nach seiner Auffassung sind »Neuroleptika keineswegs ›schwere‹ Beruhigungsmittel.«

Im Tierversuch wurde festgestellt, daß das gelernte Vermeidungsverhalten durch Neuroleptika unterdrückt wird, daß die behandelten Tiere motorisch verlangsamt sind und sich widerstandslos in unnatürlichen Körperhaltungen (Katalepsie) bringen lassen (vgl. *Spiegel* und *Aebi* 1981, S. 13).

Einteilungen

Nach ihrer chemischen Struktur können die Neuroleptika vier Gruppen zugeordnet werden:
1. Phenothiazine
2. Butyrophenonderivate
3. Rauwolfia-Alkaloide und strukturverwandte Substanzen (Indol-Derivat) und
4. sonstige Neuroleptika.

Am häufigsten werden die ersten beiden Gruppen verordnet.

Unter klinischen Gesichtspunkten werden die Neuroleptika eingeteilt nach ihrer antipsychotischen Wirkungsintensität - der sog. neuroleptischen Potenz - der Ausprägung der Sedierung bzw. schlafanstoßenden Wirkung und nach Art und Häufigkeit von Nebenwirkungen. Bei differenzierter Klassifikation nach den einzelnen Qualitäten sind mindestens *sechs Parameter* zu nennen: *Ataraktische, antimanische, antiautistische, wahndämpfende, extrapyramidalmotorische* und *adrenolytische Wirkungen*. Darüber hinaus zeigen einige Neuroleptika antidepressive Wirkungen (z.B. Thioridazin).

Bevor eine Substanz als Neuroleptikum bezeichnet und eingeführt wird, sind klassischerweise *drei pharmakologische Untersuchungen* (im Tierversuch) erfolgreich durchgeführt worden: *1. Nachweis der Katalepsie, 2. Apomorphin-Antagonismus (d.h. die Brechwirkung des Apomorphins, z.B. bei Hunden wird durch Neuroleptika gehemmt), 3. Aufhebung des bedingten Fluchtreflexes*. Bei allen bisher bekannten Neuroleptika wurden alle drei Wirkungen, allerdings in unterschiedlicher Ausprägung, nachgewiesen, wobei früher das Ausmaß der Katalepsie als Indikator der extrapyramidalmotorischen Symptome beim Menschen gewertet wurde.

Biochemie

Auch für die Neuroleptika gibt es keine das Gesamtwirkungsspektrum erklärende Theorie. Bisher konnte gezeigt werden, daß verschiedene

Neuroleptika zu einem Anstieg von Dopaminmetaboliten führen. Es wird angenommen, daß Neuroleptika zu einer Dopamin-Rezeptor-Blockade und nach längerer Einwirkungszeit zu einer Empfindlichkeitssteigerung am Rezeptor führen. Wird nach langjähriger Neuroleptikamedikation das Neuroleptikum abgesetzt oder reduziert, fällt die Rezeptorblockade weg und die überempfindlichen Rezeptoren sprechen verstärkt auf Dopamin an. Damit kann das Auftreten von Spätdyskinesien erklärt werden, die nach erneuter Neuroleptika-Gabe aufhören. Mit diesem hypothetischen Erklärungsmodell läßt sich auch die häufigste Nebenwirkung der Neuroleptika, das Parkinson-Syndrom, erklären. Als Ursache Parkinsonscher Erkrankungen wurde ein Dopaminmangel im Striatum festgestellt, der durch Einnahme von L-Dopa, welches im Gehirn zu Dopamin umgewandelt wird, behoben oder zumindest gebessert werden kann. Beim Parkinson-Syndrom nach Neuroleptika ist die Zuführung von Dopamin nicht sinnvoll, was mit der Rezeptor-Blockade erklärbar ist. Es läßt sich jedoch oft erfolgreich mit anticholinerg wirkenden Antiparkinsonmitteln wie Biperiden (Akineton) behandeln. Auch die nicht selten auftretenden Frühdyskinesien lassen sich mit diesem Medikament häufig beseitigen. Bisher nicht zu erklären ist die Beobachtung, daß Patienten, die längere Zeit mit Neuroleptika und Biperiden behandelt wurden, häufiger irreversible Spätdyskinesien entwickeln, die auch durch Anticholinergika nicht mehr gemildert werden können. Dies muß als gravierendes Argument gegen die gleichzeitige Verordnung von Neuroleptika und Anticholinergika gesehen werden. Die Entstehungsursachen der Frühdyskinesien und der Akathisie (= Unvermögen, ruhig zu sitzen, unruhiges Verhalten mit eigenartiger Trippelmotorik, Pschyrembel 1977) sind noch ungeklärt.

Indikation und Klinik

Entsprechend der breiten unspezifischen Wirkungsweise der Neuroleptika (Herabsetzung von psychischer Aktivität und Spannung, ohne zum Schlaf zu führen; Trieb-, Antriebs- und Affekthemmung bei erhaltenem Bewußtsein, verminderte motorische Aktivität und relative Indifferenz gegenüber der Umwelt) ist auch ihr Anwendungsbereich schwer einzugrenzen (vgl. *Pöldinger* 1982, S. 153).

Zwar wird die therapeutische Wirkung der klinischen Vergleichsuntersuchungen am Verschwinden bestimmter Symptome festgemacht, aus denen Erfolgswahrscheinlichkeiten für die Wirkung auf diese Symptome abgeleitet werden, eine spezifische Indikation wurde damit jedoch nicht herausgefunden (vgl. *Hollister* 1978).

Ein Ergebnis der Forschung ist die Einteilung der Neuroleptika nach der Ausprägung ihrer Wirkqualitäten und ihre Zuordnung zu bestimmten Zielsymptomen.

In dem unten abgebildeten Schema sind z.B. vier Wirkungen angeführt, die den nebenstehenden Präparaten in unterschiedlicher Weise zukommen sollen. Danach haben Neuroleptika mit »antiautistischem Effekt« keine schlafanstoßende Wirkung und umgekehrt, und das Ausmaß psychomotorischer Dämpfung nimmt mit steigender antipsychoti-

Abbildung 9: Schematische Darstellung der Wirkungsqualitäten und -quantitäten von Neuroleptika (aus: *Pöldinger* 1982, S. 154)

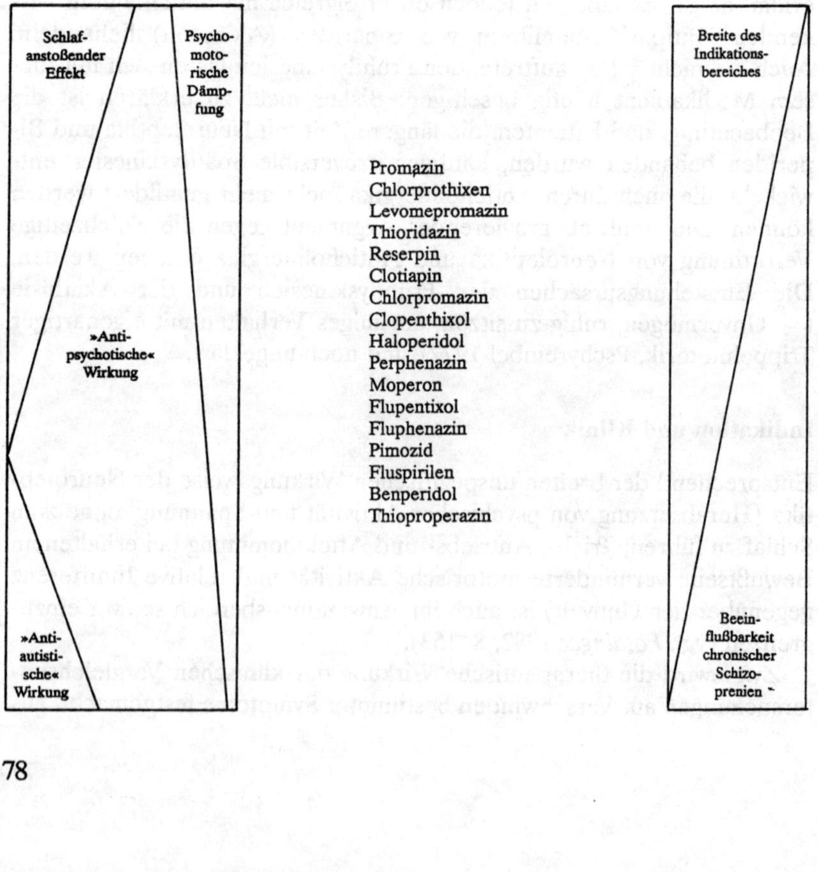

scher Wirksamkeit ab. Die Abbildung bezieht sich auf die initiale Wirkung, die sich von der längerfristigen erheblich unterscheiden kann (Drei-Phasen-Wirkung), und soll eine Groborientierung für die Auswahl eines bestimmten Präparates ermöglichen. Sie vermittelt zugleich einen Eindruck von der Komplexität des Problems.

In der Praxis bedeutsam ist vor allem das Ausmaß der Dämpfung und der antipsychotischen Wirkung. Ein Maß für die antipsychotische Wirkung ist die neuroleptische Potenz, die bestimmt wird in Relation zur gleichen Menge Chlorpromazin, dessen neuroleptische Potenz definitionsgemäß gleich Eins gesetzt wird.

Niedrig potente, dämpfende Neuroleptika (z.B. Laevomepromazin und Thioridazin) werden eingesetzt zur Behandlung akuter Erregungszustände psychotischer Genese und bei nicht-psychotischen Erregungszuständen, die durch Tranquilizer nicht gedämpft werden können; zur Akuttherapie hochgradiger Suizidalität und zur Behandlung manischer Symptome bei schizoaffektiven Psychosen. Insgesamt ist der Anwendungsbereich relativ begrenzt:

»Sowohl bei der Behandlung von Psychosen mit Wahnideen, Trugwahrnehmungen und Denkstörungen als auch besonders bei der Langzeitbehandlung chronisch-schizophrener Patienten, bei denen neben neuroleptischer Therapie sozial-psychiatrische Maßnahmen im Vordergrund der Therapie stehen müssen, wird man immer versuchen, auf sedierende Neuroleptika weitgehend zu verzichten. Bei langdauernder Applikation von Neuroleptika mit initial dämpfender Wirkung läßt die Sedierung zwar im Laufe der Zeit nach; trotzdem sollten solche Neuroleptika im allgemeinen nur bei psychomotorischen Erregungszuständen verordnet werden.« (*Benkert* und *Hippius* 1980, S. 102).

Stark wirksame, hochpotente Neuroleptika (z.B. Haloperidol, Fluspirilen) werden angewendet bei akut psychotischen Zustandsbildern, besonders bei paranoid-halluzinatorischer Symptomatik, aber auch bei stuporösen Syndromen mit katatoner Antriebssperre. Die antipsychotische Wirksamkeit setzt bei diesen Medikamenten oft schon in der ersten Behandlungswoche ein. Bei der bösartigen Katatonie sind nach klassischer Lehrmeinung hochpotente Neuroleptika neben der Elektrokrampfbehandlung Mittel der Wahl.

Zusammenfassend läßt sich feststellen, daß Neuroleptika bei schizophrenen Erkrankungen mit produktiven Symptomen (sog. Plus- Symptomatik), wie paranoiden Ideen, Halluzinationen, Wahnstimmungen, emotionaler Erregung und/oder Unausgeglichenheit, Antriebssteigerung usw. wesentlich erfolgversprechender anwendbar sind als bei Patienten mit einer sog. Minus-Symptomatik, bei denen der Antrieb gemindert bis gesperrt ist, die emotional gleichsam erstarrt erscheinen, kaum Symptome zeigen und mehr mutistisch, für die Umwelt kaum zugänglich sind.

Abbildung 10: Indikationen von Neuroleptika nach Auffassung verschiedener Autoren

Mittel der Wahl = klare Indikation = +
Bevorzugte Mittel = unklare Indikation = (+)
Nur in Ausnahmefällen indiziert = (–)
in der Regel nicht indiziert = –

Hollister (1978)		Benkert / Hippius (1980)		Heinrich (1976)	
Schizophrenie, akut, produktiv	+	Psychosomatische Erregtheit	+	Katatonie	+
Schizophrenie, chronisch	(+)	Psychotische Zustandsbilder mit Wahnsymptomatik, Trugwahrnehmungen und formalen schizophrenen Denkstörungen	+	Paranoid-halluzinatorische Schizophrenie	+
Manie, akut	+	Chronisch verlaufende schizophrene Psychosen und psychotische Residualzustände, z. B. bei Hebephrenien und Schizophrenia simplex	+	Hebephrenie	+
Nicht-manische Erregungszustände	+			Schizophrenia simplex	+
Gilles de la Tourette Syndrom	+			Schizophrener Defekt	+
Alterspsychosen	+			Postremissives Erschöpfungssyndrom	+
Schizoaffektive Störungen	(+)			Schizo-affektive Psychosen (Mischpsychosen)	+
Durchgangssyndrom bei körperl. Erkrank.	+			Involutionsdepression, agitierte Depression	+
Halluzinogeninduzierte schizophrenieähnliche Symptome	+			Manie	+
Emotionale neurot. Störungen	–			Zwangssyndrom (»Zwangsneurose«)	+
Rafaelsen u.a. (1983)				Delirium tremens	+
Schizophr. Psychosen	+			Alkoholhalluzinose	+
Manische organische Psychosen, v. a. Alterspsychosen	+			Paranoid-halluzinatorisches Syndrom bei zerebraler Gefäßsklerose und intrakranialen Tumoren	+
Manische hirnorg. Syndrome	+			Seniler Beeinträchtigungswahn	+
Erregungszustände aus versch. Ursachen	+			Kontaktmangel paranoid	+

Obwohl Neuroleptika zweifellos hilfreiche Medikamente für die Behandlung schizophrener Erkrankungen darstellen, besteht auch hier das Problem uneindeutiger Indikation. Von verschiedenen Autoren wird der Indikationsbereich unterschiedlich beschrieben (s. Abbildung 10).

Versucht man die Expertenmeinungen auf einen gemeinsamen Nenner zu bringen, so ergibt sich für die wichtigsten Diagnosen des internationalen Klassifikationsschemas die in Abbildung 11 aufgeführte Beurteilung der Indikation von Neuroleptika.

Abbildung 11: Indikation von Neuroleptika bei den wichtigsten Psychosen - Diagnosen

Hier sind die wichtigsten Diagnosen aus der Gruppe der Psychosen aufgelistet zusammen mit der Beurteilung der Indikation von Neuroleptika (nach überwiegender Expertenauffassung).

ICD*Nr.	Diagnose	Art der Indikation
290	Senile/Präsenile Demenz	(–)
294	Psychosen mit körperl. Krankheit	(+)
295	Schizophrenie	+
295.1	Hebephrenie	(+)
.3	Paranoide Schizophrenie	+
.6	Residuale Schizophrenie	(+)
.8	Sonstige Schizophrenie	(+)
.9	Schizophrenie ONA**	(+)
296	Affektive Psychosen	
296.0	Involutionsmelancholie	–
.2	Depression	–
.3	Zirkuläre affektive Psychose	(+)
.9	ONA	(+)
297	Paranoide Zustände	(+)
297.0	Paranoia	(+)
.9	Paranoia ONA	(+)
298	Sonstige Psychosen	(+)
298.0	Reaktive Depression	(–)
299	Psychosen ONA	(+)

\+ = Mittel der Wahl (klare Indikation)
(+) = Bevorzugte Mittel (unklare Indikation)
(–) = Nur in Ausnahmefällen indiziert
*) ICD = International Classification of Diseases, 8. Revision
**) = ohne nähere Angaben

Im Einzelfall richtet sich die Indikationsentscheidung nicht nur nach der diagnostizierten Erkrankung und der vorherrschenden Symptomatik, sondern auch danach, welche Nebenerscheinungen für zumutbar gehalten werden und ob die Lebenssituation des Patienten diese Behandlung erforderlich macht. Die Diagnose einer akuten schizophrenen Psychose ist allein kein ausreichender Behandlungsgrund, zumal bekannt ist, daß ein nicht geringer Prozentsatz dieser Erkrankungen unbehandelt nach einiger Zeit eine vollständige Remission erfährt (vgl. *Hollister* 1978, S. 153). Beim gegenwärtigen Erkenntnisstand ist eine ganz rationale Wahl eines Neuroleptikums für einen bestimmten Patienten nicht möglich. Ähnlich wie bei Tranquilizerverordnungen spielen irrationale Kriterien häufig eine entscheidende Rolle. In der Klinik werden Neuroleptika oft mehr zum Wohl der Mitarbeiter als zum Wohl der Behandelten verordnet. *Hollister* wies schon 1978 darauf hin, daß eher zu viele Patienten überhaupt und viele zu lange neuroleptisch behandelt werden. Seither haben die Verordnungen in der Bundesrepublik noch zugenommen.

Gerade weil Neuroleptika nicht nur die psychotischen Symptome in erwünschter Weise beeinflussen, sondern auch unspezifische und unerwünschte Wirkungen entfalten, verbessert nicht jede Behandlung die Lebenssituation eines akut psychotischen Patienten.

»Ein wesentliches Problem besteht darin, daß psychomotorische Dämpfung und Erzeugung von affektiver Indifferenz zwar geeignet sind, die produktive schizophrene Symptomatik ... wie Angst, Erregung und Halluzinationen unter Kontrolle zu bringen und Denkstörungen zu beeinflussen. Auf der anderen Seite besteht jedoch die Gefahr, daß die sogenannte Minussymptomatik, wie etwa Antriebsstörungen noch verstärkt werden ... Damit können auch die Eigenwirkungen der Neuroleptika wegen ihrer mangelnden Spezifität zu unerwünschten Wirkungen werden« *Finzen* 1979, S. 77).

Es gilt zu bedenken, das gerade die lebhafte - wenn auch symptomatische, »krankhafte« - Auseinandersetzung des Schizophrenen mit seiner Umwelt, die sich medikamentös beseitigen oder zumindest abschwächen läßt, ein Erkennen der den Symptomen zugrunde liegenden Konflikte ermöglicht. Die Symptome von Patienten medikamentös zu beseitigen, heißt auch, bestimmte Formen der Auseinandersetzung mit Realität und inneren Konflikten zu unterdrücken. Da die Symptome für sie selbst und ihre Umgebung (für diese meist ungleich stärker) sehr viele Probleme verursachen, kann deren Beseitigung allein zwar schon zu einer unmittelbaren Verbesserung der Lebensqualität beitragen. Die möglichen Ursachen (innere wie äußere) bleiben dabei jedoch unberührt und unverändert. Insbesondere in der Langzeitbehandlung chronisch schizophrener Patienten wird immer deutlicher, daß die rein symptomatische neuroleptische Behandlung durch therapeutische sozialpsychiatrische Maßnahmen zu erweitern ist, welche die aktuelle Lebenssituation des Patienten in die Behandlung mit einbeziehen, und zwar als Quelle von Konflikten wie auch als Bedingung für Stabilisierung, Gesundung, Glück.

Dosierung und Behandlungsdauer

In niedriger Dosierung unterhalb der neuroleptischen Schwelle erzeugen viele Neuroleptika neben unerwünschten vegetativen Effekten vornehmlich Müdigkeit, Sedation und verminderte Zuwendungsfähigkeit (*Schönhöfer* und *Stock* 1979). Hinsichtlich der Dosierung bei der Akutbehandlung ist die Auffassung, daß durch einschleichende Dosierung extrapyramidalmotorische Störungen am ehesten vermieden werden können, der mittlerweile häufiger vertretenen Meinung gewichen, daß bei Gabe der Erhaltungsdosis gleich zu Beginn bei vielen Patienten nicht mehr Nebenwirkungen auftreten (vgl. *Benkert* und *Hippius* 1980; *Hollister* 1978). Andere Autoren (z.B. *Schönhöfer* und *Stock* 1979) betonen die Vorteile einer hochdosierten Initialbehandlung durch stark wirksame Neuroleptika mit schnellem Wirkungseintritt und anschließender Dosisreduktion. Inzwischen liegen eine Reihe von klinischen Studien über die Akutbehandlung mit Maximaldosen stark wirksamer Neuroleptika, z.B. bis zu 1.200 mg Haloperidol oder Fluphenazin pro Tag, vor. Ein Grund für diese Versuche lag in der Beobachtung seltener extrapyramidalmotorischer Störungen, welche erst nach Reduktion der Dosis auf übliche Erhaltungsdosen auftraten. Mittlerweile legen jedoch kontrollierte Vergleichsstudien dar, daß mit Standarddosen behandelte Patienten keine schlechteren Behandlungsergebnisse hatten (*McCelland* u.a. 1976) oder bei *Quitken*, *Rifkin* und *Klein* (1975) sogar bessere Ergebnisse als die, die Megadosen erhalten hatten (vgl. *Hollister* 1978). Auch *Benkert* und *Hippius* (1980) empfehlen, Maximaldosen nicht routinemäßig anzuwenden, da die bisherigen Untersuchungsergebnisse widersprüchlich seien und insbesondere Erfahrungen über unbekannte, möglicherweise erst später auftretende Nebenwirkungen nicht vorlägen.

Absetzen der Neuroleptika oder Dauertherapie?

Für die Diskussion der Frage, wann ein Absetzversuch gerechtfertigt und wann eine Dauertherapie indiziert ist, sollte zuvor überlegt werden, welchen Stellenwert die Neuroleptika im Gesamtbehandlungsplan des Patienten einnehmen, welche anderen Maßnahmen angezeigt erscheinen und wie der Patient darauf reagiert. Es ist sich zu vergegenwärtigen, daß die Behandlung mit Neuroleptika keine Heilung bedeutet und ein Fehlen der Symptome nicht Gesundung (*Schönhöfer* und *Stock* 1979). In kontrollierten Untersuchungen ist nachgewiesen, daß den Neuroleptika auch nach Verschwinden der Symptome eine »rezidivprophylaktische« Wirkung zukommt, z.B. kommt *Davis* (1975) in placebo-kontrollierten Langzeitstudien zu einer zweimal höheren Rückfallquote für Placebo als für Neuroleptika. Andererseits kommt es bei 30 Prozent der schizophrenen Patienten trotz regelmäßiger Langzeitmedikation zu Rezidiven. *Benkert* und *Hippius* (1980) empfehlen deshalb, bei einer schizophrenen Ersterkrankung eine niedrige bis mittlere Erhaltungsdosis für mindestens drei Monate beizubehalten und die Medikamente dann langsam abzusetzen. Das Absetzen erscheint schon deshalb notwendig, weil ein Drittel der Patienten mit schizophrenen Psychosen nur einmalig erkrankt. Die Notwendigkeit einer Langzeitbehandlung wächst mit der Anzahl der Rezidive und der Chronifizierung der Erkrankung. *Hollister* (1978) nennt eine Untersuchung an 475 chronisch Schizophrenen, von denen nur fünf in der Lage waren, ohne Medikamente auszukommen, ansonsten betrug die durchschnittliche Zeit bis zum Rückfall nach Absetzen 4,5 Monate.

Eine größere Zahl weiterer klinischer Studien (vgl. *Spiegel* und *Aebi* 1981), in denen dauernd verabreichte Neuroleptika abrupt oder allmählich abgesetzt wurden, ergaben unterschiedlich hohe Rückfallquoten, deren Durchschnitt etwa 50 Prozent betrug. In Studien über zwei Jahre erlitten chronisch Schizophrene, die auf Placebo umgestellt wurden, 2,5 bis dreimal häufiger eine klinisch relevante Verschlechterung ihres Zustandes (*Gardos* und *Cole* 1978; *Woggon* 1979). Eine Schätzung des Risikos für den einzelnen Patienten läßt sich daraus nicht ableiten. Vielmehr wurde deutlich, daß das individuelle Rückfallrisiko von zahlreichen Faktoren abhängt, welche in empirischen Studien oft nicht ausreichend kontrolliert werden (können), z.B. Erwartungshaltungen von Patient und Umgebung, Behandlungsform und Dauer, psychische und soziale Belastungen, allgemeine Lebenssituation. Die Untersuchungsergebnisse sind u.a. auch abhängig von der Dauer des untersuchten Intervalls und der Definition von Rückfall. Relativ einmütig empfehlen die meisten Autoren für die Langzeittherapie, die Neuroleptika-Dosis weitestmöglich zu reduzieren und so niedrig wie möglich zu halten, um Spätfolgen zu verhindern. Wissenschaftlich begründen läßt sich diese Auffassung z.B. mit Untersuchungen von *Baldessarini* (1980), der keinen signifikanten Zusammenhang zwischen Neuroleptika-Dosis und Rückfallrisiko finden konnte.

Die Dauertherapie bei Patienten mit chronischen, symptomarmen Residualzuständen ist nicht nur deshalb fraglich, weil der Nutzen gering ist, sondern auch weil Hinweise bestehen, daß diesen Zustandsbildern ein anderes neurobiochemisches Geschehen zugrunde liegt als akuten symptomreichen Erkrankungen (*Crowe* 1980; vgl. auch *Spiegel* und *Aebi* 1981).

Benkert und *Hippius* (1980) empfehlen einen Absetzversuch auch nach längerer Behandlung, wenn ein Medikationszeitraum von sechs Monaten symptomfrei war. Eine Jahre währende Dauertherapie erscheint ihnen dann indiziert, wenn psychotische »Restsymptome« bestehen bleiben oder schubförmige Rezidive gehäuft auftreten. Eine Langzeittherapie erfolgt mit dem Ziel, die Rezidivhäufigkeit zu verringern, Residualzustände zu verhindern, bzw. hinauszuzögern. Wegen der höheren Nebenwirkungsrate potenter Neuroleptika wird für die Dauertherapie eher auf mittelstarke bis schwach wirksame Neuroleptika zurückgegriffen.

Zusammenfassend läßt sich festhalten, daß durch Neuroleptika die ambulante Behandlung akuter psychotischer Syndrome möglich geworden ist, und daß sie dazu beitragen können, die Hospitalisierung psychotisch Erkrankter zu vermeiden oder zu verkürzen. Die Praxis der Psychiatrie zeigt jedoch, daß medikamentöse Behandlung allein in der Regel nicht ausreicht, um den Patienten ein in die soziale Gemeinschaft integriertes Leben zu ermöglichen - ohne Isolation, Stigmatisierung und Ghettoisierung und damit verstärkte Rückfallgefahr. Insbesondere bei längerfristig Erkrankten sind meist zusätzlich individual-, familien- und sozialtherapeutische Maßnahmen notwendig, um dem Patienten trotz seiner Erkrankung ein Leben in der Gemeinschaft zu ermöglichen.

Im Hinblick auf die compliance ist eine stabile therapeutische Beziehung von wesentlicher Bedeutung. Inwieweit diese bei den verordnenden Ärzten und ihren Patienten vorliegt, läßt sich schwer einschätzen. Je geringer die therapeutischen Bemühungen, desto eher setzen die Patienten die Medikamente von sich aus ab und sind damit stärker rückfallgefährdet. Viele Rehospitalisierungen werden auf das Nichtbefolgen therapeutischer Anweisungen zurückgeführt, und die Drehtürpsychiatrie kann auch als Folge der Therapieverweigerung durch den Patienten gesehen werden (*Spiegel* und *Aebi* 1981). Bei den Patienten, die noch nicht lethargisch und passiv geworden sind nach langjähriger Behandlung, sinkt die Bereitschaft zur Einnahme oft mit der Dauer der Behandlung. Andererseits stellt sich die Bereitschaft zur Medikamenteneinnahme eher ein bei Patienten, die in einem therapeutischen Setting erfahren, daß ihnen durch bestimmte Maßnahmen tatsächlich praktische Lebenshilfe erwächst, ihnen die Medikamenteneinnahme helfen kann, Konflikte zu vermeiden und gegebenenfalls Arbeitsplatz und Beziehungen zu erhalten.

Nicht-psychiatrische Indikationen

In der *Anästhesie* werden zur Prämedikation schwache oder mittelschwache Neuroleptika benutzt zur Sedation und Potenzierung der Wirkung analgetischer und sedierender (narkotisierender) Medikamente. Zugleich dämpfen Neuroleptika das Brechzentrum. Bei der Neuroleptanalgesie werden schnell und hochwirksame Neuroleptika in der Kombinationsnarkose eingesetzt.

In der *Geriatrie* werden Neuroleptika zur Ruhigstellung agitierter oder delirant verwirrter älterer Patienten benutzt, wobei eine sorgfältige Indikationsstellung zu wünschen wäre. Neuroleptika wirken gegen Übelkeit und Erbrechen und dämpfen hyperkinetische Bewegungsstörungen, wie etwa bei der Chorea Huntington (*Finzen* 1979). *Schönhöfer* und *Stock* weisen darauf hin, daß Neuroleptika keine Medikamente der allgemeinmedizinischen Praxis sind, etwa zum Einsatz bei psychovegetativen Syndromen.

»Bei allen genannten nicht psychiatrischen Indikationen muß die Gefahr berücksichtigt werden, die für die sozialen Bezüge des Patienten entstehen kann, wenn affektive Ansprechbarkeit, Spontaneität und Antrieb durc h Neuroleptika vermindert werden« (*Schönhöfer* und *Stock* 1979, S. 223).

Bei Abhängigen sind Neuroleptika lediglich zur Behandlung deliranter Zustände und Halluzinationen unter LSD- oder amphetaminartigen Substanzen, Alkohol o.ä. begrenzt geeignet. Beim Entzug von Sedativa, Alkohol oder Opiaten bewirken Neuroleptika eine Verstärkung des Entzugssyndroms. Von *Greiser* (1983) wird der Indikationsanspruch des Herstellers »Entzugssyndrom bei Rausch- und Suchtmitteln« bei Haloperidol mit Einschränkungen positiv bewertet, weil das Mittel die Krampfschwelle erniedrige.

Nebenwirkungen der Neuroleptika

Die häufigsten Nebenwirkungen, die vegetativen und extrapyramidalen Symptome, zeigt Abbildung 12 auf der nächsten Seite.

Darüber hinaus sind in geringerer Häufigkeit als Nebenwirkungen aufgetreten:
Hormonveränderungen mit folgenden Symptomen:
Gewichtszunahme, erhöhte Prolaktinsekretion, Störungen des Menstruationszyklus und Galaktorhoe bei Frauen, bei Männern Gynäkomastie, Einschränkung von Libido und Errektionsfähigkeit, Cushing-ähnliche Symptome (selten).
Störungen der Blutbildung wie z. B. Leukopenie, Leukozytose, selten Agranulozytose, Thrombosen (bei Butyrophenonen, z.B. Haloperidol, sind keine Blutzellschäden aufgetreten), Photosensibilisierung mit Pigmentablagerungen an Haut, Linse evtl. Herzmuskel; Arzneimittelexantheme, Auslösung epileptischer Anfälle, akut einsetzende produktiv delirante Symptome, Cholestase bis zum Verschlußikterus (besonders bei trizyklischen Neuroleptika).

Aufgrund der genannten Nebenwirkungen ist vom Institut für Arzneimittel des Bundesgesundheitsamtes die Empfehlung an die Ärzte gegangen, vor und während der Behandlung mit trizyklischen Neuroleptika regelmäßige Blutbildkontrollen durchzuführen. *Benkert* und *Hippius* (1980) empfehlen darüber hinausgehend bestimmte Routineuntersuchungen bei der Anwendung von Neuroleptika (und Antidepressiva).

In den USA müssen Neuroleptika seit 1978 den Warnhinweis tragen, daß Neuroleptika bei Nagetieren Neoplasmen der Brustdrüse hervorrufen können, wenn sie langfristig gegeben werden (transparenz-telegramm 1980).
Das neuroleptisch bedingte Parkinsonoid tritt frühestens nach ein- bis zweiwöchiger Behandlung auf und ist abhängig von Wirkungsstärke,

Abbildung 12: Nebenwirkungen von Neuroleptika
(nach *Spiegel* und *Aebi* 1981, S. 18)

1. Vegetative Symptome (v.a. nach sedierenden Neuroleptika)
   - Orthostatischer = beim Aufstehen auftretender Blutdruckabfall
   - Steigerung der Pulsfrequenz, EKG-Veränderungen
   - Schwitzen, Mundtrockenheit, Verstopfung
   - Potenzstörungen, andere Störungen der Sexualfunktion

2. Extrapyramidal-motorische Symptome (v.a. nach stark antipsychotisch wirksamen Neuroleptika)

   Frühdyskinesien (Fehlbewegungen, die zu Beginn der Therapie auftreten können)
   - Zungenkrämpfe, Blickkrämpfe, Schlundkrämpfe
   - Grimassieren, Nackensteife, Kiefernsperre

   Dreh- und Schraubbewegungen der oberen Extremitäten

   Neuroleptisches Parkinsonoid (nach mehrwöchiger Behandlung)
   - Einschränkung der motorischen Beweglichkeit (Akinesie)
   - Verlust der Mimik (Hypomimie), Trippelgang
   - Erhöhte Muskelspannung (Rigor), Zittern (Tremor)

   Akathisie (nach länger dauernder Behandlung)
   - Unruhe, Unfähigkeit, sitzen zu bleiben
   - Drang zu ständiger Bewegung

   Spätdyskinesien (»tardive dyskinesia«: Nach längere Behandlung und vor allem bei älteren Patienten)
   - Unwillkürliche Kau-, Schmatz-, Schluck- und wälzende Zungenbewegungen
   - Dreh- und Schleuderbewegungen der Extremitäten

Dosis und biochemischer Struktur sowie der Disposition des Patienten. Häufiger tritt es auf bei starken Neuroleptika (Ausnahme: Clozapin). Die Beseitigung der für den Patienten recht quälenden Symptomatik kann durch Dosisreduktion, Umstellen auf ein anderes Neuroleptikum, oder aber durch zusätzliche Anwendung eines Antiparkinsonmittels erfolgen. Da letztere die Entstehung irreversibler Spätdyskinesien zu begünstigen scheint (s.o.), sollte sie wenn irgend möglich unterbleiben.

Die wichtigste Vorsichtsmaßnahme zur Verhütung von Dyskinesien liegt in der Wahl der niedrigsten noch wirksamen Neuroleptika-Dosis (*Benkert* und *Hippius* 1980, S. 116).

Spätdyskinesien sind kaum therapierbar und damit oft irreversibel. Sie treten oft bei langfristiger Verordnung hochpotenter Neuroleptika auf, wenn versucht wird, die Dosis zu reduzieren. Durch Dosiserhöhung läßt sich manchmal ein Aufhören der Symptomatik erreichen, womit jedoch eine Dauertherapie notwendig und das Absetzen unmöglich wird. Neuroleptika sind dann oft die einzigen Mittel, um Dyskinesien nicht deutlich zum Ausbruch kommen zu lassen.

Unter den vielfältigen unerwünschten Wirkungen bleiben die auf das psychische Befinden oft unerwähnt. Im amerikanischen PDR (1981) findet sich die ausführlichste Aufzählung: Angst, Unruhe, Agitation, Schlaflosigkeit, Schläfrigkeit, Euphorie, Depression, Lethargie, Verwirrung, Verschlimmerung psychotischer Symptome.

Bei den *psychischen Nebenwirkungen* sind die sogenannten »pharmakogenen Depressionen« am gravierendsten. Sie treten in der Regel erst nach langfristiger Behandlung und nach Verschwinden der akut psychotischen Symptomatik (produktiver Art) auf.

Viele Fälle von »post-psychotischer Depression« sind nach *Hollister* (1978) durch ein Zuviel an Neuroleptika verursacht, und zwar durch zu lang und zu hoch dosierte Neuroleptika-Therapie, denn je normaler der Patient wird, desto schädlicher werden die Medikamente. Möglicherweise gibt es auch biochemische Gründe dafür, daß ein Neuroleptika-Überschuß Depressionen hervorruft (*McGlashan* und *Carpenter* 1976). Das widerspricht der These, daß Depression eine Reaktion des Patienten sei auf die Erkenntnis, schizophren zu sein.

Kombination mit anderen Psychopharmaka

Kombination mehrerer Neuroleptika

Obwohl in der Praxis üblich, gibt es wenig rationale Gründe für die Kombination zweier Neuroleptika. Oft wird tagsüber ein weniger sedierendes Neuroleptikum gegeben als abends. Durch Verschiebung der Haupteinnahmemenge auf abends oder nachmittags könnte nach Auffassung *Hollisters* (1978) auch mit einem nicht sedierenden Neuroleptikum ein sedierender Effekt erreicht werden. Wenn nicht, erscheint die zusätzliche Verordnung eines Benzodiazepins, wie etwa Flurazepam, als Einschlafmittel sinnvoller als die zusätzliche Verordnung eines Neuroleptikums, nur damit der Patient schläft. Auch das Argument, durch Kombination mehrerer Neuroleptika erhöhe sich die Wahrscheinlichkeit eines Therapieerfolges, erscheint wenig stichhaltig, denn es ist dann kaum möglich zu entscheiden, welches Neuroleptikum dem Patienten nun geholfen hat und welches eventuell überflüssig ist. Demgegenüber ist es sehr viel sinnvoller, Medikamente einzeln in adäquater Dosierung anzuwenden.

Kombination mit Antidepressiva

Eine aus pharmakologischer Sicht umstrittene Kombination, da einige der Hauptwirkungen einander entgegengesetzt sind. Für *Hollister* (1978) ist die einzige akzeptable Begründung für diese Kombination, daß die Differentialdiagnose unklar ist. Mit der Kombinationstherapie werden beide Möglichkeiten erfaßt, solange bis die Diagnose klar ist und auf ein Medikament reduziert werden kann. Durch den anticholinergen Effekt des Antidepressivums erübrigt sich in der Regel die Anwendung eines Antiparkinsonmittels. Andererseits ist diese Kombination bei der pharmakogenen Depression schizophrener Patienten üblich, bei denen ein Absetzen des Neuroleptikums - der Ursache der Depression - unmöglich erscheint. Aufgrund der möglichen Provokation schizophrener Symptome durch Antidepressiva wird empfohlen, bei Schizophrenie Antidepressiva nur in Kombination mit einem Neuroleptikum zu verordnen (vgl. *Benkert* und *Hippius* 1980, S. 28).

Kombination mit Tranquilizern, Hynotika, Sedativa

Tranquilizer werden wegen ihrer angstlösenden und sedierenden Wirkung oft zusätzlich verordnet. Für *Hollister* sind Diphenhydramin oder Hydroxyzin besser geeignet wegen ihrer anticholinergen Wirkung. *Beckmann* und *Haas* (1984) befürworten die Kombination mit Benzodiazepinen, weil diese den antipsychotischen Effekt der Neuroleptika verstärken sollen.

Kombination mit Antiparkinsonmitteln (z.B. Biperiden)

Diese Kombination sollte nicht routinemäßig ohne klare Indikation angewendet werden, wegen der o.a. höheren Wahrscheinlichkeit irreversibler Spätdyskinesien einerseits, zum anderen weil sie den antipsychotischen Effekt der Neuroleptika verringern; der anticholinerge Effekt kann zur Verwirrung und Verschlechterung kognitiver Leistungen führen und damit dem therapeutischen Effekt der Neuroleptika entgegenwirken (*Singh* und *Smith* 1973). Eine kontinuierliche Einnahme von Antiparkinsonmitteln ist auch deshalb nicht notwendig, weil die neuroleptika-induzierten extrapyramidalen Symptome oft von selbst aufhören. Nach einigen Wochen sollten die Mittel immer abgesetzt werden, um festzustellen, ob sie noch indiziert sind. Schließlich mahnen die psychischen Eigenwirkungen, insbesondere die euphorisierende Wirkung, welche zu Abhängigkeit und Mißbrauch führen kann (*Jellinek* 1977) und die mögliche Provokation deliranter Syndrome, besonders bei älteren oder hirnorganisch geschädigten Patienten, zur Vorsicht bei ihrer Anwendung.

Kombination mit Lithium

Lithium ist indiziert bei schizoaffektiven Psychosen zur Therapie manischer Zustände. Nach Auffassung einiger Kliniker lassen sich diese besser durch die Kombination als allein durch Neuroleptika beherrschen (*Hollister* 1978).

Vor einer Kombination von Lithium und Haloperidol wird jedoch zumindest im PDR (1981) gewarnt, da enzephalopathische Syndrome, gefolgt von irreversiblen Hirnzerstörungen, unter der Kombination aufgetreten sind.

Zusammenfassende Bewertung

Für die Akutbehandlung schizophrener Psychosen sind Neuroleptika die Mittel der Wahl. Die wesentlich verbesserte Prognose von Patienten mit schizophrenen Psychosen und die Verlagerung der Behandlung vom stationären in den ambulanten Bereich sind mit der Anwendung von Neuroleptika erklärbar. Ein exakter Nachweis, ob und inwieweit Neuroleptika den Langzeitverlauf verbessern, steht jedoch noch aus (*Meyer*

1984). Neuroleptika sind nicht für alle Arten von Psychosen gleichermaßen indiziert. Der medikamentöse Effekt ist am besten, je kürzer der Krankheitsverlauf, je akuter das Krankheitsbild und je mehr die Krankheit durch produktive Symptome paranoid-halluzinatorischer Art gekennzeichnet ist.

Außerhalb der Psychosen gibt es wenige eindeutige Indikationen, dazu gehören bestimmte hyperkinetische Bewegungsstörungen, Delir oder Entzugssymptome nach Rausch- und Suchtmitteln, Agitation oder delirante Verwirrung älterer Patienten, manche Zwangssyndrome und hochgradige Erregungszustände. Eine therapeutische Wirksamkeit bei Neurosen und psychosomatischen Symptomen ist bisher nicht erwiesen!

Die spezifischen Indikationen bei schweren psychiatrischen Symptomen und die erheblichen unerwünschten Wirkungen sprechen dafür, daß ihre Verordnung nur durch speziell dafür ausgebildete Fachärzte vorgenommen werden sollten. Neuroleptika sollten keine Medikamente der Allgemeinmedizin sein.

Für sedierende schwach-potente Neuroleptika werden andere Indikationen angegeben als für hochpotente Neuroleptika, wenngleich die empirische Forschung selektive Wirkungsunterschiede zwischen verschiedenen Neuroleptika nicht belegen kann, aus denen eine differentielle Indikation abgeleitet werden könnte (vgl. *Woggon* 1983). Andererseits zeigt die praktische Erfahrung, daß Patienten auf ein Neuroleptikum nicht, auf ein anderes dafür umso prompter ansprechen, so daß dem Arzt mehrere unterschiedlich wirkende Neuroleptika zur Verfügung stehen sollten, deren Eigenschaften ihm gut bekannt sind.

Im Hinblick auf die Analyse der Verordnungspraxis ist zu fragen:

1. Werden Neuroleptika mit verschiedener neuroleptischer und sedierender Potenz verschieden verordnet?
2. Werden Präparate mit gleichem Inhaltsstoff, aber von verschiedenen Herstellern gleich häufig verordnet?
3. Werden Neuroleptika mit vergleichbar beschriebenem klinischen Wirkungsspektrum auch ähnlich verordnet?

Verordnungspraxis von Neuroleptika

Diagnosen 1980 und 1983

Von 1980 bis 1983 ist die Anzahl behandelter Psychosen um eine Million gestiegen, die Anzahl von Neuroleptika-Verordnungen um fast zwei Millionen (s. Abbildungen A1 und A2 im Anhang). *Neuroleptika werden* zu einem großen Teil *bei Diagnosen außerhalb ihres Indikationsbereiches eingesetzt*. Nur 40 Prozent der Verordnungen werden mit Psychosen begründet, 20 Prozent mit Neurosen, 16 Prozent mit mangelhaft behandelten Krankheiten, acht Prozent mit Symptomen, vier Prozent mit Hirngefäßerkrankungen, die restlichen zwölf Prozent verteilen sich auf ganz unterschiedliche Krankheiten (s. Abbildung A8 im Anhang). Somit werden über die Hälfte aller Neuroleptika-Verordnungen mit nicht psychotischen Erkrankungen begründet. Ein Teil dieser Verordnungen läßt sich möglicherweise damit erklären, daß Benzodiazepine durch (vor allem schwach potente) Neuroleptika ersetzt wurden, da der Rückgang der Verordnungen von Benzodiazepinen von 1980 - 1983 einhergeht mit einem Anstieg der Verordnungen von Neuroleptika (s. Abbildung A1 im Anhang). Insgesamt zeigte sich bei den Diagnosen eine Verminderung der leichteren psychischen Erkrankungen und Befindlichkeitsstörungen in dem Untersuchungszeitraum.

Die häufigste unter den behandelten Neurosen, die Gruppe der Organneurosen, ist auch die am häufigsten mit Neuroleptika behandelte Gruppe. Von den mangelhaft bezeichneten Krankheiten werden die Depressionen am häufigsten mit Neuroleptika behandelt, und zwar vor allem mit den schwach potenten Neuroleptika, denen eine stimmungsaufhellende Wirkung zugeschrieben wird.

Verordnungen bei Psychosen

Die größte Wahrscheinlichkeit, mit Neuroleptika behandelt zu werden, haben Patienten mit der Diagnose »Schizophrenie« oder »Paranoide Zustände«. Von allen Verordnungen entfallen knapp 60 Prozent auf Neuroleptika.

Bei den affektiven Psychosen wie auch bei der Gruppe sonstiger Psychosen (ICD Nr. 298), bei der die reaktiven depressiven Psychosen die größte Untergruppe bilden, werden dagegen überwiegend Antidepressiva verordnet, gefolgt von Benzodiazepinen. Die Psychosen ohne nähere Angaben (ICD Nr. 299) werden überwiegend mit Tranquilizern behandelt, dann folgen Neuroleptika und Antidepressiva. Unter den Psychose-Diagnosen wurde diese Kategorie am zweithäufigsten, über zwei Millionen mal mit steigender Tendenz von 1980 - 1983 angeführt. Welche Erkrankungen, Syndrome und Symptome hiermit bezeichnet wurden, läßt sich nicht sagen, denn diese Kategorie ist auch im Diagnoseschlüssel (1975) nicht definiert. Vielmehr findet sich dort anstelle einer Definition die Anmerkung:

»Diese Kategorie sollte sehr selten von Psychiatern gebraucht werden; jede Anstrengung sollte gemacht werden, die Störungen woanders einzuordnen!« (S. 46)

Die Häufigkeit der Verwendung dieser Diagnose spricht dafür, daß es den niedergelassenen Ärzten offenbar oft nicht möglich ist, auch schwerwiegende psychische Probleme ihrer Patienten exakt zu diagnostizieren. Der ungenauen Diagnose entspricht dann auch eine unspezifische Verordnung: Wie bei den kaum definierbaren Organneurosen oder psychosomatischen Störungen werden auch hier bevorzugt Tranquilizer eingesetzt. Möglicherweise auch mit dem Ziel, durch die Therapieeffekte mehr Aufschluß über die genaue Diagnose zu erhalten.

Je genauer dagegen die Diagnose, desto spezifischer der Einsatz von Psychopharmaka.

Häufiger als andere psychische Erkrankungen werden Psychosen längerfristig bei Folgekonsultationen behandelt. So kommen fast 90 Prozent der Patienten mit Schizophreniediagnose (ICD Nr. 295) zum wiederholten Male. Bei jedem Arztbesuch erhalten sie im Durchschnitt 1,6 Psychopharmaka verordnet. Ganz ähnlich ist es bei Patienten mit »Paranoiden Zuständen« (ICD Nr. 297). Bei reaktiven Psychosen (ICD Nr. 298) dagegen werden - dem Wesen der Erkrankung entsprechend - weniger Patienten wiederholt behandelt (zwei Drittel der Fälle), und es werden im Durchschnitt weniger Medikamente verordnet (1,3 pro Diagnose).

Wie häufig welche Neuroleptika mit welchem Inhaltsstoff und welcher neuroleptischen Potenz (soweit bekannt) 1980 verordnet wurden, zeigt die folgende Abbildung:

Abbildung 13: Neuroleptika der Indikationsgruppe N5A (VIP 1980)

Handelsname	Verordnungen in Tausend	Inhaltsstoff	Chemische Klasse	Wirkungsstärke neuroleptische Potenz
Atosil	619	Promethazin	I	schwach 0
Dogmatil	595	Sulpirid	IV	schwach +
Haldol	429	Haloperidol	II	sehr stark 20-50
Imap	420	Fluspirilene	II	stark
Neurocil	382	Laevomepromazin	I	schwach 1
Truxal	331	Chlorprothixen	I	schwach 1
Melleril	287	Thioridazin	I	schwach 1
Haloperidol Rat.	210	Haloperidol	II	sehr stark
Taxilan	147	Perazin	I	mittelstark 2
Dominal	133	Prothipendyl	I	schwach
Omca	115	Fluphenazin	I	sehr stark 20-50
Decentan	103	Perphenazin	I	stark
Sigaperidol	103	Haloperidol	II	
Summe:	3685 Verordnungen			

Chemische Klasse: I = Trizyklische Neuroleptika; II = Butyrophenone; III = Rauwolfia-o.a.Indolderivate; IV = nicht klassifizierte Neuroleptika.

Das Atosil, obwohl am meisten verordnet, wurde aus der eingehenden Analyse ausgenommen, nachdem sich herausgestellt hatte, daß es sich in vieler Hinsicht von den anderen Neuroleptika unterscheidet, z.B. durch sein erheblich weiteres Indikationsspektrum.

Unterschiede zwischen einzelnen Präparaten

Mit Kontingenztafeln wurde geprüft, wie sich die Neuroleptika Neurocil, Truxal, Melleril, Haloperidol Ratiopharm und Imap in neun verordnungsrelevanten Variablen unterscheiden. Das Ergebnis ist (s. Abbildung A15 im Anhang):

1. Zwischen den sechs untersuchten Variablen bestehen bei allen Variablen signifikante Unterschiede.
2. Die drei schwach potenten Neuroleptika Neurocil, Truxal und Melleril werden ähnlicher verordnet: vier signifikante, zwei schwächer signifikante Unterschiede und bei drei Variablen keine signifikanten Unterschiede.
3. Haldol und Imap, zwei hochpotente Neuroleptika, unterscheiden sich in allen Variablen signifikant.
4. Die beiden Neuroleptika mit gleichem Inhalt unterscheiden sich nur

in einer Variablen signifikant, in sechs Variablen nicht, bei zwei Variablen war die Häufigkeit in einzelnen Zellen so gering, daß eine Signifikanzprüfung über Kontingenztafeln nicht möglich war.

Die Ergebnisse deuten darauf hin, daß *schwach und hoch-potente Neuroleptika von den niedergelassenen Ärzten wie unterschiedliche Gruppen von Psychopharmaka verordnet werden* und daß das Haloperidol, egal von welchem Hersteller es auf dem Markt angeboten wird, entsprechend seinem Inhaltsstoff gleich verordnet wird (allerdings ist zu berücksichtigen, daß die Herstellerinformationen der beiden hier untersuchten Präparate ähnlich sind). Imap und Haldol dagegen werden offenbar nicht als Präparate mit ähnlicher Wirkungsweise angesehen.

Die Variablen im einzelnen

Geschlecht der Patienten

Alle Neuroleptika werden Frauen deutlich häufiger verschrieben, bei Imap ist das Verhältnis sogar 78 zu 22 Prozent (s. Abbildung A16 im Anhang).

Altersgruppen

Deutliche Unterschiede bestehen bei der Verteilung der Verordnungen auf die drei Altersgruppen (40 Jahre, 40-64 Jahre, über 65 Jahre; s. Abbildung A17 im Anhang). Imap scheint ein Neuroleptikum für Jüngere zu sein: ein Viertel der Verordnungen bekamen unter 40jährige, über die Hälfte geht an 40-64jährige. Haldol degegen bekommen am häufigsten die über 65jährigen Patienten. Auch Truxal und Melleril, obwohl klinisch und pharmakologisch vergleichbar, werden in Abhängigkeit vom Alter der Patienten signifikant unterschiedlich oft verordnet.

Diagnosen

Die untersuchten Neuroleptika werden signifikant unterschiedlich häufig bei verschiedenen Diagnosen und Diagnosegruppen verordnet. Das ist nach den oben angeführten Verordnungsgrundlagen nicht rational zu erklären, da es keine empirisch belegbaren Wirkungsunterschiede gibt. Wohl aber unterscheiden sich die von den Herstellern angeführten Indikationen. So wird in der Roten Liste (1981) z.B. Melleril im Unterschied zu Neurocil auch bei psychovegetativen Störungen, prämenstruellen Spannungen und klimakterischen Beschwerden empfohlen. Beim Imap wird die Hauptindikation aller Neuroleptika, die akuten schizophrenen Psychosen, überhaupt nicht genannt, sondern stattdessen die nicht belegbare Indikation »psychosomatische Beschwerden, Angst- und Spannungszustände«. Das erklärt auch die überaus häufige Verordnung von Imap bei Neurosen (ICD Nr. 30) und mangelhaft bezeichneten Krankheiten (ICD Nr. 79) sowie die Verordnungsunterschiede bei Melleril und Neurocil oder auch Melleril und Truxal (s. Abbildung A18 im Anhang).

Erst- und Folgekonsultationen

Auch hier fällt Imap mit einem Drittel der Verordnungen bei Erstkonsultationen heraus. Ansonsten werden Neuroleptika offenbar mehr als alle anderen Psychopharmaka bei Folgekonsultationen, also langfristig und wiederholt, verordnet, die schwachpotenten noch häufiger als die hochpotenten Neuroleptika.

Arztgruppen

Auch hier überrascht, daß die schwachpotenten drei Neuroleptika relativ häufiger von Neurologen verordnet werden als Haldol und Imap (s. Abbildung A19 im Anhang). Haldol wird relativ häufig von Praktikern, Imap von Internisten verordnet.

Arztalter

Haldol und Truxal werden relativ häufig von älteren Ärzten (über 50 Jahre) verordnet, Imap wird als einziges Neuroleptika häufiger von jüngeren Ärzten (unter 50 Jahre) verordnet (s. Abbildung A20 im Anhang).

Gemeindegröße

Haloperidol (von beiden Herstellern) wird häufiger als die anderen in kleineren Gemeinden, Imap dagegen mehr in großen Gemeinden verordnet. Daß alle Präparate häufiger in kleineren Gemeinden verordnet werden, beruht darauf, daß die Stichprobe der ausgewerteten Rezepte zu gut 60 Prozent aus Gemeinden unter 100.000 Einwohnern stammt und hier knapp zwei Drittel aller Einwohner der BRD leben (VIP1980).

Kasse

Privat versicherte Patienten bekommen relativ selten Neuroleptika verordnet. Möglicherweise ist das die Folge einer geringeren psychiatrischen Morbidität der höheren sozialen Schichten, denn auch die (nicht affektiven) Psychosen werden kaum bei Patienten dieser Gruppe (vier bis fünf Prozent der Diagnosen) festgestellt, dafür umso häufiger bei Patienten der RVO-Kasse, in denen üblicherweise die sozial Schwächeren versichert sind (79 der Prozent Psychosendiagnosen). Entsprechend wird auch Haldol besonders häufig an RVO-versicherte Patienten verordnet.

Mitverordnungen

Imap wird in drei Viertel aller Fälle allein verordnet, was u.a. darauf hinweisen könnte, daß es bei Patienten mit unsicherer compliance angewendet wird. Die drei schwach potenten Neuroleptika werden gemäß den Herstellerempfehlungen häufig kombiniert verordnet. Am häufigsten mit Antiparkinsonmitteln verordnet wird Haldol (13 Prozent aller Verordnungen). Im Vergleich dazu werden in ca. sieben Prozent aller Neuroleptika-Verordnungen Antiparkinsonmittel, im wesentlichen Akineton, mitverordnet. Bei den drei schwach potenten Neuroleptika überwiegen Ataraktika unter den Mitverordnungen, insgesamt sind 60 - 70 Prozent der Mitverordnungen Psychopharmaka.

Die wichtigsten Präparate im einzelnen

Zum Verständnis und zur möglichen Erklärung der Unterschiede bei der Verordnung der sieben Neuroleptika sollen im folgenden die Indikationsangaben der Hersteller kurz beschrieben werden. Zusätzlich wird die Bewertung dieser Indikation durch den Arzneimittel-Index angegeben als ein Maß für ihre Berechtigung und wissenschaftliche Fundierung.

Atosil und Dogmatil

Das am häufigsten verordnete Präparat eignet sich kaum zur exemplarischen Analyse von Neuroleptika-Verordnungen, weil es im Unterschied zu allen anderen Neuroleptika ein außerordentlich weites Indikationsspektrum hat und in etwa der Hälfte der Fälle nicht bei psychischen Erkrankungen angewendet wird, sondern als Spasmolytikum, Broncholytikum, Antihistaminikum, Antiparkinsonmittel u.a. Aus diesen Gründen wird Atosil aus der vergleichenden Analyse ausgespart. Das zweithäufigste Präparat der Gruppe, das Dogmatil, nimmt ebenfalls in chemischer und klinischer Hinsicht eine Sonderstellung ein und wird deshalb nicht berücksichtigt.

Imap

Dieses Präparat gibt es nur als intramuskulär zu applizierendes Langzeitneuroleptikum mit einer Wirkdauer von sechs bis zwölf Tagen, wobei es in der Regel einmal wöchentlich injiziert wird.

Der Hersteller bietet es als Neuroleptikum zur Langzeittherapie schizophrener Patienten an wie als Wochentranquilizer bei neurotischen und psychosomatischen Krankheitsbildern.

Während die erste und eigentliche Indikation (geht man von der Stoffklasse aus) positiv bewertet wird, erscheint eine Indikation als Tranquilizer nur in ausgewählten Sonderfällen gerechtfertigt, wenn andere Ataraktika nicht verordnet werden können, z.B. bei Abhängigkeitsgefährdeten und bei Gefahr paradoxer Reaktionen.

Die häufige Verordnung des Präparates bei leichteren, nicht psychotischen Erkrankungen, also außerhalb des wissenschaftlich begründbaren Indikationsspektrums, belegt, daß die Ansprüche des Herstellers von den niedergelassenen Ärzten in hohem Maße übernommen wurden. Offenbar beliebt bei jüngeren Ärzten, vor allem Praktikern und Internisten, wird es ganz überwiegend zur Behandlung von Befindlichkeitsstörungen und psychosomatischen Symptomen bei Frauen zwischen 40 und 65 Jahren verordnet. Abgesehen davon, daß die therapeutische Wirksamkeit hier kaum gegeben ist, dürfte die wöchentliche Verabreichung nicht nur ökonomisch nützlich für den Arzt sein, sondern auch einen bedeutsamen Faktor in der Arzt-Patient-Beziehung und in der Selbstwahrnehmung der Betroffenen als medikamentös behandlungsbedürftig und -fähig darstellen. Die bei anderen Tranquilizern übliche Anweisung, sie nur bei Bedarf einzunehmen, nicht regelmäßig, gibt dem Patienten die Möglichkeit, seine Behandlungsbedürftigkeit täglich selbst zu überprüfen und dementsprechend die Medikamenteneinnahme zu steuern. Beim Imap entscheidet der Arzt, wenn der Patient die Therapie nicht abbricht. Seltener als bei anderen Tranquilizern werden die Verordnungen bei Folgekonsultationen vorgenommen. Dies könnte durch eine Therapieverweigerung der Patienten oder durch einen lediglich kurzfristigen Einsatz von seiten der Ärzte bedingt sein.

Haldol und Haloperidol Rat.

Haloperidol ist das wohl bekannteste, langjährig (über 25 Jahre) erprobte hochpotente Neuroleptikum, das in vielen Applikationsformen von einer Reihe von Herstellern angeboten wird, wobei das Haldol mit großem Abstand am häufigsten verordnet wird, am zweithäufigsten das Haloperidol von Ratiopharm.

Beide Hersteller geben einen *eng psychiatrisch* definierten *Indikationsbereich* an, der mit den empirisch belegbaren Indikationen weitgehend übereinstimmt und positiv bewertet wird. Einzig nicht bewertete Indikationen im Arzneimittel-Index waren:
Medikamentöse Geburtserleichterung, Chorea und Unruhe.

Beim Entzugssyndrom nach Rausch- und Suchtmitteln wird die positive Bewertung eingeschränkt mit der Begründung der Erniedrigung der Krampfschwelle. Auch bei Angst ist dieses Präparat nur als Mittel zweiter Wahl sinnvoll. Die häufigste Verordnung an über 65jährige Patienten dürfte auf die Indikationen »zerebralsklerotisch bedingte Unruhe« und »Alterspsychosen« zurückgehen. Relativ unverständlich ist die häufige Verordnung bei Neurosen und mangelhaft bezeichneten Krankheiten, da sie weder aus den Herstellerinformationen noch aus wissenschaftlicher Sicht begründet ist.

Bei den drei schwach potenten Neuroleptika, die der gleichen chemischen Klasse angehören, liegt es nahe, Verordnungsunterschiede auf die Herstellerinformationen oder Marketing-Strategien zurückzuführen, andererseits sind auch die Beschreibungen der Eigenschaften in pharmakologischen Lehrbüchern nicht identisch. Bei Melleril wird die antidepressive Wirkung am deutlichsten benannt, bei Neurocil die stark sedierende und analgetische Komponente hervorgehoben (s. z.B. *Benkert* und *Hippius* 1980).

Melleril

Der Hersteller formuliert den *Indikationsanspruch* so *weit,* daß ein Teil davon negativ und ein weiterer Teil nur mit Einschränkungen positiv zu bewerten ist. Laut Arzneimittel-Index ist die therapeutische Wirksamkeit bei depressiven Verstimmungen mit Angst, innerer Unruhe und Schlaflosigkeit zweifelhaft. Beim Alkoholentzugssyndrom ist es - wie Haloperidol - Mittel zweiter Wahl, ebenso bei psychovegetativen Störungen mit Angst oder Verstimmung und prämenstrueller Spannung.

Nicht bewertet wurden die Indikationsansprüche: Klimakterische Beschwerden, Verhaltensstörungen bei Kindern, nervöse und neuropathische Kinder u.a. Ein Blick in die Praxis zeigt, daß Verordnungen an Kinder selten sind: 7.000 Verordnungen an unter 20jährige, die meisten Verordnungen erhalten die 40 - 65jährigen, besonders Frauen. Bei den Diagnosen erstaunt die Häufigkeit der Diagnose »mangelhaft bezeichnete Krankheiten«. Melleril wird häufig von Neurologen und als Mitverordnung eingesetzt, letzteres vermutlich aufgrund der antidepressiven Wirksamkeit.

Neurocil

Im Vergleich zum Melleril formuliert der Hersteller den Indikationsbereich enger und exakter, so daß nahezu alle Indikationen im Arzneimittel-Index positiv bewertet wurden. Die häufigste Verordnung bei anderen als psychiatrischen Diagnosen könnte durch die Indikation als Analgetikum begründet sein. Ansonsten wird es sehr häufig bei Psychosen und offenbar oft als Mitverordnung eingesetzt, vermutlich als Sedativum.

Truxal

Die vielfältigen globalen Indikationsansprüche des Herstellers konnten nur zum Teil bewertet werden. Diagnosen wie Unruhezustände, Aggressivität und querulatorische Reizbarkeit, Schlafkur, Neurosen, juckende

Dermatosen lassen sich wohl kaum mit kontrollierten klinischen Studien belegen. Auch psychomotorische Erregung bei älteren Kindern, Keuchhusten, Schlafstörungen bei Kindern sind Indikationen, bei denen eine Verordnung in der Regel nicht positiv zu bewerten ist. Truxal wird entsprechend den so beschriebenen Indikationen weniger bei Psychosen und häufiger bei Neurosen eingesetzt und zwar bevorzugt von älteren Ärzten.

Zusammenfassung

Neuroleptika bewirken eine erhebliche Veränderung von Erleben und Verhalten des Konsumenten im Sinne einer Abschirmung und Dämpfung aktiver Verhaltensweisen und affektiver Ansprechbarkeit, die längerfristig nicht ohne Folgen für die sozialen Beziehungen ist.

Erwünschte wie unerwünschte Wirkungen sind so gravierend, daß für die gesamte Gruppe der Neuroleptika eine strenge Indikationsstellung notwendig ist. Die bisherige Forschung gibt wenige Grundlagen für eine differentielle Indikation, aus der sich die Behandlungsprognose ableiten ließe. Selektive Wirkungen einzelner Neuroleptika konnten nicht exakt nachgewiesen werden. Unumstritten ist kaum eine Indikation. Akute durch produktive Symptome gekennzeichnete Psychosen haben nach den bisherigen Erfahrungen noch die beste Behandlungsprognose, aber auch für die Langzeittherapie von Schizophrenen zur Rezidivprophylaxe lassen sich trotz der Gefahr irreversibler Spätdyskinesien empirisch belegte Argumente nennen. Die Anwendung von Neuroleptika bei nicht psychiatrischen Erkrankungen ist theoretisch nur in Ausnahmefällen sinnvoll, in der Praxis jedoch keineswegs unüblich. Die Zunahme von Neuroleptika-Verordnungen hängt möglicherweise auch mit dem Rückgang der Tranquilizer-Verordnungen zusammen. Vermutlich hat die Veröffentlichung von Berichten über das Suchtpotential der Benzodiazepine einige niedergelassene Ärzte veranlaßt, Benzodiazepine durch Neuroleptika zu ersetzen. Andererseits kann der Anstieg behandelter Psychosen als Ausdruck sich vergrößernder psychiatrischen Krankheitshäufigkeit Ursache des erhöhten Neuroleptika-Verbrauchs sein. Die Analyse der Verordnungspraxis zeigt, daß einige Kriterien rationaler Arzneimitteltherapie erfüllt sind. Präparate mit ähnlicher klinischer Wirkung - die drei untersuchten schwach potenten Neuroleptika - werden, trotz unterschiedlich formulierter Indikation von Herstellerseite, ähnlicher verordnet als hoch und schwach potente Neuroleptika. Präparate mit gleichem Inhaltsstoff von verschiedenen Herstellern zeigen keine signifikanten Verordnungsunterschiede in den untersuchten Variablen. Ein als Tranquilizer angebotenes Langzeit-Neuroleptikum wie Imap wird dagegen eher als Tranquilizer, denn entsprechend seinem Inhaltsstoff eingesetzt, was nicht rational, jedoch mit den Herstellerinformationen erklärbar ist.

Bei Truxal und Melleril ebenso wie bei Imap korrespondiert ein unbegründet weitgefaßter Indikationsbereich des Herstellers mit einer unspezifischen Verordnungspraxis. Es ist zu vermuten, daß das ärztliche Verordnungsverhalten wesentlich mehr durch die Herstellerinformationen als durch wissenschaftliche Sachkenntnis determiniert wird.

Antidepressiva

Verordnungsgrundlagen

Problematik der Definition

»Antidepressiva sind Medikamente, die gegen Depressionen eingesetzt werden. Es handelt sich hier also weniger um eine Klasse von Pharmaka, die sich primär chemisch kennzeichnen läßt, als vielmehr um eine Medikamentenklasse, die nach einer gemeinsamen Wirkung zusammengruppiert ist. Will man also wissen, was Antidepressiva sind, dann muß man zuerst wissen, was Depression ist« (*Linden* und *Manns* 1977, S. 55).

Unter dem Begriff Depression werden eine Vielzahl von Einzeldiagnosen mit unterschiedlichen Erscheinungsbildern subsumiert. In dem Internationalen Klassifikationssystem der Weltgesundheitsorganisation (International Classification of Diseases = ICD) werden z.B. die folgenden Diagnosegruppen genannt:

296	Affektive Psychosen
296.0	Involutionsdepressionen
296.2	Depressionen im Rahmen einer manisch-depressiven Psychose
296.3	Zirkuläre Verlaufsformen einer manisch-depressiven Psychose
296.8	Andere affektive Psychosen
296.9	Nicht näher bezeichnete affektive Psychosen
298.0	Reaktive depressive Psychosen
300	Neurosen
300.4	Depressive Neurosen
300.5	Neurasthenie
301.1	Cyclothyme (thymopathische) Persönlichkeit
790.2	Depression ohne nähere Angaben (ONA)

Das folgende Zitat zeigt, daß auf dem Wege der Definition von Depressionen kaum eine klare Vorstellung davon zu bekommen ist, was Antidepressiva bewirken.

»Depression ist ein Syndrom, das sich in unterschiedlicher Intensität zusammensetzt aus psychischen, psychomotorischen und somatischen Symptomem, sowie den daraus folgenden psychosozialen Konsequenzen. In der Mehrzahl der Fälle klingt das depressive Zustandsbild völlig ab. Es kann jedoch erneut auftreten. Folgestörungen der Persönlichkeit sind nicht zu erwarten.« (*Faust* u.a. 1983, S.9)

In umgekehrter Weise werden aus der Erforschung der biochemischen Wirkung von Antidepressiva Erklärungsmodelle der Depression abgeleitet. Diese Modelle der Depressionsentstehung sind schon deshalb widersprüchlich und hypothetisch, weil recht unterschiedlich wirkende chemische Substanzen vergleichbare antidepressive Wirkungen zeigen. So lassen sich Antidepressiva einmal nach ihrer chemischen Struktur und zum anderen nach ihrer klinischen Wirkungsweise jeweils verschieden eingruppieren.

Pharmakologie und Biochemie

Die Antidepressiva greifen in den Stoffwechsel der biogenen Amine (Überträgersubstanzen im Nervensystem), insbesondere Noradrenalin und Serotonin, ein. In Abhängigkeit von ihrer chemischen Struktur haben sie z.T. entgegengesetzte pharmakologische und biochemische Wirkungen auf die verschiedenen Neurotransmitter, wie die folgende Tabelle zeigt (nach *Beckmann* 1981):

Abbildung 14: Pharmakologische Wirkeigenschaften einiger gebräuchlicher trizyklischer und nicht-trizyklischer Antidepressiva im Vergleich

Antidepressivum	Anticholinerge Wirkung	Noradrealin Potenzierung	Serotonin-Potenzierung	Dopamin-Potenzierung	Gruppe *)
Amitriptylin	+++	–	++	–	1
Nortriptylin	+	++	+	–	1
Imipramin	+	(+)	+	–	1
Desipramin	(+)	+++	–	–	1
Clomipramin	+	(+)	+++	–	1
Maprotilin	+	+++	–	–	2
Viloxazin	(+)	++	–	–	3
Trazodon	–	+ (ZNS?)	Blockade	(+)	3
Mianserin	–	–	Blockade	?	2
Nomifensin	–	+	–	+	3

*) Gruppe 1 = Trizyklische Antidepressiva;
Gruppe 2 = Tetrazyklische Antidepressiva;
Gruppe 3 = Nicht-klassifizierte Antidepressiva

1. Trizyklische Antidepressiva
(z.B. Amitriptylin = Saroten und Doxepin = Aponal)
Die wichtigste Gruppe von Antidepressiva leitet sich von dem 1957 erstmalig beschriebenen Imipramin ab und besteht strukturchemisch ähnlich wie die trizyklischen Neuroleptika (z.B. Phenothiazine wie Truxal) aus Diphenylmethan- oder Diphenylamin-Derivaten.

Bezogen auf ihren Wirkungsmechanismus ist bisher die Hypothese, daß sie durch eine Potenzierung der Neurotransmitter Noradrenalin, Serotonin und/oder Dopamin wirken, durch In-Vitro-Experimente am besten gestützt (vgl. *Beckmann* 1981).

Durch eine präsynaptische Blockierung der Wiederaufnahme von Noradrenalin und Serotonin aus dem synaptischen Spalt wird die Transmitterkonzentration am postsynaptischen Rezeptor erhöht.

Aufgrund des späten Wirkungseintrittes - obwohl der Aminstoffwechsel sofort nach der Antidepressiva-Einnahme verändert wird, tritt der therapeutische Effekt erst nach etwa zwei Wochen ein - wird gefolgert, daß diese Antidepressiva zusätzlich die Empfindlichkeit der postsynaptischen Rezeptoren steigern.

Auch die Wirkung der Elektrokrampf-Behandlung wird mit einer Empfindlichkeitsverbesserung postsynaptischer Rezeptoren sowie über neuroendokrine Mechanismen erklärt. (vgl. arznei-telegramm 6/83, S. 54)

Besonders zu Beginn der Therapie kommt es zu unterschiedlich starken zentralen und peripheren anticholinergen Wirkungen. Während z.B. das stark anticholinerg wirksame Amitriptylin eher die Serotoninwirkung potenziert, verstärkt das schwächer anticholinerg wirkende Desipramin v.a. die Noradrenalin-Wirkung. Entsprechung finden diese experimentell ermittelten Wirkungsunterschiede in klinischen Studien, die zeigen konnten, daß bei einigen depressiven Patienten ein Noradrenalin-Defizit besteht (sog. »Noradrenalin-Depression«), bei anderen ein Serotonin-Defizit (»Serotonin-Depression«). Eine klinische Differenzierungsmöglichkeit dieser beiden - vereinfacht dargestellten - Depressionstypen gibt es allerdings bisher nicht.

2. Tetrazyklische Antidepressiva
(z.B. Maprotilin-Ludiomil und Mianserin = Tolvin)
Diese Gruppe Antidepressiva wurde erst in jüngster Zeit entwickelt und hat strukturchemisch starke Ähnlichkeiten mit der ersten Gruppe, wes-

halb sie von manchen Autoren auch zu einer Gruppe zusammengefaßt werden (z.B. *Benkert* und *Hippius* 1980). Als wesentlicher Unterschied wird die geringe anticholinerge Wirkung beschrieben, durch die seltener Nebenwirkungen auftreten. Im Unterschied zu den meisten anderen Antidepressiva wirkt Mianserin darüber hinaus Serotonin-antagonistisch (s. Abbildung 14 auf S. 106).

3. *Nicht-klassifizierte Antidepressiva* (z.B. Nomifensin = Alival)
Nomifensin, welches als einziges Präparat dieser Gruppe, für die sich keine zusammenfassenden Beschreibungen geben lassen, besprochen werden soll, unterscheidet sich von den bisher genannten Antidepressiva durch seine dopaminerge Wirkung und seine fehlende (bzw. gering ausgeprägte) anticholinerge und serotoninerge Wirkung.

Im Tierversuch bewirkt es eine Steigerung der Spontanaktivität und einen Reserpinantagonismus (Aufhebung verschiedener Reserpin-Wirkungen wie Hypotonie, Katalepsie und Ptosis).

In diese Gruppe gehören auch die in der Therapie bisher eher selten eingesetzten Neurotransmitter-Präkursoren L-Tryptophan und Phenylalanin.

4. *MAO-Hemmer* (z.B. Tranylcypromin = Parnate)
Diese aufgrund ihrer Nebenwirkungen relativ selten verordneten Antidepressiva (sie sind bisher eher Therapeutika der zweiten Wahl bei therapieresistenten Depressionen und werden neuerdings auch mit anderen, z.B. trizyklischen Antidepressiva kombiniert, allerdings erfordert dies eine intensive, am besten stationäre, fachärztliche Betreuung) bewirken eine Potenzierung der Monoaminwirkung dadurch, daß ihr Abbauweg unterbrochen, bzw. der Abbau gehemmt wird. Darüber hinaus potenzieren sie die Wirkung exogen zugeführter Amine (»Tyramineffekt«), weshalb eine bestimmte Diät während der Einnahme empfohlen wird.

Wirkungsweise von Antidepressiva und Depressionsforschung

Eine Reihe von Beispielen zeigt, daß die Theoriebildung über die somatischen Korrelate der Depression eng verknüpft ist mit Hypothesen über die Wirkungsweise von Antidepressiva. Offenbar findet eine Art wechselseitiger Stimulierung der Forschung statt.

Die Serotonin-potenzierende Wirkung einiger antidepressiver Substanzen hat zur Serotoninmangel-Hypothese der Depression (*Benkert* 1979) und zur Anwendung von *L-Tryptophan* - einer direkten Vorstufe des Serotonins - in der Therapie der Depression geführt. Nach den bisherigen Untersuchungen zeigt dieses Medikament (L-5-Hydroxytryptophan = Levothym) nur bei einigen Patienten eine antidepressive Wirkung, möglicherweise nur bei den Patienten, bei denen eine Dysfunktion des serotoninergen Systems zugrunde liegt (vgl. *v. Praag* 1977).

Der in einigen Untersuchungen beschriebene stimmungsaufhellende und antriebssteigernde Effekt von Phenylalanin ist in seiner Wirkungsweise kaum geklärt. Es wird vermutet, daß es im ZNS zu Phenyläthylamin umgewandelt wird, dessen Konzentration in Urin und Liquor endogen Depressiver verschiedentlich erniedrigt war.

Die anticholinerge Wirkung trizyklischer Antidepressiva, die auf einer Blockade cholinerger Muskarin-Rezeptoren zu beruhen scheint (*Snyder* und *Yamamura* 1977), wurde bisher als unerwünscht angesehen.

Die Entwicklung von Präparaten mit schwächerer (z.B. Maprotilin) oder fehlender (z.B. Nomifensin) anticholinerger Wirkung galt daher zunächst als Fortschritt.

Mittlerweile erscheint es jedoch möglich, daß auch Anticholinergika antidepressiv wirken, denn es gibt Hinweise darauf, daß ein Acetylcholin-Anstieg zu Depressionen führt (*Bowers* u.a. 1964) und durch einen Acetylcholinesterase-Hemmer (durch den die Acetylcholinkonzentration sinkt) manische Symptome provoziert werden können (*Janowsky* u.a. 1972). In einer neueren Untersuchung (*Nadi* u.a. 1984) wurde bei Depressiven und ihren Angehörigen eine höhere Dichte cholinerger Muskarin-Rezeptoren der Hautfibroblasten festgestellt.

Unter der Voraussetzung, daß durch die gleichen genetischen Faktoren auch die cholinergen Rezeptoren im Gehirn vermehrt sind, was ungeprüft ist, kann die Hypothese formuliert werden, daß Depressive übersensibel auf cholinerge Stimulation reagieren und daß die anticholinerge Wirkung von Antidepressiva zum therapeutischen Effekt beiträgt (*Snyder* 1984).

Dies würde auch erklären, warum Amitriptylin, das Antidepressivum mit der stärksten cholinergen Wirkung, in Vergleichuntersuchungen die größte antidepressive Wirksamkeit zeigt (*Morris* und *Beck* 1974; *Klein* und *Davis* 1969). Andererseits gibt es eine Reihe effektiver Antidepressiva ohne anticholinerge Wirkung.

Indikation und Klinik

Das klinische Wirkungsprofil der Antidepressiva ist die Grundlage ihrer Einteilung nach dem Drei-Komponenten-Schema von *Kielholz* (1971). Die drei Komponenten sind: *stimmungsaufhellend, antriebssteigernd* und *antriebsdämpfend*. Die Antidepressiva werden nach ihrer therapeutischen Hauptwirkung einem der folgenden Grundtypen zugeordnet:

1. Vorwiegend sedierend, angstlösend oder dämpfend wirkende Antidepressiva vom »Amitriptylin-Typ«,
2. Stimmungsaufhellend, nicht oder leicht aktivierend wirkende Antidepressiva vom »Imipramin-Typ« und
3. Psychomotorisch aktivierend wirkende Antidepressiva vom »Desipramin-Typ«.

Abbildung 15: Vereinfachtes Drei-Komponenten-Schema der Antidepressiva (aus: *Finzen* 1979, S.51)

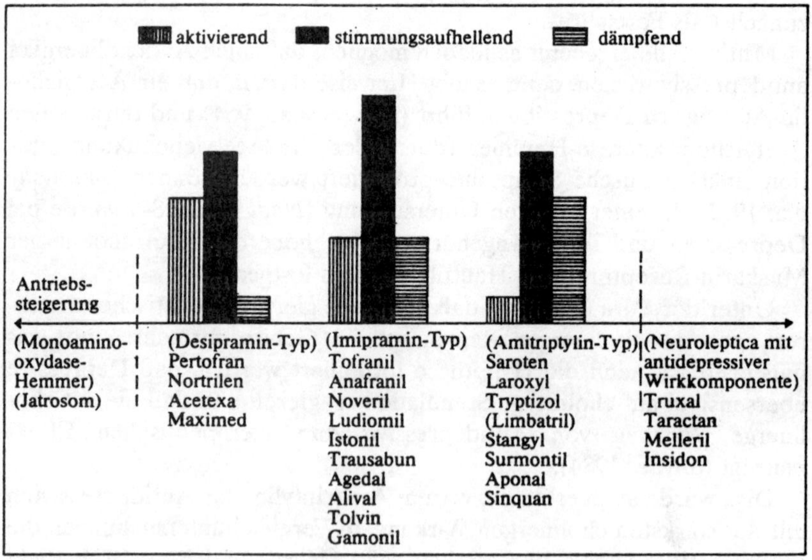

Die recht grobe Einteilung nach diesem Schema, welches inzwischen mehrfach modifiziert wurde, basiert weniger auf kontrollierten klinischen Vergleichsstudien, als vielmehr auf klinischen Eindrücken und biochemischen Hypothesen. Bezüglich der depressions-lösenden Eigenschaften bestehen - anders, als es das Schema nahelegt - keine empirisch gesicherten Differenzen. Als konkrete Orientierungshilfe für die praktische Therapie ist dieses Schema jedoch weit verbreitet. Die Wahl eines Antidepressivums für die Therapie richtet sich nach dem anfangs dominierenden Zielsymptom - also der Phänomenologie der Depression. Den drei Grundtypen der Antidepressiva sind entsprechend drei Zielsyndrome zugeordnet. Faktisch entscheidend in der Akuttherapie ist zunächst die Diagnose der Antriebsstörung (antriebsarm oder agitiert) und die Ausprägung von Angst, psychomotorischer Erregtheit, Suizidalität und Schlafstörungen. Bei starker Ausprägung letzterer Symptome erscheint ein Antidepressivum vom AmitriptylinTyp indiziert; bei nicht so ausgeprägter Antriebsstörung und Suizidalität und evtl. zusätzlichen körperlichen Beschwerden sind Medikamente des zweiten Typs anwendbar, während bei deutlicher Antriebshemmung auch Antidepressiva des dritten Typs eingesetzt werden. Insgesamt richtet sich die Wahl eines Antidepressivums hauptsächlich nach seiner Wirkung auf den Antrieb bzw. nach seiner sedierenden Potenz (*Beckmann* 1981).

Abbildung 16: Zuordnung der Antidepressiva zu einem »Grundtyp« und dessen »Zielsyndrom«

Präparat (Handelsname in Klammern)	Grundtyp	Zielsyndrom
Amitriptylin (z.B.Laroxyl) Doxepin (z.B. Aponal) Trimipramin (Stangyl)	Amitriptylin-Typ	agitiert-ängstliches depressives Syndrom
Clomipramin (Anafranil) Dibenzepin (Noveril) Imipramin (Tofranil) Lofepramin (Gamonil) Maprotilin (Ludiomil) Mianserin (Tolvin) Nomifensin (Alival) Trazodon (Thombran) Viloxazin (Vivalan)	Imipramin-Typ	vital-depressives Syndrom ohne Antriebsstörung
Desipramin (Pertofran) Nortriptylin (Nortrilen) Tranylcypromin (Parnate)	Desipramin-Typ	gehemmt-apathisches depressives Syndrom

(aus: Arzneimittelbrief 4/1982, S. 43)

Die Unsicherheit der Abgrenzung der einzelnen Gruppen wird unter anderem daran deutlich, daß bestimmte Pharmaka mal der einen und mal der anderen Gruppe zugeordnet sind, z.B. wird Mianserin von den einen (*Benkert* und *Hippius* 1980) zum Imipramin-Typ, von anderen zum Amitriptylin-Typ (*Beckmann* 1981) zugeordnet.

Vor der Entscheidung für ein bestimmtes Antidepressivum in Zusammenhang mit dem akut zu behandelnden Zielsyndrom stellt sich allerdings die Frage, ob überhaupt eine medikamentöse Therapie indiziert ist. Hierzu ist eine genaue Diagnose der Entstehungsursachen und eine nosologische Zuordnung der depressiven Symptomatik notwendig. Die Hauptgruppen sind
somatogene, d.h.körperlich begründbare Depressionen,
psychogene, d.h. neurotische oder reaktive Depressionen und
endogene Depressionen, bei denen weder körperliche noch psychosoziale Ursachen bekannt sind.

Bei *endogenen Depressionen* und unter der Voraussetzung einer Amin-Stoffwechselstörung kann die Antidepressiva-Therapie fast als kausale Behandlung angesehen werden (*Faust* u.a. 1983). Allerdings gewinnt in der Behandlung endogener Depressionen - insbesondere in angelsächsischen Ländern - die Elektrokrampfbehandlung wieder zunehmend an Bedeutung und gilt zum Teil als Therapie der Wahl. Neuere Vergleichsuntersuchungen postulieren ihre Überlegenheit gegenüber Antidepressiva in bezug auf Erfolgsquoten, Therapiedauer und Nebenwirkungen (vgl. *Crowe* 1984). Im deutschsprachigen Raum wird die medikamentöse Behandlung eindeutig bevorzugt. Elektrokrampfbehandlung wird in der Regel erst nach fehlgeschlagenen anderen Behandlungsversuchen angewendet mit Ausnahme der schweren Depressionen mit höchster Suizidgefahr.

Bei *psychogenen Depressionen* sind Antidepressiva nur unter besonderen Bedingungen als Mittel zweiter Wahl oder zusätzlich indiziert. Zuerst sind hier psycho- oder soziotherapeutische Maßnahmen erforderlich.

Bei den *somatogenen Depressionen* ist die Behandlung der Grunderkrankung, in deren Folge sich die Depression entwickelt hat, die kausale Therapie. Nach ihrer gezielten internistischen Behandlung, der Ausschaltung von Noxen oder Depression-auslösenden Medikamenten, können jedoch auch hier zusätzlich Antidepressiva therapeutisch sinnvoll sein.

Bei allen Depressionsformen können demnach sowohl Medikamente als auch Psycho- und Soziotherapie sowie die Behandlung körperlicher Erkrankungen notwendig sein, so daß die Diagnose keine der drei Behandlungsmaßnahmen ausschließt, sondern lediglich über den Stellenwert jeder Maßnahme im Gesamtbehandlungsplan entscheidet. Die Abbildung 17 macht diesen Sachverhalt deutlich.

Abbildung 17: Schema zur Therapie der Depression
(aus: *Bauer* u.a. 1980, S. 263; nach *Kranz* 1970)

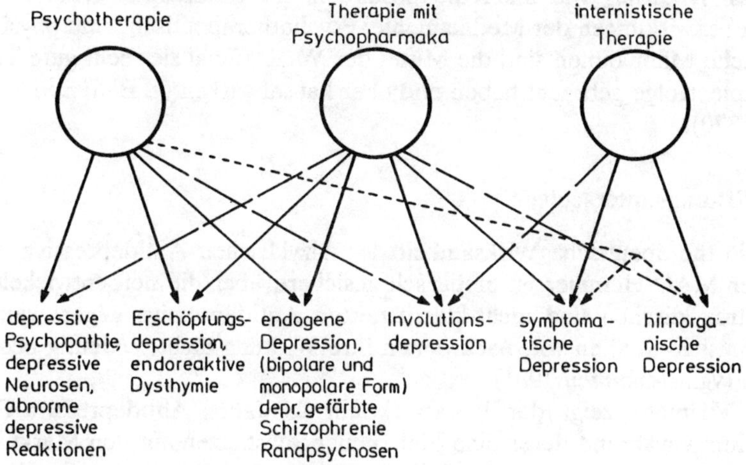

In Anbetracht der schwierigen und meist unsicheren Diagnostik und der Zunahme von Depressionen und ihrer Behandlung durch niedergelassene Ärzte erscheint ein mehrgleisiger Behandlungsplan in jedem Fall notwendig. Weder ist eine gute Depressionsbehandlung ohne Psychotherapie denkbar (»Jeder Arzt, der Antidepressiva gibt, ist zu einer psychotherapeutischen Betreuung seiner Patienten verpflichtet«, Arzneimittelbrief 16. Jg., Heft 4,1982), noch kann auf eine gründliche internistische Untersuchung und gegebenenfalls Therapie bestehender Beschwerden verzichtet werden (was der Trend zu zu häufig diagnostizierten larvierten Depressionen nur unterstreicht, vgl. *Faust* u.a. 1983).

Die Therapie von *Depressionen bei Schizophrenie* und anderen psychiatrischen Erkrankungen erfordert besondere Vorsicht und Fachkenntnis (eine Provokation schizophrener Symptome durch Antidepressiva ist möglich); eine Kombination von Antidepressiva und Neuroleptika kann hier sinnvoll sein (*Benkert* und *Hippius* 1980, S. 28).

Bei stark ausgeprägter innerer Unruhe, Angst, Spannung und Agitation kommen zunächst Neuroleptika mit einer leicht antidepressiven Komponente in Frage, bei Fortbestehen der Depression evtl. in Kombination mit einem Antidepressivum (vgl. *Faust* u.a. 1983, S. 281).

Eine aus dem Rahmen fallende Indikation ist die Anwendung von Antidepressiva zur Behandlung des nächtlichen Einnässens bei Kindern. Dagegen spricht sowohl die in der Regel psychosoziale Genese des Syndroms wie auch die besonders im Kindesalter gefährlichen Nebenwirkungen der Medikamente. Psychotherapeutische und physikalische Maßnahmen sind die Mittel der Wahl, zumal sie recht gute Therapieerfolge gebracht haben und eher kausal wirken (z. B. *Simon* 1976, S. 370).

Wirkungsunterschiede

Die therapeutische Wirksamkeit der trizyklischen Antidepressiva und der MAO-Hemmer ist empirisch gesichert, über die neu entwickelten tetrazyklischen und nicht-klassifizierten Antidepressiva liegen wenige klinische Studien vor, nach denen ihre Wirkung nicht eindeutig besser ist (vgl. *Beckmann* 1981).

Vielmehr zeigt der Rückblick auf 25 Jahre Antidepressiva-Forschung, während derer eine Fülle neuer Substanzen auf den Markt kamen, das ernüchternde Ergebnis, daß es nach wie vor kein wirksameres Mittel gibt als das klassische Imipramin. Die bessere Verträglichkeit einiger neu entwickelter Substanzen ist meist verbunden mit einer geringeren antidepressiven Wirksamkeit, so daß sie sich in der Behandlung schwerer depressiver Erkrankungen nicht durchsetzen konnten (vgl. Arzneimittel-telegramm 6/1983, S. 57).

Aus der bisherigen Forschung ergeben sich für die Praktiker kaum Hinweise auf eine differentielle Indikation spezifischer Präparate, wie der Literaturüberblick von *Woggon* (1983) zeigt. Für Antidepressiva konnten ebensowenig wie für Neuroleptika reproduzierbare Wirkungsunterschiede zwischen verschiedenen Substanzen herausgearbeitet werden. Auch ist es kaum gelungen, spezifische Merkmale (Prädiktoren) zu finden, aufgrund derer sich ein Therapieerfolg bei Einnahme eines bestimmten Medikamentes vorhersagen ließe (vgl. *Woggon* 1983, S. 4).

In der von *Woggon* durchgeführten Untersuchung zeigte von 34 vor Behandlungsbeginn erhobenen Patienten-Merkmalen lediglich der Ausgangsbefund einen relativ stabilen Zusammenhang mit dem Therapieerfolg, das heißt je stärker die depressive Symptomatik zu Anfang, umso stärker die im Behandlungsverlauf zu beobachtende Rückbildung. Aus diesem Ergebnis ergeben sich jedoch keine (be)handlungsrelevanten Konsequenzen, wobei die Autorin keine neurophysiologischen, biochemischen und testpsychologischen Faktoren einbezieht (*Woggon* 1983, S.82).

Werden trizyklische Antidepressiva hingegen bei endogenen Depressionen in der Annahme der kausalen Therapie einer Aminstoffwechselstörung eingesetzt, erscheint es sinnvoll, zunächst diesen biochemischen Defekt zu diagnostizieren, um dann das geeignete und spezifisch wirksame Antidepressivum auszuwählen.

Da die Anwendung biochemischer Indikatoren zu besseren Behandlungsergebnissen führen könnte, sollen diese Möglichkeiten kurz dargestellt werden, obwohl hinreichend kontrollierte große klinische Studien bisher fehlen.

1. Durch Messung der Konzentration von 5-Hydroxyindolessigsäure (5-HIES) im Liquor ergeben sich Hinweise auf Serotonin-Stoffwechsel-Störungen. Patienten mit niedriger Konzentration sprachen auf eine Behandlung mit einem serotoninpotenzierenden Antidepressivum (Clomipramin) besser an, als Patienten mit höherer Konzentration.
2. Durch Messung der Ausscheidung von MHPG (3-Methoxy-4-hydroxyphenylglycol), einem Stoffwechselprodukt des Noradrenalins, lassen sich Störungen im Noradrenalin-Stoffwechsel diagnostizieren und spezifisch behandeln: Bei niedriger MHPG-Ausscheidung sind die Therapieeffekte von Noradrenalin-potenzierenden Antidepressiva höher als bei normaler Ausscheidung.
   Da die 5-HIES und die MHPG in einer reziproken Beziehung stehen, reicht die Messung der letzteren aus, um ein geeignetes Antidepressivum auswählen zu können. (vgl. zusammenfassend *Beckmann* 1981; *Beckmann* und *Goodwin* 1975; *Cobbin* u.a. 1979; *Goodwin* u.a 1978)
3. Eine dritte Möglichkeit besteht in der Anwendung des Dexamethason-Hemmtests, denn es gibt Hinweise, daß die Reaktion auf den Test - Hemmung der Cortisolsekretion oder nicht - das Ansprechen auf ein mehr Serotonin-potenzierendes oder mehr Noradrenalin-potenzierendes Antidepressivum voraussagen könnte. Es scheint, daß Respon-

der - mit Hemmung der Cortisolsekretion im Test - besser auf Serotonin-potenzierende Antidepressiva ansprechen und Non-Responder eher auf Noradrenalin-potenzierende Antidepressiva reagieren. Die therapeutische Wirksamkeit bei Antidepressiva mit gleicher Wirkung auf Noradrenalin und Serotonin war bei beiden (Responder und Non-Responder) gleich (*Fraser* 1983).

Die Anwendung der genannten Prädikatoren bleibt jedoch zunächst der Forschung vorbehalten und ist in der Praxis niedergelassener Ärzte noch nicht möglich und sinnvoll. Aus gutem Grund könnten sich die Ärzte daher auf die Verordnung eines langerprobten Antidepressivums beschränken, wie z.B. *Finzen*, der in seiner Klinik nur Amitryptilin einsetzt (vgl. *Finzen* 1979).

Nebenwirkungen und Kontraindikationen

Die unerwünschten Wirkungen der Antidepressiva, die im folgenden kurz zusammengefaßt sind, sollten zur Zurückhaltung bei ihrer Verordnung führen. Da eine Intoxikation mit Antidepressiva lebensgefährlich ist, ist insbesondere bei Suizidgefahr die Verordnung kleiner Packungen bei häufigen Konsultationen ratsam.

Unerwünschte Wirkungen der Antidepressiva

- *vegetativ*: (vorwiegend anticholinerger Natur) Mundtrockenheit, Akkodomationsstörungen, Gefahr des Glaukomanfalls, Obstipation, Miktionsstörungen mit Gefahr der Harnsperre, Hyperpyrexie, Schwitzen.
- *kardiovaskulär:* Hypotonie mit sekundärer Tachycardie, Arrythmie, kardiotoxische Wirkungen (Rhythmus- und Erregungsleitungsstörungen, Myocardinsuffizienz bei vorgeschädigtem Herzen) - Todesfälle auch jugendlicher Patienten unter der Therapie sind berichtet ; deshalb sind regelmäßige EKG-Kontrollen notwendig.
- *zentral:* Sedierung, Schwindel, beeinträchtigtes Reaktionsvermögen, Unruhe, Parästhesien, Unruhe, Myoklonien, Verwirrtheitszustände bis zum Delir, Konvulsionen, Schlafstörungen, Heißhunger und starke Gewichtszunahme.
- *sonstige:* Amenorrhoe, Libido- und Potenzverluste, Eosinophilie, Leukopenie, Agranulozytose (selten!).

(vgl. *Schönhofer* und *Stock* 1979; *Wellhöner* 1976; *Benkert* und *Hippius* 1980)

Die *Kontraindikationen* ergeben sich vor allem aus den anticholinergen Wirkungen: Glaukom, Pylorusstenose, Prostatahypertropie, Harnverhalt.

Die antriebssteigernde Wirkung vieler Antidepressiva läßt sie bei akuter Suizidgefahr - zumindest als isolierte Verordnung - kontraindiziert erscheinen.

Weitere Kontraindikationen ergeben sich aus den vielfältigen möglichen Wechselwirkungen mit anderen Medikamenten, die an dieser Stelle jedoch nicht im einzelnen aufgezählt werden sollen (vgl. z.B. transparenz-telegramm 1980, S. 380).

Eine wichtige Kontraindikation, die zur Vorsicht gegenüber Verordnungen an Frauen im gebärfähigen Alter veranlassen sollte, ist Schwangerschaft im ersten Drittel.

Dosierung und Behandlungsdauer

Zur Entfaltung ihrer therapeutischen Wirkung müssen Antidepressiva ausreichend lange in ausreichender Dosis gegeben werden. Bei Unterdosierung wirken sie nicht antidepressiv, bei Überdosierung treten vermehrt Nebenwirkungen auf. Die optimale Dosierung muß jeweils individuell herausgefunden werden. Eine lineare Beziehung zwischen Dosis, Blutspiegel und klinischer Wirkung konnte bisher nicht gefunden werden, so daß Plasmaspiegelkontrollen zur Beurteilung nicht ausreichen. Für Imipramin und Amitriptylin liegt die wirksame Dosis zwischen 50 und 600 mg pro Tag, wobei es sich empfiehlt, mit niedriger Dosis zu beginnen und bei mangelndem Therapieerfolg die Dosis zu erhöhen, bevor man auf ein anderes Präparat wechselt.

Unterdosierung scheint der häufigste Grund für mangelnde Behandlungserfolge mit Antidepressiva zu sein (*Hollister* 1978, S. 102; *Bauer* u.a. 1980, S. 269). So erhielten nach einer britischen Untersuchung etwa drei Viertel der ambulant erstmalig wegen Depression behandelten Patienten weniger als 75 mg eines trizyklischen Antidepressivums, d.h. eine Dosis, die mit großer Wahrscheinlichkeit unterhalb der therapeutischen Schwelle lag (*Johnson* 1974).

Die Therapiedauer muß mindestens drei Wochen betragen, bevor über die Wirksamkeit entschieden werden kann. Nach Wirkungseintritt wird das Medikament bis zum Verschwinden der letzten Symptome gegeben und nach Besserung langsam über Wochen abgesetzt. Bei wiederholten depressiven Phasen erscheint eine Erhaltungstherapie von mindestens sechs Monaten indiziert.

Die Rückfallhäufigkeit, die nach einer Übersicht von *Kessler* (1978) bei verschiedenen Depressionsformen innerhalb eines Jahres etwa 64 Prozent beträgt, konnte durch kontinuierliche Medikamentengabe (Trizyklika) erheblich gesenkt werden (vgl. auch *Hempel* und *Kittel* 1982), der prophylaktische Wert der trizyklischen Antidepressiva ist durch einige Studien belegt (*Kay* u.a. 1970; *Mindham* u.a. 1973; *Paykel* u.a. 1975). Die Untersuchung von *Schüssler* u.a. (1984) bei 17 Berliner Nervenärzten zeigt, daß ein Viertel der Patienten, die von niedergelassenen Ärzten mit Antidepressiva behandelt werden, über ein Jahr antidepressiv behandelt wird. Im Vergleich zu Patienten, die weniger als drei Monate behandelt wurden, sind sie älter, haben eine längere spezifische Anamnese und sind aktuell weniger depressiv. Keine Unterschiede bestanden hinsichtlich der Häufigkeit der Diagnose »endogene Depression« in beiden Gruppen. Etwa vier Fünftel der Patienten litten unter psychogenen Depressionen - bei kurzzeitig behandelten waren mehr reaktive Depressionen, bei den langzeitig behandelten mehr neurotische Depressionen und Persönlichkeitsstörungen diagnostiziert worden. Offenbar wird die Entscheidung für eine Langzeitbehandlung in Abhängigkeit von der Krankheitsentwicklung über einen längeren Zeitraum und evtl. nach mehreren kurzzeitigen Behandlungen getroffen und nicht aufgrund einer bestimmten Diagnose.

Kombination mit anderen Psychopharmaka

Grundsätzlich sollten Depressionen nur mit einem Pharmakon behandelt werden (*Huber* 1981; *Bauer* u.a. 1980). Kombinationstherapien beinhalten in der Regel mehr Risiken, sind schwieriger zu beurteilen und sollten deshalb nur in Ausnahmefällen angewandt werden. Relativ verbreitet ist die *Kombination mit einem Tranquilizer*, insbesondere zu Beginn der Therapie, wenn der antriebssteigernde vor dem stimmungsaufhellenden Effekt einsetzt. Auch die Kombination mit *Hypnotika und Sedativa* zur separaten Behandlung der Schlafstörungen ist üblich. Oft kann jedoch durch Wahl eines sedierenden Antidepressivums und Gabe der Hauptdosis am Abend auf die zusätzliche Gabe von sedierenden oder schlafanstoßenden Präparaten verzichtet werden.

Die *Kombination von Antidepressiva* mit unterschiedlicher Wirkungsweise (z.B. Clomipramin und Maprotilin oder Amitryptilin und Tranylcypromin) ist nur unter speziellen Bedingungen sinnvoll, d.h. z.B. in der Behandlung bisher therapieresistenter Depressionen, und sollte dann durch den Facharzt erfolgen.

Die *Kombination von Antidepressiva mit Neuroleptika* in der sog. »Zweizügel-Therapie«, in der die Arzneimittelinteraktion therapeutisch genutzt wird, ist bei Depressionen nach den bisher nur vereinzelt vorliegenden Untersuchungen einer Monotherapie mit Antidepressiva keineswegs überlegen (vgl. zusammenfassend *Möller* u.a. 1984). Eine klare Indikation besteht nur bei depressiven Schizophrenen, bei denen eine Monotherapie mit Antidepressiva eine Provokation psychotischer Symptome verursachen könnte.

Kombination von Antidepressiva mit Tranquilizern

Zu Beginn der antidepressiven Behandlung und zur akuten Krisenintervention sowie zur Schaffung einer schnellen Entlastung von Ängsten und quälender Unruhe hat die zusätzliche Gabe von Tranquilizern anerkanntermaßen einen therapeutischen Sinn. Mit Einsetzen der antidepressiven Wirkung sollten die Tranquilizer wieder abgesetzt werden. Denn für eine kontinuierliche wochenlange Kombination auch in niedriger Dosierung gibt es nicht nur keine wissenschaftlich belegbaren Argumente, sondern eine Reihe von Beispielen, die die Unzweckmäßigkeit und Gefährlichkeit einer solchen Kombinationstherapie belegen.
»Bei einigen depressiven Verläufen gewinnt man tatsächlich den Eindruck, daß permanent verabreichte und später auch vom Patienten geforderte Benzodiazepine depressionsunterhaltend wirken können. Hierdurch bedingte prolongierte Verläufe oder die depressive Ausgangskrankheit nicht nur verschleiernde, sondern auch entdifferenzierende dysthyme Intermediärbilder bestimmen leider zunehmend den klinischen Alltag.« (*Böning* 1982, S. 173)

Kombinationspräparate

Kombinationspräparate von Benzodiazepinen und Antidepressiva werden, wie das Beispiel Limbatril (Amitriptylin und Chlordiazepoxid) zeigt, insbesondere an ambulante Patienten oft aus Gründen der

Bequemlichkeit und der vermuteten besseren compliance verordnet. Unter wissenschaftlichen Gesichtspunkten sind solche Kombinationen therapeutisch *nicht zweckmäßig*. Denn fixe Kombinationen erlauben keine nach Dosis und Zeit voneinander unabhängige und individuelle Variation der beiden Medikamententypen. Die Bestimmung der optimalen individuellen Dosierung, welche bei Antidepressiva sowieso schwierig ist, wird dadurch erheblich erschwert. Darüber hinaus spricht die Gefahr einer Benzodiazepin-Abhängigkeit für eine nur kurzfristige und möglichst gering dosierte Benzodiazepin-Behandlung.

Die Kombination mit einem Neuroleptikum (z.B. Amitriptylin plus Perphenazin = Longopax) ist ebenfalls negativ zu bewerten (vgl. auch *Greiser* 1983), nicht nur weil eine individuelle Dosierung von Antidepressivum und Neuroleptikum damit nicht möglich ist, sondern auch wegen der unerwünschten Wirkungen des Neuroleptikums und der möglichen Entwicklung von Spät-Dyskinesien nach Langzeitbehandlung.

Zusammenfassende Bewertung

- Es gibt keine Depressionsdiagnose, bei der eine Behandlung mit Antidepressiva nicht indiziert sein könnte.
- Bis auf die akute Intoxikation mit Alkohol, Analgetika oder Psychopharmaka, Harnverhalt, Pylorusstenose, Schwangerschaft im ersten Drittel, gibt es wenige eindeutige Kontraindikationen. Stattdessen bestehen eine Reihe relativer Kontraindikationen, die sich aus den erheblichen unerwünschten Wirkungen ergeben und strenge internistische Kontrolluntersuchungen während der Therapie verlangen.
- Eine psychotherapeutische Behandlung oder zumindest Betreuung ist bei jeder Depressionsform notwendig, ebenso eine gründliche körperliche Untersuchung zum Ausschluß organischer Ursachen und Komplikationen.
- Die längerfristige, ausreichend dosierte Monotherapie ist jeder Kombinationstherapie vorzuziehen. Nur in Ausnahmefällen läßt sich eine Kombination nicht vermeiden: Mit Neuroleptika bei Schizophrenie und mit Tranquilizern zu Beginn der Therapie bei akuter Suizidneigung und erheblicher Agitation.
- Kombinationspräparate sind in keinem Fall therapeutisch sinnvoll.

- Die größte therapeutisch - antidepressive Wirksamkeit besitzen die trizyklischen Antidepressiva, zu denen es insbesondere bei schweren Depressionen bisher keine Alternative gibt.
- Unterschiede zwischen Antidepressiva, die eine differentielle Indikation begründen könnten, beziehen sich vor allem auf die sedierende oder aktivierende Wirkung und auf die Art und Ausprägung der unerwünschten Wirkungen, sind jedoch empirisch nicht ausreichend gesichert.

Verordnungspraxis von Antidepressiva

Diagnosen

Die wichtigsten beiden Diagnosen, mit denen die Verordnung von Antidepressiva begründet wird, sind »depressive Psychose« oder auch »endogene Depression« und »Depressionen ohne nähere Angaben«, sie wurden 1983 eine Million bzw. 1,4 Millionen mal genannt. Der Vergleich der Praxis 1980 und 1983 zeigt, daß der Anstieg der Verordnungen von Mono- und Kombinationspräparaten einherging mit einer Zunahme dieser beiden Diagnosen. Die Häufigkeit der übrigen Diagnosen, wie auch ihre prozentuale Verteilung auf die Gesamtverordnungen blieb im Untersuchungszeitraum relativ konstant. Läßt man nun alle unspezifischen Diagnosen weg und betrachtet nur die, die sich auf Depressionen beziehen und in das eigentliche Indikationsspektrum fallen, so verbleiben fünf Diagnosen (s. folgende Abbildung)

Abbildung 18: Die medikamentöse Behandlung von Depressionen 1980 und 1983 (nach VIP)

Diagnosen ICD Nr.		(in Tausend) Häufigkeit der Diagnose		Anzahl VO bei d. Diagnose		VO pro Diagnose		% aller VO bei der Diagnose N5A*		N6A		N6C		N5B	
		1980	1983	1980	1983	1980	1983	1980	1983	1980	1983	1980	1983	1980	1983
296.0	Involutionsmelancholie	487	544	706	760	1,45	1,40	30	30	32	32	12	12	8	13
296.2	depressive Psychose	1.888	2.146	2.962	2.962	1,36	1,33	46	35	33	36	12	13	8	9
298.0	reaktive depressive Psychose	340	403	437	513	1,29	1,27	43	42	27	27	12	12	7	10
790.2	Depression ONA	3.523	4.015	4.432	4.928	1,26	1,23	41	39	26	29	11	13	7	8
300.4	Depressive Neurose	938	1.077	1.139	1.259	1,21	1,18	48	44	22	23	12	15	7	8

* in dieser Spalte sind Tranquilizer und Neuroleptika zusammengefaßt
N6A: Antidepressiva, Monopräparate
N6C: Antidepressiva, Kombinationspräparate
N5B: Hypnotika, Sedativa

Mit ihnen werden 1983 64 Prozent der Verordnungen von Monopräparaten und 59 Prozent der Verordnungen von Kombinationspräparaten begründet. Der Vergleich mit 1980 zeigt eine relative Zunahme dieser spezifischen Diagnosen und damit einen Trend zu rationalen Verordnungen von Antidepressiva. Diesem Trend entsprechend sinkt auch die durchschnittliche Anzahl von Verordnungen pro Diagnose durchgehend ab. Gleichwohl irrational ist die Tatsache, daß auch noch 1983 bei jeder Diagnose einer Depression in der Regel mehr als ein Medikament verordnet wird und ebenso irrational ist, daß mehr als ein Drittel aller Verordnungen von Antidepressiva mit Diagnosen begründet werden, die nicht in den eigentlichen Indikationsbereich fallen.

Die medikamentöse Behandlung von Depressionen

Von allen Medikamenten, die zur Behandlung der fünf wichtigsten Depressionsformen verordnet wurden, waren weniger als die Hälfte Antidepressiva. Tranquilizer wurden nahezu genauso häufig zur Behandlung von Depressionen eingesetzt. Auch Neuroleptika spielen in der Depressionsbehandlung durch niedergelassene Ärzte eine bedeutende Rolle. Sie wurden etwa gleichhäufig wie Kombinationspräparate von Antidepressiva verordnet. 1983 wurden im Vergleich zu 1980 etwas weniger Tranquilizer, dafür jedoch etwas mehr Schlafmittel verordnet (1980 sieben bis acht Prozent Hypnotika und Sedativa, 1983 waren es neun bis zehn Prozent). Möglicherweise erschien es so manchem Arzt ratsam, auf die ins Kreuzfeuer der öffentlichen Kritik geratenen Tranquilizer zugunsten von Schlafmitteln zu verzichten. Für die depressiven Patienten bedeutete das meist keinen Fortschritt, sie wurden dadurch nicht rationaler oder anders behandelt, sondern lediglich mit einem anderen Benzodiazepin - vielleicht sogar mit verlängerter Halbwertzeit. Zweifellos positiv für die Patienten dürfte sich jedoch die sinkende Anzahl pro Diagnose verordneter Medikamente ausgewirkt haben. Das kann als Ausdruck eines rationaleren Verordnungsverhaltens gewertet werden.

Mitverordnungen

Für eine Arzneimittelgruppe, die in der Regel allein und nur in akuten oder besonders schweren Fällen mit anderen kombiniert verordnet werden sollte, werden Antidepressiva erstaunlich häufig mit anderen Psychopharmaka zusammen verordnet (1983 fast zwei Millionen mal, d.h. bei 40 Prozent der Verordnungen).

Wenn man berücksichtigt, daß es sich ausschließlich um ambulante Patienten handelt, die größtenteils über längere Zeit behandelt werden, so sprechen diese Zahlen gegen eine überwiegend rationale Depressionsbehandlung. Allerdings zeigt sich auch hier ein begrüßenswerter Trend, 1983 mehr Antidepressiva allein zu verordnen als 1980. Bei den mitverordneten Präparaten sind Tranquilizer und Neuroleptika am häufigsten, gefolgt von Hypnotika/Sedativa. Die Kombination verschiedener Antidepressiva scheint etwas zuzunehmen, was eine Folge von mehr Veröffentlichungen über erfolgreiche Kombinationsbehandlungen sein könnte. Da die Anwendung von Kombinationspräparaten eigentlich generell nicht zu empfehlen ist, ist auch ihre Mitverordnung in der Regel nicht sinnvoll.

Erst- und Folgekonsultationen

Die meisten Depressionsformen werden bei Folgekonsultationen behandelt, also längerfristig (s. Abbildung A21 im Anhang), nur bei etwa 20 Prozent erfolgt die Verordnung bei der Erstkonsultation und Diagnosestellung. Einzige Ausnahme ist die reaktive depressive Psychose, bei der ein Drittel der Patienten das erste Mal vom Arzt behandelt wird.

Bei Antidepressiva, die erst nach mehrwöchiger Anwendung ihre therapeutische Wirkung entfalten, entspricht eine hohe Rate von Folgekonsultationen (80 Prozent) den theoretischen Erwartungen. Leider läßt sich den Daten nicht entnehmen, wieviele Folgekonsultationen durchschnittlich erfolgen und wieviele Patienten kurzfristig (über Wochen bis Monate) und wieviele langfristig (über Jahre) mit Antidepressiva behandelt werden.

Häufigkeit der Depression

Eine Studie an klinisch gesunden Erwachsenen und Jugendlichen in der BRD ergab:

Mehr als jeder zweite Befragte war gelegentlich bedrückt, mehr als jeder dritte niedergeschlagen, jeder vierte bis fünfte mitunter freudlos oder resigniert. Über gewisse Zeiten mit traurigen Verstimmungen zu kämpfen, hatte jeder zehnte, über Wochen oder gar Monate quälend schwermütig waren nach eigenen Angaben rund drei Prozent aller Befragten (*Wolfersdorf* u.a. 1983, S. 26).

Die Weltgesundheitsorganisation schätzt die Anzahl depressiv Kranker weltweit auf drei bis fünf Prozent. Nach einer Umfrage von 1973 in verschiedenen westeuropäischen Ländern leiden etwa zehn Prozent der Patienten, die einen praktizierenden Arzt konsultieren, an Depressionen. Damit gehören Depressionen zu den häufigsten Erkrankungen in der Praxis. Ca. 90 Prozent der depressiv Kranken werden von niedergelassenen Ärzten behandelt, nur ein kleiner Teil wird an Psychiater oder in stationäre Behandlung überwiesen, wobei es sich hier vorwiegend um Patienten mit schweren psychotischen Depressionen handelt. Während nach einer Untersuchung von *Dilling* (1977) fast die Hälfte der beim Nervenarzt behandelten depressiven Patienten unter endogenen Depressionen (47 Prozent) leidet, waren es beim Allgemeinpraktiker nur ein Fünftel (21 Prozent), dafür überwogen dort reaktive/neurotische Depressionen.

Der Trend zur Zunahme von Depressionen in der Weltbevölkerung (*Pfeiffer* 1971) wird u. a. auf die längere Lebensdauer, stärkere psychosoziale Umweltbelastungen, chronische organische Erkrankungen und exzessiven Medikamentenmißbrauch zurückgeführt. Zunehmend werden Medikamente, die eine Neigung zu depressiven Verstimmungen zu intensivieren vermögen oder sogar auslösen, als Ursachen für den allgemeinen Anstieg von Depressionen genannt (z.B. *Faust* u.a. 1983, S. 9).

Andererseits scheint auch die Bereitschaft zuzunehmen, sich, insbesondere bei Depressionen, behandeln zu lassen, da sie im Laienverständnis als die »gesellschaftsfähigste psychische Krankheit« gilt (*Faust* u.a. 1983). Hinzu kommt, daß die weit überwiegende Mehrzahl der Betroffenen Frauen sind (ca. 80 Prozent), die sowieso eine geringere Behandlungsschwelle haben.

Patientinnen und Patienten

Die Häufigkeit behandelter Depressionen bei alten Menschen ist erschreckend hoch. Allein drei Viertel aller depressiven Psychosen wurden bei den über 65jährigen diagnostiziert (s. Abbildung A21 im Anhang). Von allen Antidepressiva bekamen sie gut ein Drittel verordnet.

Die unter 20jährigen Kinder und Jugendlichen erhielten dagegen »nur« vier Prozent aller Antidepressiva - immerhin 171.000 Verordnungen pro Jahr.

Über die soziale Lebenssituation der Patienten geben die vorliegenden Daten keine Auskunft. Lediglich die Zugehörigkeit zur Krankenkasse bietet eine recht grobe Klassifizierung. Als Trend fällt auf, daß die leichteren Diagnosen wie »depressive Neurose« und »Depression ohne nähere Angaben« häufiger bei Privatpatienten und seltener bei Patienten der RVO-Kassen gestellt werden, während umgekehrt die schwereren, den Psychosen zugeordneten Depressionen besonders häufig bei Patienten der RVO-Kassen und weniger bei Ersatzkassen und privat versicherten Patienten diagnostiziert wurden (s. Abbildung A21 im Anhang). Dieses bestätigt Untersuchungen des wissenschaftlichen Instituts der Ortskrankenkassen (WIdO 1984), nach denen in den RVO-Kassen mehr Kranke, insbesondere schwer und chronisch Kranke versichert sind.

Ärztinnen und Ärzte

Nur ein Drittel aller Antidepressiva wird von Nervenärzten und Psychiatern verordnet, fast zwei Drittel von Praktikern und Internisten. Alle übrigen Facharztgruppen zusammen verordnen etwa vier Prozent der Antidepressiva. Entsprechend werden auch etwa zwei Drittel der Depressionsdiagnosen von Praktikern und Internisten gestellt. Zu erwarten wäre, daß die letzteren vorwiegend leichtere unspezifische Depressionen behandeln, während die Nervenärzte mehr schwere Depressionen aus dem Bereich der Psychosen behandeln. Im Hinblick auf »Involutionsmelancholie« und »reaktive depressive Psychosen« bestätigen die Daten diese Erwartung, bezogen auf die besonders häufigen »depressiven Psychosen«, jedoch nicht: sie werden überwiegend - in mehr als zwei Drittel aller Fälle - nicht von Nervenärzten behandelt (s. Abbildung A22 im Anhang), sondern von Praktikern und Internisten. Noch häufiger behandeln diese (allerdings erwartungsgemäß) »depressive Neurosen« und »Depressionen ohne nähere Angaben«.

Beim Vergleich der Anzahl verordneter Medikamente pro Diagnose fällt wie in den vorangehenden Kapiteln auf, daß die Nervenärzte immer deutlich mehr Medikamente verordnen als ihre Kollegen dies bei der gleichen Diagnose tun (s. Abbildung A22 im Anhang). Auch die von

1980 bis 1983 abnehmende Verordnungsmenge pro Diagnose zeigt sich bei Praktikern und Internisten deutlicher als gerade bei den Nervenärzten. Bei ihnen scheinen Medikamente einen überaus hohen Stellenwert einzunehmen. Ob dies durch erheblich schwerere Depressionen bei ihren Patienten gerechtfertigt ist, läßt sich den Daten leider nicht entnehmen.

Kombinationspräparate - beispielhafte Irrationalität

Es gibt gute Gründe, Kombinationspräparate von Antidepressiva und anderen psychotropen Substanzen generell nicht anzuwenden. Im Bewertenden Arzneimittel-Index (*Greiser* 1983) werden alle untersuchten Präparate negativ bewertet, so auch das bekannteste - das Limbatril.

Das Beispiel Limbatril:

Das Limbatril (fixe Kombination aus Amitriptylin und Chlordiazepoxid) ist nicht nur das marktbeherrschende Kombinationspräparat unter den Antidepressiva, sondern das am häufigsten verordnete Antidepressivum überhaupt, und zwar nicht nur von Praktikern und Internisten, sondern auch von Neurologen. Offenbar hat die Information von Seiten der Pharma-Industrie, hier der Firma Hoffman LaRoche, einen stärkeren Einfluß auf das Verordnungsverhalten als die von wissenschaftlicher Seite geäußerten kritischen Stellungnahmen, Warnungen und negativen Bewertungen. Als »Limbatril-Depressionen« beschreibt *Böning* aus der klinischen Praxis

»›pseudo-chronisch‹ endogene Depressive, die über Jahre (!) regelmäßig bis zu über 400 mg Amitryptilin und entsprechend 160 mg Chlordiazepoxid nehmen ›mußten‹ und erst nach qualvollen Wochen der Abstinenzphase remittierten. Wahrscheinlich mischen sich in der Pathogenese dieser ›Limbatril-Depressionen‹ Faktoren der Abhängigkeitsentwicklung mit dem Umstand, daß langfristig und hochdosiert gegebene Antidepressiva nicht selten selbst einen Zustand chronischer Depressivität und Adynamie hervorrufen, der als pharmakogenes depressives Psychosyndrom zu deuten ist.« (*Böning* 1982, S. 175)

Die überaus häufige Verordnung dieses Kombinationspräparates beruht nicht auf seiner Verordnung bei Depressionen verschiedener Art, sondern auf seiner Anwendung als »Breitbandpsychosomatikum«. Ohne ausreichende wissenschaftliche Begründung faßt der Hersteller den Indikationsbereich außerordentlich weit. Funktionelle Organstörungen, Schlaflosigkeit, Spannungen, Angst, Phobien, psychotische und nicht psychotische Angst- und Unruhezustände, vegetative Dystonie, psychasthenisches Leistungsversagen, neurasthenische Reizbarkeit. Unter wissenschaftlichen Gesichtspunkten ist die therapeutische Wirksamkeit bei all diesen Indikationsansprüchen als negativ zu bewerten (vgl. *Greiser* 1983). Hier wird ein Medikament zur Behandlung von den Erkrankungen angeboten und verordnet, für die dem niedergelassenen Arzt hilfreiche Behandlungsmöglichkeiten (wie z.B. Psychotherapie) weitgehend fehlen.

Die Analyse der Verordnungspraxis zeigt, daß das Limbatril größtenteils bei diesen unspezifischen, nicht beurteilbaren Indikationen verordnet wurde. Weniger als die Hälfte der über zwei Millionen Verordnungen (47 Prozent 1983) wurde mit depressiven Erkrankungen begründet.

Zwar sind auch bei depressiven Erkrankungen Monopräparate grundsätzlich therapeutisch sinnvoller, der Einsatz von Kombinationspräparaten wie Limbatril läßt sich jedoch -wenn überhaupt- nur für die Initialbehandlung schwerer Depressionen rational begründen. Das sind höchstens acht Prozent oder 160.000 von zwei Millionen Verordnungen. Die Unzweckmäßigkeit zeigt sich auch daran, daß es sich überwiegend um wiederholte Verordnungen - bei Folgekonsultationen - handelt. Die Suchtgefahr wurde offensichtlich dabei nicht berücksichtigt.

Noch unverständlicher ist die Mitverordnung weiterer Medikamente, insbesondere zusätzlicher Psychopharmaka: So erhielten fünf Prozent der mit Limbatril behandelten überwiegend weiblichen Patienten gleichzeitig noch Hypnotika/Sedativa verschrieben, gut vier Prozent erhielten einen weiteren Tranquilizer, vier Prozent zusätzlich ein Antideressivum und drei Prozent ein Neuroleptikum verordnet (VIP 1983).

Für solche Verschreibungen läßt sich keine rationale Erklärung mehr finden. Betroffen sind vor allem Ältere und Frauen: Dreiviertel der Rezipienten sind Frauen, nur elf Prozent der Patienten sind unter 40, mehr als ein Drittel über 65 Jahre. Unter den verordnenden Ärzten überwiegen Praktiker (60 Prozent) und Internisten (19 Prozent), von den Neurologen und Psychiatern kommen »nur« knapp ein Fünftel der Verordnungen (19 Prozent). Betrachtet man die durchschnittliche Verordnungsmenge pro Arzt pro Jahr, so verordnen Praktiker und Internisten etwa einmal pro Woche Limbatril, die Nervenärzte dagegen einmal pro Tag, d.h. fünfmal häufiger.

Wachsende Irrationalität

1983 wurden mehr Kombinationspräparate verordnet als 1980. Gleichzeitig sanken die Verordnungen von Limbatril zugunsten von zwei neu eingeführten Präparaten: Psyton und Longopax (s. nachfolgende Abbildung).

Abbildung 19: Verordnungen von Antidepressiva-Kombinationspräparaten (nach VIP)

		1980		1983	
		VO in Tausend	in % der Ind. Gr.	VO in Tausend	in % der Ind. Gr.
Indikationsgruppe gesamt		2.531		2.772	
Präparat	Inhaltsstoff				
Limbatril	Amitriptylin + Chlodiazepoxid	2.341	92,5	2.003	72,3
		75	3,0	125	4,5
Pantrop	das gleiche				
Jatrosom	Tranylcypromin + Trifluoperazin	81	3,2	65	2,3
Psyton	Nomifensin + Clobazepam	---	---	388	14,0
Longopax	Amitriptylin + Perphenazin	---	---	169	6,1

Unter wissenschaftlichen Kriterien stellt die zunehmende Verordnung von Kombinationspräparaten in der ambulanten Praxis einen gefährlichen Rückschritt dar. Daß dazu noch wenig erforschte, neu eingeführte Präparate und Stoffe, statt langerprobter verordnet wurden, verweist auf einen schlechten psychopharmakologischen Informationsstand niedergelassener Ärzte. Der Rückgang des Limbatril zugunsten des Psyton, dessen therapeutische Wirkung und Unbedenklichkeit nicht ausreichend belegt und das dazu noch viermal teurer war, verweist vielmehr auf einen besorgniserregenden Einfluß der Pharmaindustrie auf das ärztliche Verhalten. Psyton war als »besser verträgliche Alternative« zum Limbatril, als »Aufschwung für die Psyche« eingeführt worden. Schon kurze Zeit später waren Warnhinweise erschienen, weil unter der Einnahme von Psyton wie unter Alival, die beide das zentral erregende Nomifensin enthalten, Selbstmorde vorgekommen waren. Durch das beigefügte Benzodiazepin (Clobazepam) wurde die antriebssteigernde Wirkung des Nomifensin im Psyton offenbar nicht aufgehoben. Vielmehr bestand dadurch eine erhöhte Gefahr für Abhängigkeit und Mißbrauch und die Gefahr der Kumulation - da das Clobazepam wie das Benzodiazepin im Limbatril eine mittlere Halbwertzeit (von mehr als 24 Stunden) hat.

Im arznei-telegramm waren 1983 klare Bedenken gegen das Nomifensin formuliert worden:

»Wir halten es für gewagt, dieses Antidepressivum gemäß den Herstellerempfehlungen bei Störungen einzusetzen, die mit Angst, Unruhe und Spannung einhergehen... Bei agitiert-ängstlichen Depressionen sind gemäß dem gesicherten Erkenntnisstand Wirkstoffe vom Typ des Amitriptylin zu bevorzugen.« und an anderer Stelle

»Daß diese fixe Kombination innerhalb kürzester Zeit hohe Umsätze erreicht hat, muß weder für die Güte noch den notwendigen Bedarf eines derartigen Kombinationspräparates sprechen. In der oft irrationalen und vor allen Dingen ›bequemen‹ Akzeptanz beim Patienten und psychopharmakologisch mitunter wenig informierten Kollegen in der Praxis scheinen die wesentlichen Ursachen zu liegen.« (arznei-telegramm 7/1983, S. 65)

Gut informierte Ärzte dürften spätestens danach keine Nomifensinhaltigen Präparate mehr verordnet haben. Vom Markt genommen wurden sie - trotz vielfacher Warnungen - erst 1986, nachdem eine Reihe von Patienten durch Nomifensin verstorben und Tausende Gesundheitsschäden erlitten hatten. Der eigentliche Skandal besteht darin, daß dem Hersteller schon lange zuvor einzelne Todesfälle und schwere Nebenwirkungen bekannt waren und er nicht davon abgehalten wurde, seine Präparate weiterhin mit großem Werbeaufwand erfolgreich zu verbreiten. Diese Fakten wurden eindrucksvoll dokumentiert in einem Ende 1986 erstmalig ausgestrahlten Fernsehfilm.

Gegen die Verordnung von Longopax müssen ebenfalls erhebliche Bedenken angemeldet werden. Statt mit einem Benzodiazepin wurde das Amitriptylin hier mit einem Neuroleptikum (Perphenazin) kombiniert.

Wegen der Gefahr von Spätdyskinesien bei längerer Verordnung ist es damit keineswegs weniger risikoreich als das Limbatril.

Das Limbatril wurde 1983 in ähnlicher Weise - wenn auch seltener - verordnet als 1980, das zeigt der Vergleich der Diagnosenstruktur, Alters- und Geschlechtsverteilung der Patienten, das Verhältnis von Erst- zu Folgekonsultationen usw. Als positive Veränderung zeigte sich ein geringeres Ausmaß von Mitverordnungen anderer Psychopharmaka.

Die fünf häufigsten Monopräparate

Bei den Verordnungen der fünf häufigsten Monopräparate (Saroten, Aponal, Ludiomil, Tolvin und Alival) zeigt sich je nach Datenquelle ein unterschiedlicher Trend: Bei der einen (VIP) steigt die Verordnungsmenge nahezu durchgehend von 1980-1983, bei der anderen (WIdO) sinkt sie mit wenigen Ausnahmen (Ludiomil und Aponal).

Die Daten des wissenschaftlichen Instituts der Ortskrankenkassen zeigen neben der Zahl der Verordnungen pro Jahr auch die Umsatzveränderungen. Dabei ist der Umsatzrückgang jeweils relativ geringer als die Reduktion der Verordnungen. Dieses Phänomen läßt sich durch erebliche Preissteigerungen und die Verordnung größerer Packungen erklären.

Auch bei den Präparaten, bei denen Absatzsteigerungen zu verzeichnen waren, stiegen die Umsätze relativ stärker an (s. Abbildungen 20 und 21, S. 132) Während sich der Umsatz von 1976-1982 verdreifacht hat (von 30 auf 90 Millionen DM) stieg die Zahl verkaufter Packungen von Antidepressiva »nur« um 30 Prozent. Das liegt wesentlich am Verkauf neuerer, wenig erprobter, aber sehr teurer Präparate, wie z.B. Tolvin, Normud und Psyton.

Der Anteil kleiner Packungen mit 20-30 Tabletten an den Gesamtverordnungen liegt je nach Präparat zwischen acht und 22 Prozent (WIdO 1983), d.h. höchstens ein Fünftel der mit Antidepressiva behandelten Patienten erhält kleine Packungen verordnet.

Obwohl Antidepressiva in der Regel über einen längeren Zeitraum verordnet werden, spricht vieles für die Verordnung kleiner Packungen bei häufigeren Konsultationen. Nur durch eine regelmäßige ärztliche Begleitung lassen sich die Arzneimittelwirkungen kontrollieren, Über- oder Unterdosierung vermeiden und die Gefahr einer Intoxikation ausschließen. Da die compliance - nicht zuletzt wegen der unangenehmen

Abbildung 20: Anzahl der verkauften Packungen und Umsatzentwicklung der Antidepressiva

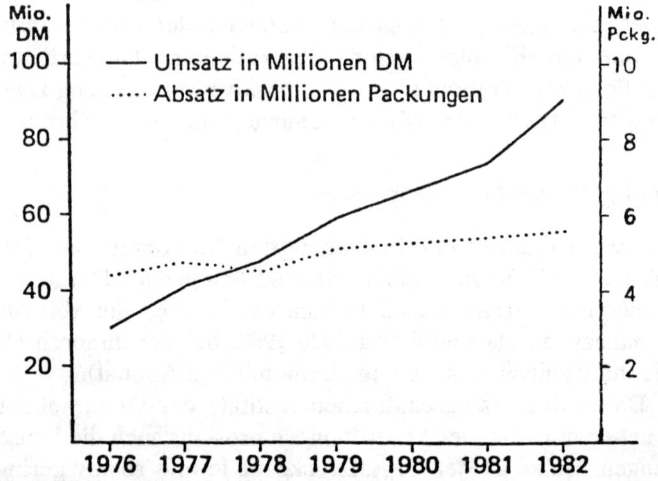

aus: arznei-telegramm 7/1983

Abbildung 21: Umsatzentwicklung einiger Antidepressiva im Vergleich

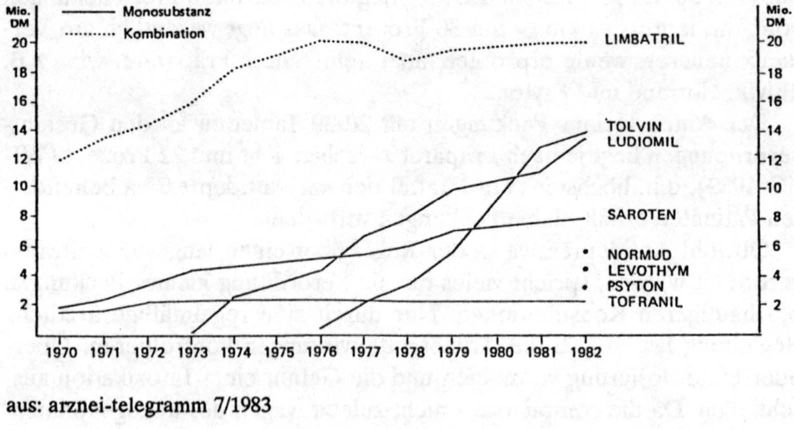

aus: arznei-telegramm 7/1983

Nebenwirkungen der Mittel - bei Antidepressiva gering sein dürfte und bei seltenen Arztkontakten eher weiter sinkt, ist zu vermuten, daß ein Großteil der verordneten Medikamente nicht genommen wird. Auf diese Weise werden die Therapiekosten unnütz in die Höhe getrieben. Die gängige Praxis, überwiegend Großpackungen mit 50-100 Tabletten zum wiederholten Male zu verordnen, ist danach nicht nur irrational, sondern auch verantwortungslos gegenüber dem einzelnen Patienten, wie der Gemeinschaft der Versicherten.

Mit den fünf am häufigsten verordneten Präparaten sind die drei chemisch und klinisch wichtigsten Gruppen von Antidepressiva vertreten:

1. Saroten und Aponal sind trizyklische Antidepressiva mit sedierender Wirkung. Sie repräsentieren den »Amitriptylin-Typ« des *Kielholz*-Schemas. (s. S. 110)
2. Ludiomil und Tolvin sind tetrazyklische Antidepressiva mit psychomotorisch leicht aktivierender Komponente, entsprechend dem »Imipramin«-Typ.
3. Alival gehört zu den nicht klassifizierten Antidepressiva und wird wegen seiner antriebssteigernden Wirkung dem »Desipramin-Typ« zugeordnet.

Mit der Präparatsanalyse wurde geprüft, ob sich signifikante Verordnungsunterschiede zwischen diesen Präparaten zeigen, bezüglich neun Variablen. Zu erwarten wäre, daß signifikante Unterschiede nur zwischen Präparaten verschiedener Gruppen bestehen. Es zeigte sich, daß die Präparate der gleichen Gruppe (z.B. Ludiomil und Tolvin) tatsächlich weniger Unterschiede hinsichtlich der untersuchten Variablen aufwiesen als die aus verschiedenen Gruppen. Das Alival als einziger Vertreter der dritten Gruppe nahm eine Sonderstellung ein (s. Abbildung A23 im Anhang).

Unterschiede zwischen einzelnen Präparaten

Das *Alter der Patienten* erwies sich als diskriminierende Variable: Saroten und Alival wurden überdurchschnittlich häufig an ältere Patienten über 65 Jahre verordnet. Alival wurde auch jüngeren Patienten bis 40 Jahren relativ häufig verordnet und weniger als andere Präparate Patienten mittleren Alters - zwischen 40 und 64 Jahren.

Bei den *Diagnosen* fällt auf, daß die neueren drei Antidepressiva häufiger bei leichteren Depressionen und Befindlichkeitsstörungen verordnet wurden (ICD Nr. 78 und 79) und die beiden trizyklischen Präparate signifikant häufiger bei Psychosen. Das heißt hier wurden offenbar entsprechend dem wissenschaftlichen Erkenntnisstand schwere Depressionsformen bevorzugt mit trizyklischen Antidepressiva behandelt.

Häufiger als die anderen Präparate wurde Alival bei *Erstkonsultationen* verordnet (in 28 Prozent der Fälle). Möglicherweise wurde das relativ neue Präparat von den Ärzten auch häufiger bei »neuen« Patienten angewandt. Im Durchschnitt wurden vier Fünftel der Präparate bei Folgekonsultationen verschrieben, so auch die anderen vier Präparate.

Die *verordnenden Ärzte* bevorzugten je nach Facharztrichtung unterschiedliche Präparate: Neurologen verordneten überwiegend die beiden trizyklischen Antidepressiva und Tolvin und am seltensten Alival. Möglicherweise ist letzteres Ausdruck einer besseren Kenntnis der Risiken und warnenden Veröffentlichungen. Für Internisten war Alival das bevorzugte Antidepressivum. Aber auch die Praktiker verordneten es häufiger als die beiden tetrazyklischen Antidepressiva. Das Alter der Ärzte und die Größe der Gemeinde, in der sie praktizierten, hatte offenbar keinen Einfluß auf die Wahl eines spezifischen Präparates.

Die beiden trizyklischen Antidepressiva, Saroten und Aponal, wurden sehr viel seltener *allein verordnet* als die übrigen drei Präparate. Das mag daran liegen, daß sie häufiger bei schweren Depressionen und bei alten Menschen eingesetzt wurden.

Zusammenfassung

Der Vergleich der fünf häufigsten Antidepressiva bezüglich der neun untersuchten Variablen ergibt keine Hinweise auf eine irrationale Verordnungsweise. Klinisch und chemisch ähnliche Präparate werden ähnlicher verordnet als unterschiedlich wirkende Präparate, was vermuten läßt, daß vielen Ärzten die relevanten Unterschiede zwischen den Präparaten bewußt sind. So werden die trizyklischen Antidepressiva entsprechend den Ergebnissen der klinischen Forschung besonders bei schweren Depressionsformen verordnet und die tetrazyklischen mehr bei leichteren Depressionsdiagnosen. Möglicherweise erklärt sich dadurch auch das zunächst unerwartete Ergebnis, daß die als besser verträglich angepriesenen tetrazyklischen Antidepressiva nicht häufiger bei alten Patienten verordnet werden. Es könnte damit zusammenhängen, daß gerade alte Leute oft an schweren Depressionen leiden.

Positiv fällt auf, daß sich die Verordnungsmenge pro Diagnose insgesamt von 1980 - 1983 reduziert hat. Trotzdem wurde auch 1983 durchschnittlich mehr als ein Medikament verordnet, so daß zu fragen ist, ob die Mehrfachverordnungen in jedem Fall auch therapeutisch zu rechtfertigen sind. Besonders erschreckend war der Anstieg verordneter Kombinationspräparate, für den sich keine rationale Erklärung finden läßt. Eher unverständlich ist auch das Ausmaß der Verordnungen anderer Psychopharmaka bei Depressionen: Antidepressiva (Einzel- und Kombinationspräparate zusammengefaßt) stellen nicht einmal die Hälfte der verordneten Psychopharmaka. Mehr als 50 Prozent der Depressionen werden mit Hypnotika oder Sedativa und Ataraktika behandelt. Vermutlich geht der hohe Anteil der Ataraktika auf die Verordnungen von den Benzodiazepinen und Neuroleptika zurück, denen depressionslösende Eigenschaften zugeschrieben werden. Ob dies therapeutisch sinnvoll ist, ist zu bezweifeln, zumal die depressionslösenden Eigenschaften dieser Mittel nicht ausreichend empirisch nachgewiesen wurden.

Gesundheitsförderung durch weniger Psychopharmaka

Zur Förderung der psychischen Gesundheit leisten Psychopharmaka nur einen bescheidenen Beitrag. Art und Ausmaß der Verordnungen haben in den 70er und 80er Jahren in der Bundesrepublik wie auch in anderen Industrieländern jedes rationale Maß überschritten. Psychopharmaka sind damit selbst zu einem durch Ärzte verursachten Krankheitsfaktor geworden. Wie die vorstehende Analyse für die Bundesrepublik zeigt, ist nur ein kleiner Teil der Verordnungen wissenschaftlich gerechtfertigt. Der Rest gilt nicht dem wohlverstandenen Interesse der Patienten. Besonders betroffen von der Medikalisierung psychischer und sozialer Probleme sind Frauen und alte Menschen. Die Folgen sind körperliche und psychische Folgeschäden, Abhängigkeit und die Chronifizierung statt Beseitigung ihrer Leiden.

Wirksame Gegenmaßnahmen sind erforderlich und aus anderen Ländern bekannt. Der internationale Vergleich der Entwicklung von Psychopharmakakonsum und Arzneimittel-Gesetzgebung zeigt, daß der Verbrauch durch gesetzgeberische Maßnahmen und gezielte sachliche Information der Betroffenen - Ärzte und Patienten - durchaus eingeschränkt werden kann, und zwar nicht zu Lasten des Wohlbefindens von Patienten.

Da das Verordnungsverhalten der Ärzte vielfältigen Einflüssen unterliegt, müssen Maßnahmen zum sinnvollen Abbau von Psychopharmaka auf mehreren Ebenen ansetzen:

1. Das Angebot an Psychopharmaka: Beschränkung auf wenige unersetzliche, therapeutisch wirksame und lang erprobte Psychopharmaka
2. Die Bedingungen rationalen Verordnungsverhaltens: Verbesserungen von Ausbildung, Informationsstand, Kooperationsmöglichkeiten, Arbeitsbedingungen von Ärzten
3. Die Gemeinde: Prävention vor Behandlung, d.h. Beseitigung sozialer Mißstände, Ausbau psychosozialer Hilfsangebote
4. Die potentiellen Konsumenten: Aufklärung der Bevölkerung über Bedingungen seelischer Erkrankungen und nichtmedikamentöse Behandlungsmöglichkeiten wie über Psychopharmaka

5. Die Hauptrisikogruppen für irrationale Verordnungen: gezielte Präventivmaßnahmen zur Senkung des Psychopharmakakonsums von Frauen, chronisch Kranken und alten Menschen und verbesserte ambulante Behandlungsangebote bei Mißbrauch und Abhängigkeit.

Einschränkung des Angebotes an Psychopharmaka

Mit annähernd 150.000 Arzneimitteln hat die Bundesrepublik mehr Pharmaka, Präparate und dergleichen auf dem Markt als sämtliche vergleichbaren anderen Länder innerhalb der Europäischen Gemeinschaft und der USA. In diesen Medikamentenmengen sind allerdings nicht mehr unentbehrliche Arzneimittel enthalten als in anderen Ländern auch. Dafür gibt es mehr überflüssige und gefährliche Arzneimittel. Die Weltgesundheitsorganisation hält lediglich 250 Wirkstoffe für unentbehrlich. In der Bundesrepublik werden wesentlich mehr Wirkstoffe vermarktet. Es gibt kein Arzneimittelgesetz und keine Zulassungsrichtlinien, die verhindern,

daß neue Präparate auf den Markt kommen, die gegenüber den bereits zugelassenen keinerlei Vorteile besitzen, d.h. weder weniger kosten, noch therapeutisch zweckmäßiger sind;

daß klinisch unzureichend kontrollierte Präparate auf den Markt kommen; es sei an die viel zu spät aus dem Handel gezogenen Antidepressiva Normud, Alival und Psyton erinnert;

daß identische Wirkstoffe unter verschiedenen Namen zu verschiedenen Preisen verkauft werden dürfen.

Ein Medikament muß also, um in der Bundesrepublik zugelassen und von den Krankenkassen abgerechnet zu werden, weder notwendig, noch gesichert therapeutisch wirksam, noch preiswerter und wirksamer als andere Präparate der gleichen Indikationsklasse sein.

So kommen zu den in allen Ländern verbreiteten notwendigen Medikamenten noch eine Reihe ähnlicher, teurerer und kaum erprobter Präparate hinzu. Der niedergelassene Arzt kann nach Expertenmeinung nicht mehr als 500 Präparate so gut kennen, daß er sie verantwortungsvoll verschreiben kann. Wie er seine Auswahl trifft, ist seiner persönlichen Entscheidung überlassen. Weder Krankenkassen noch Kassenärztliche Vereinigungen, noch die Arzneimittelkommission der deutschen Ärzteschaft haben sich bisher entscheiden können, den

Ärzten mit einer Positiv-Liste sinnvoller Präparate zu einem rationalen Verordnungsverhalten zu verhelfen.

Stattdessen gibt es mittlerweile von verschiedenen Seiten Listen, aus denen sich die Ärzte mit viel Mühe wichtige Hinweise und kritische Bewertungen von Arzneimitteln heraussuchen können. Neben dem in dieser Arbeit verwendeten bewertenden Arzneimittel-Index und dem transparenz-telegramm ist noch die Preisvergleichsliste vom Bundesausschuß der Ärzte und Krankenkassen zu nennen sowie die Transparenzlisten der Transparenzkommission beim Bundesgesundheitsamt und das von der Arzneimittelkommission der deutschen Ärzteschaft herausgegebene Buch: »Arzneiverordnungen, Ratschläge für Ärzte und Studenten« (z.B.1976). Seit kurzem existiert eine Positivliste für Arzneimittel (hrsg. von *Glaeske* und *Schefold* 1988), die für ausgesuchte Indikationsbereiche insgesamt 210 Wirkstoffe enthält. Der gesamte Bereich der Psychopharmaka ist darin ausreichend abgedeckt mit 13 Tranquilizern, 26 Neuroleptika, 13 Antidepressiva und 13 Hypnotika/Sedativa. (s. Positivliste für Psychopharmaka, S. 190)

Verständlicherweise verfügen nur wenige Ärzte über diese Quellen und nutzen sie für ihre Verschreibungspraxis, da dies eine Zusatzarbeit bedeutet, für die sie kaum belohnt werden. Solange die Ärzteschaft hauptsächlich durch die Pharmaindustrie informiert wird - im Unterschied zu allen anderen Informationen erhalten sie diese kostenlos, unaufgefordert und mit dem geringsten Zeit- und Arbeitsaufwand (über Pharmavertreter beispielsweise) -, ist nicht zu erwarten, daß sich an ihrem irrationalen Verordnungsverhalten etwas ändert.

Die Hauptverordner, praktische Ärzte und Internisten, wissen über eine Vielzahl anderer Medikamente besser Bescheid als gerade über Psychopharmaka. Hier ist dringend Abhilfe zu schaffen. Denkbar sind Therapieempfehlungen mit wenigen positiv bewerteten Psychopharmaka, die durch die Arzneimittelkommission oder durch die Krankenkassen kostenlos an alle Ärzte verteilt werden.

Bisher gelangen solche sinnvollen Therapieleitlinien allerdings nur in die Hände eines kleinen ausgewählten und besonders interessierten Leserkreises und haben kaum Auswirkungen auf die allgemeine Verschreibungspraxis.

Finzen beschreibt schon 1979 in seinem Buch »Medikamentenbehandlung bei psychischen Störungen«, wie er mit nicht mehr als zehn Arzneimitteln für den psychiatrischen Alltag und das ganze Spektrum psychischer Erkrankungen gerüstet ist und gewissenhaft behandeln kann. Er entschied sich für drei Benzodiazepine (Valium, Tavor, Mogadan), ein Antidepressivum (Saroten), Lithium zur Prophylaxe manischer Depressionen, zwei Neuroleptika (Melleril und Haldol), zwei Langzeit-Neuroleptika (Dapotum und Imap) und ein Anti-Parkinson-Mittel (Akineton). Ganz offensichtlich hat sein Beispiel nicht Schule gemacht. Ebensowenig haben die vorhandenen Transparenz- und Preisvergleichslisten die ärztliche Verschreibungspraxis grundlegend verändern können. Solange das Wissen um sinnvolle und wirksame Psychopharmaka nicht allgemeinverbindlich an die deutsche Ärzteschaft weitervermittelt wird, bleibt es relativ unwirksam und wird nur von ganz wenigen besonders verantwortungsbewußten oder engagierten Ärzten genutzt.

Es stimmt bitter, daß der Staat bei allen gesundheitspolitischen Kostendämpfungsmaßnahmen diesen Bereich bisher systematisch ausgespart hat, obwohl dies dem Gesundheitsinteresse der Bevölkerung am meisten zugute käme: ohne durch höhere Beitragssätze der Krankenkassen und noch mehr Selbstbeteiligung finanziell stärker belastet zu werden, könnten Patienten mit weniger Arzneimittelrisiken und weniger teuren Arzneimitteln wirksamer behandelt werden.

Bedingungen rationaler Verordnungsweisen

Die Verschreibung eines Psychopharmakons ist Resultat einer komplexen sozialen Interaktion, die vielerlei Einflußfaktoren unterliegt. Bedeutsam sind

1. die persönliche Situation der Ärztin/des Arztes (Ausbildung, Informationsstand, Einstellung, psychosoziale Kompetenz, institutionelle Situation...)
2. die persönliche Situation der Patientin/des Patienten (Erwartungen, Wünsche, Informationsstand, soziale Stellung, Geschlecht, Leidensdruck...)
3. die aktuelle Beziehung zwischen beiden
4. die gesellschaftliche Einbettung dieses Beziehungsgeschehens (Institution: Einzelpraxis, Gemeinschaftspraxis, Ambulatorium; Zeitdruck, therapeutische Standards, verfügbare Alternativen; Stadt, Land...).

Zur Verordnung von Psychopharmaka allgemein liegen wenige, zur Verordnung von Tranquilizern jedoch eine Reihe von Studien aus verschiedenen Ländern (Großbritannien, Kanada, USA, Australien, Niederlande) vor, die Aufschluß darüber geben, auf welche Weise die Verschreibungspraxis von Tranquilizern verbessert werden kann.

Bei einer Befragung von 150 niedergelassenen Ärzten durch das Komitee für Medikamenten- und Alkoholmißbrauch der Texas Medical Association 1980 kommen die Autoren (*Chambers, White* und *Lindquist* 1983) zu folgenden Ergebnissen:

1. Die Mehrheit der befragten Ärzte fühlte sich wenig oder überhaupt nicht ausgebildet für die Diagnose und Behandlung von Ängsten. Diese geringe oder fehlende Ausbildung bei etwa zwei Drittel der Ärzte stand in keinem Verhältnis zur Prävalenz dieser Beschwerden in ihren Praxen: Im Durchschnitt klagten 20 Prozent der Patienten, die sie in den letzten zwei Wochen gesehen hatten, über signifikante Ängste.

2. Auf die Frage nach möglichen Ursachen nannte die Mehrheit der befragten Ärzte (54 Prozent) emotionale Probleme oder Lebenskrisen, während 44 Prozent einen Zusammenhang mit körperlichen Schmerzen angaben.

3. Beim Vergleich der Behandlung von Ängsten mit anderen medizinischen Problemen fanden 56 Prozent, Ängste schwieriger zu behandeln, und nur 15 Prozent glaubten, daß Ängste leichter zu behandeln seien als andere Erkrankungen.

4. Weniger als zehn Prozent der Ärzte hielten eine ausschließlich medikamentöse Behandlung für sinnvoll, die Hälfte hielt eine Kombination von Beratung und medikamentöser Behandlung, falls notwendig, für am wirksamsten, und immerhin 43 Prozent hielten eine Überweisung zum Psychiater für indiziert.

Obwohl alle befragten Ärzte Benzodiazepine und andere Tranquilizer verschrieben, glaubten 40 Prozent, daß die Verordnung dieser Medikamente für Patienten mit emotionalen Belastungen in der Regel nicht sehr hilfreich sei und oft sogar die Situation verschlimmere. Über die Hälfte fand, daß kaum genug Zeit sei, während eines üblichen Praxisbesuches über die psychologischen Probleme bei Ängsten zu sprechen, und 23 Prozent verschrieben Tranquilizer nur auf Wunsch der Patienten. Nahezu keiner der befragten Ärzte glaubte, daß die eigenen Patienten Tranquilizer mißbrauchen könnten. Zwei Drittel meinten, auch ohne Tranquilizer auskommen zu können. Diese Ergebnisse verweisen auf eine erhebliche Diskrepanz zwischen Einstellung und realem Verhalten der Verordnenden.

Besonders bedeutsam für häufige Tranquilizerverordnungen sind offenbar *die praktischen Bedingungen der ärztlichen Tätigkeit*, wie Fachrichtung, Praxisart, Patientenzahl, Ausbildungsstand. Das zeigen die folgenden Ergebnisse (*Chambers* u.a. 1983):

1. Allgemeinpraktiker verordnen mehr Patienten Benzodiazepine für eine längere Zeit im Vergleich zu anderen Fachrichtungen (mit Ausnahme der Psychiater).
2. Allein praktizierende Ärzte verordnen mehr Tranquilizer und Benzodiazepine als solche in Gemeinschaftspraxen.
3. Je größer die Anzahl der Patienten pro Woche, desto mehr Tranquilizer werden verordnet.
4. Je länger die Ausbildung zurückliegt, desto mehr Psychopharmaka verschreiben die Ärzte.

Der beste Prädiktor für die häufige Verordnung von Tranquilizern war die *Patientenzahl:* Je mehr Patienten der Arzt/die Ärztin pro Woche durchschnittlich sah

- desto größer der Prozentsatz an Patienten mit Tranquilizerverordnungen
- desto größer die Zahl von Patienten, die Tranquilizer länger als ein Jahr verordnet bekamen
- desto größer die Wahrscheinlichkeit, daß der Arzt von der Sicherheit und Wirksamkeit dieser Medikamente überzeugt war
- desto größer die Bereitschaft der Ärzte, diese Medikamente auf Wunsch der Patienten zu verschreiben
- desto größer die Wahrscheinlichkeit, daß der Arzt glaubte, Berichte über Mißbrauch seien übertrieben
- desto größer die Wahrscheinlichkeit, daß der Arzt meinte, ohne diese Medikamente weniger effektiv arbeiten zu können
- desto größer der Widerstand der Ärzte gegen eine ausführliche Information der Patienten!

Ein ebenfalls enger Zusammenhang bestand zwischen dem Ausmaß der Ausbildung und bestimmten Verhaltensweisen:

1. Die Ärzte mit der schlechtesten klinisch pharmakologischen Ausbildung berichteten über mehr Patienten mit signifikanter Angst in ihrer Praxis.
2. Die Ärzte mit besserer Ausbildung verschrieben weniger Tranquilizer als fünf Jahre zuvor und benutzten sie nur als letzten Ausweg bei Patienten, die über Angst klagten.

Die besser Ausgebildeten

- glaubten auch, daß diese Medikamente nach wenigen Tagen ihre Wirksamkeit verlören
- sahen die primären Ursachen von Angst als psychologisch begründet an
- überwiesen häufiger ihre Patienten mit persistierenden Ängsten
- äußerten häufiger Bedenken bezüglich des Abhängigkeitspotentials
- hatten weniger Bedenken gegen ausführliche Information der Patienten.

Als Konsequenz fordern die Autoren folgerichtig eine bessere Ausbildung bezüglich der Diagnose und Therapie psychischer Probleme, speziell von Ängsten, und die Fortbildung älterer Kollegen. Da durch eine gute Aus- und Weiterbildung jedoch nicht alle Ärzte erreicht werden können, sollte sich die Ärzteschaft überlegen, wie sie die Gruppe von Ärzten identifizieren und verändern kann, die falsch und zuviel verschreiben und unfähig oder unwillig sind, entsprechend wissenschaftlicher Standards zu behandeln, oder bei denen ökonomische Aspekte die Hauptrolle spielen.

Die Feststellung solcher »besorgniserregenden Zustände« veranlaßte die Ärztekammer Hamburg schon 1983 zu einer »Allgemeinen Anordnung zur Rezeptierung von sogenannten Ausweichdrogen«, der sich die Kassenärztliche Vereinigung Hamburg anschloß.

»Als Folge der leichtfertigen Verordnung von Ärzten wurden in Hamburg seinerzeit mehrere Todesfälle nach einer mißbräuchlichen Anwendung von Arzneimitteln registriert. In einigen Fällen stellte sich bei den Ermittlungen sogar heraus, daß Ärzte offenbar aus reiner Gewinnsucht Drogenabhängigen Privatrezepte gegen eine hohe Gebühr ausgestellt hatten.«
Die Anordnung lautete im einzelnen:
»Alle Hamburger Ärzte werden hiermit aufgefordert, Medikamente mit bekanntem Abhängigkeitspotential nur noch bei dringender medizinischer Indikation zu verordnen. Darüber hinaus dürfen insbesondere folgende Arzneimittel jeweils nur in der kleinsten Abpackung verordnet werden. Rezepte über diese Arzneimittel müssen zweifach gestempelt sein und dürfen keinen Wiederholungsvermerk enthalten...« (Ärztekammer Hamburg 1983, S. 1ff.).

Bei Nichtbeachtung dieser Anordnung werden den Ärzten berufsgerichtliche Maßnahmen angedroht.

In der Zwischenzeit wird auch das Benzodiazepin-Derivat Rohypnol zu den Ausweichdrogen gezählt. Bei allen übrigen benzodiazepinhaltigen Mitteln wird explizit um Zurückhaltung, insbesondere bei deren Verordnung an Kinder, Jugendliche und Schwangere, gebeten. Dem zwar drastischen, aber sicher effektiven Vorgehen der Hamburger Ärztekammer haben sich angrenzende Ärztekammern, wie z.B. Schleswig-Holstein angeschlossen. Alle anderen sollten es ebenfalls tun.

Die Arbeiten von *Rosser* u.a. in Kanada (1981/82/83) gehen davon aus, daß eine bessere Information über Psychopharmaka, speziell Benzodiazepine, allein nicht ausreicht, sondern daß erst durch zusätzliche Rückmeldung der Verordnungsgewohnheiten an die behandelnden Ärzte eine wesentliche Veränderung im Sinne von mehr wissenschaftlicher Rationalität erreicht wird.

Am Zentrum für Familienmedizin der Universität Ottawa (Ottawa Civic Hospital Family Medicine Center) wurden über ein Jahr die Verordnungen für knapp 12.000 ambulante Patienten bei über 26.000 Besuchen registriert. Zur Beurteilung der Benzodiazepin-Verordnungen dienten die folgenden Richtlinien:

1. Benzodiazepine sollten mit steigendem Alter seltener verschrieben werden.
2. Kurz wirksame Benzodiazepine sind den lang wirksamen Benzodiazepinen vorzuziehen.
3. Patienten über 45 Jahre sollten nur die halbe Dosis erhalten.
4. Eine Benzodiazepin-Verordnung über längere Zeit (mehr als ein Monat) sollte vermieden werden.

Keine dieser Richtlinien, so zeigte die Evaluation, war durchgängig befolgt worden. Daraufhin wurden die 30 behandelnden Ärzte des Zentrums gebeten, einzuschätzen, welchen Patientengruppen (nach Alter und Geschlecht) sie am häufigsten und welchen Gruppen sie am wenigsten Benzodiazepine verordnet hatten. Beim Vergleich dieser Einschätzungen mit den real vorgenommenen Verordnungen zeigten sich erhebliche Diskrepanzen zwischen aktuellem Verhalten und Selbsteinschätzung. In einem darauffolgenden Seminar wurden diese Diskrepanzen und die Abweichungen der realen Verordnungspraxis von den wissenschaftlichen Richtlinien ausführlich diskutiert, wobei jeder Arzt über seine Verordnungsgewohnheiten informiert wurde. Die anschließend erneut durchgeführte Registrierung und Auswertung über ein halbes Jahr zeigte eine signifikante Veränderung der Verordnungen von

Benzodiazepinen im Sinne einer stärkeren Befolgung der Richtlinien. Da die meisten Ärzte rational und verantwortungsbewußt praktizieren wollen, führt der Nachweis, daß ihre eigene Verhaltensweisen von dem abweichen, was sie selbst für sinnvoll halten, sehr viel eher dazu, daß sie motiviert werden, ihr Verhalten tiefgreifend zu verändern, als wenn ihnen ausschließlich ein unverbindliches Informationsangebot gemacht wird.

Durch den zunehmenden Einsatz von Praxiscomputern wäre eine Überprüfung der Verordnungen vieler niedergelassener Ärzte möglich und eine gute Basis für gezielte Weiterbildungsmaßnahmen. Viele Ärzte werden jedoch nur dann bereit sein, ihr Verordnungsverhalten offenzulegen, wenn sie keine Sanktionen befürchten müssen, sondern eher positive Anreize bestehen, wie z.B. der schnelle individuelle Erwerb wissenschaftlicher Erkenntnisse. Eine andere Möglichkeit ist die Überprüfung der Verordnungsweisen niedergelassener Ärzte auf der Basis der der Krankenkasse zur Abrechnung vorgelegten Rezepte. Auch die Auswertung solcher Krankenkassendaten (wie sie leider nur einige Allgemeine Orts-Krankenkassen in der Bundesrepublik, z.B. Mettmann und Dortmund modellhaft vornehmen) zur gezielten Weiterbildung der Ärzte dürfte eher zum Abbau falscher und überflüssiger Psychopharmakaverordnungen beitragen, als die verstärkte Veröffentlichung von Positivlisten oder unpersönlicher und unverbindlicher Information in Fachzeitschriften und Fortbildungsseminaren. Nimmt man die beschriebene Kluft zwischen Selbstwahrnehmung und realem Verhalten der Ärzte als gegeben an, so ist eine kontinuierliche Überprüfung der Verordnungsweisen niedergelassener Ärzte anhand wissenschaftlicher Standards ein notwendiger Schritt zur Reduktion der Verordnungen auf ein rationales Maß. Das legt auch die Studie von *Chambers* u.a. (1983) nahe: Die befragten Ärzte meinten, daß unter ihren eigenen Patienten kein Benzodiazepin-Mißbrauch vorkäme, obwohl 14 Prozent von ihnen Patienten mit Entzugssymptomen behandelt hatten und sieben Prozent in ihrer Praxis mindestens einen Patienten hatten, der an einer Überdosis von Benzodiazepinen starb.

Gemeindenahe Prävention

Neben der Reduktion der Verordnungen sind jedoch gemeindenahe Ansätze erforderlich, die nicht nur auf ein verändertes Verhalten der

Ärzte zielen, sondern gleichzeitig ein erweitertes Behandlungsangebot und die Aufklärung der Bevölkerung über psychische Probleme und deren Bewältigungsmöglichkeiten vorsehen. Als ein positives Beispiel dieser Art soll der multidisziplinäre Ansatz zur Beseitigung des Tranquilizermißbrauchs in den Niederlanden (de *Graaff* 1983) dargestellt werden.

Im niederländischen Sassenheim, einem Ort mit 14.000 Einwohnern, wurde eine Arbeitsgruppe aus Gesundheitserziehern, den vier praktizierenden Ärzten, dem Apotheker, Gemeindeschwestern, Sozialarbeitern und Vertretern des Ambulatoriums für psychische Gesundheit gebildet. Von der Erhebung der Ausgangssituation (1977) und der Entwicklung von Kriterien für einen sinnvollen Tranquilizergebrauch über die Festlegung der angestrebten Ziele und ihre Realisierung bis zur Auswertung aller Aktivitäten vergingen zwei Jahre (bis 1979).

Es zeigte sich, daß innerhalb von zwei Jahren der verordnete Tranquilizerkonsum erheblich gesenkt werden konnte, und daß diese Reduktion auch in den zwei Jahren danach (ohne Interventionsprogramm) bestehen blieb. Die wichtigsten Maßnahmen waren:

1. Information der Sassenheimer Bevölkerung über Tranquilizer, psychosoziale Dienste und Behandlungsmöglichkeiten von Angst, Spannungen, Streß, Schlaflosigkeit.
2. Ein verbessertes Behandlungsangebot für Menschen mit diesen Beschwerden (weniger medikamentöse Angebote, mehr Zuwendung durch Gesundheitsarbeiter) und alternative Behandlungsangebote für Konsumenten schmerzlindernder Medikamente.

Erstaunlich ist, daß fast die Hälfte der Tranquilizerkonsumenten (230 von 515) allein aufgrund der öffentlichen Information oder *eines* informierenden Gesprächs aufhörten, Tranquilizer zu nehmen. Ein kleinerer Teil konnte seine Abhängigkeit mit Unterstützung von Ärzten oder Sozialarbeitern langsam überwinden. Auf die teilnehmenden Ärzte hatte das Projekt besonders positive Auswirkungen: Angesichts nervöser Beschwerden kamen sie weniger schnell zu einer Verordnung, verschrieben Tranquilizer in kleineren Dosen für kürzere Zeit, widmeten der zugrundeliegenden Problematik mehr Aufmerksamkeit und versuchten, die Patienten zu motivieren, die Hilfe von Sozialarbeitern oder anderen Helfern in Anspruch zu nehmen. Das Fazit des Autors:

» Die kontinuierliche Motivation beider Seiten - Gesundheitsarbeiter und der Öffentlichkeit - wird erforderlich sein, um einem Rückfall zum weitverbreiteten Gebrauch von Tranquilizern vorzubeugen. Die jährliche Registrierung des Tranquilizerkonsums wird fortgesetzt. Eine Schwierigkeit jedoch bleibt bestehen: Die Arbeitsgruppe war nicht in der Lage, die gesellschaftlichen Ursachen von Streß und Angst zu beeinflussen, die zum Tranquilizerkonsum führen.« (de *Graaff* 1983, S.160, Übersetzung der Verfasserin)

Aus epidemiologischen Untersuchungen wissen wir, daß jede Form sozialer Mißstände, z.B. Arbeitslosigkeit, Armut, schlechte Arbeits- und Wohnbedingungen, soziale Isolation, mangelnde Bildung, der Gesundheit allgemein sowie dem psychischen Wohlbefinden im besonderen schaden. Gesundheitsförderungsprogramme, die den Empfehlungen der Weltgesundheitsorganisation folgen, haben das Ziel, die Bevölkerung stärker über ihre Lebensumstände und Umwelt selbst bestimmen zu lassen, ihr mehr Verantwortung zu geben und auf diese Weise den Gesundheitszustand zu verbessern. Sie gehen davon aus, daß ein Großteil gesundheitsförderlicher Maßnahmen außerhalb der medizinischen Versorgung im informellen Bereich am Arbeitsplatz, in Familien, Nachbarschaft, Vereinen, privaten Selbsthilfeinitiativen, ehrenamtlichen Einrichtungen und kleinen sozialen Netzwerken stattfindet (*Hildebrandt* und *Trojan* 1987). Überall dort, wo Menschen in ihrer unmittelbaren Umgebung Rat und konkrete Hilfe bei der Bewältigung ihrer Probleme finden und die Verantwortung dafür nicht aus der Hand geben, wird der Gang zum Arzt, die Verordnung und Einnahme eines Psychopharmakons unwahrscheinlicher.

Insbesondere für die Hauptrisikogruppen irrationalen Psychopharmakakonsums, Frauen und alte Menschen, ist der Handlungsraum im engen und erweiterten sozialen Netz der Gemeinde entscheidend für ihr psychisches Wohlbefinden: Bei jüngeren Frauen ist das unter anderem abhängig von der Möglichkeit einer Qualifizierung und Berufstätigkeit, Kinderbetreuung, befriedigender Sozialkontakte, Weiterbildungsangebote und Freizeitmöglichkeiten, während das Wohlbefinden bei alten Menschen stark von der körperlichen Gesundheit, der Integration in Familie und Gemeinde und von den materiellen Existenzbedingungen abhängig ist.

Gerade für eine verbesserte Lebenssituation der alten Bevölkerung ist das positive Zusammenwirken professioneller und nichtprofessioneller Dienste besonders bedeutsam. Der Ausbau ambulanter gemeindenaher psychosozialer Dienste, mit denen der Bevölkerung nicht nur medizinische und medikamentöse Bearbeitungsangebote für ihre Probleme zur Verfügung stehen, kann in weiten Bereichen den Arztbesuch und die damit oft verbundenen Verordnungen und Psychopharmakaeinnahmen verhindern.

Von Psychopharmaka abhängige Menschen berichten oft über eine fünf bis 15 Jahre lange Entwicklung, während der sie zunächst selbst noch nach anderen als medikamentösen Lösungen gesucht haben und erst allmählich zu chronischen Patienten und abhängigen Konsumenten wurden. Ob sich diese destruktive Spirale ungehindert entwickeln kann, ist stark von den in der Gemeinde und in der unmittelbaren sozialen Umgebung gegebenen informellen und formellen Hilfsangeboten, sozialen Normen und Ressourcen abhängig.

Aufklärung der Bevölkerung

Allein schon durch bessere Information über Nebenwirkungen und Gefahren reduziert sich der Psychopharmakakonsum in der Bevölkerung erheblich. Das zeigt nicht nur die oben genannte Sassenheimer Untersuchung, sondern die Entwicklung in den USA in den siebziger Jahren ebenso wie in der Bundesrepublik seit 1980. Mehr Informationen und ein selbstbestimmteres Umgehen mit den eigenen Problemen verändern die Arzt-Patient-Beziehung erheblich. Wenn die Psychopharmakaverordnung nicht mehr geeignet ist, Untersuchung und Gespräch zu beenden, sondern Anlaß für Nachfragen, Zweifel und Unzufriedenheit, so wird sie zunehmend häufiger unterbleiben und nur in gut begründbaren Fällen vorgenommen werden. Verbesserte Information der Bevölkerung über psychische Erkrankungen und ihre Behandlungsmöglichkeiten durch die Ärzte ist kaum zu erwarten. Nach medizinsoziologischen Analysen ärztlicher Praxis entfällt von der durchschnittlichen Kontaktzeit zwischen Arzt und Patient etwa die Hälfte, d.h. etwa vier Minuten auf das Gespräch über Diagnostik und Therapie. In so kurzer Zeit können selbstverständlich keine ausreichenden Informationen über Medikamente gegeben werden. Die Information der Patienten leidet jedoch oft nicht nur an der fehlenden Zeit, sondern auch an der mangelnden Fähigkeit und Bereitschaft der Ärztinnen und Ärzte, sich verständlich auszudrücken. Nur 40 bis 60 Prozent der Mitteilungen an die Patienten werden von diesen auch verstanden, und im deutschsprachigen Raum klagen 75 - 90 Prozent der Patienten über mangelnde ärztliche Orientierung und Aufklärung (vgl. *Heim* 1986, S. 462 f.). Mißverstehen und fehlende Information sind am größten bei Angehörigen niedriger sozialer Schichten. Das heißt, je höher die soziale Schicht und je mehr Wissen, Macht und Durchsetzungsfähigkeit die Patienten mitbringen, desto mehr und verständlichere Informationen können sie von ihren Ärzten erhalten. Das macht die immense Bedeutung einer breit angelegten, sozial nicht selektiven Information der Bevölkerung über Behandlungsmöglichkeiten psychischer Probleme und die Wirkungsweisen von Psychopharmaka deutlich. Die Erstellung verständlicherer Nachschlagewerke, wie die »Bitteren Pillen«, die Arbeit von Verbraucher- und Patientenschutzorganisationen (z.B. Veröffentlichungen der Stiftung Warentest in ihren »test«-Heften), Gesundheitsläden sowie einer Vielzahl von Selbsthilfegruppen und -initiativen sind einige Schritte in diese Richtung. Je mehr Patienten sich bewußt mit der Behandlungsweise ihrer Probleme auseinandersetzen und ausreichende Informationen über Verordnungen wünschen, desto mehr Druck erfährt die Ärzteschaft, sich selbst ausreichend zu informieren und ihre Verordnungsweisen sachlich zu begründen. Auch dies dürfte ein Mittel zur Reduzierung irrationaler Verordnungen sein und zur Senkung der Tranquilizerverordnungen in der Bundesrepublik in den letzten fünf Jahren beigetragen haben.

Stärkung der Betroffenen, z.B. der Frauen und Alten

Da mehr als zwei Drittel der Psychopharmakakonsumenten weiblich sind, tut eine Organisierung der Frauen zur Suche nach gesünderen Lösungen ihrer Probleme bitter not. Es gibt genug schwerwiegende Gründe, welche besonders die Frauen aus ihrer passiv-abhängigen resignativen Konsumptionshaltung und Patientenrolle herausführen und zu aktiven Verfechterinnen von mehr Gesundheit machen sollten:

- die zunehmende Zahl medikamentenabhängiger Frauen (fast dreimal so viele wie Männer)
- die verbreitete Einnahme von Psychopharmaka durch Kinder und die Bereitschaft vieler Eltern, z.B. Schulschwierigkeiten ihrer Kinder mit Psychopharmaka behandeln zu lassen
- die Häufigkeit des Mißbrauchs von Psychopharmaka zu Suizidzwecke.

- die unverändert schlechte Lebensqualität von mit Psychopharmaka behandelten älteren Menschen, besonders häufig Frauen und
- die nahezu ausschließlich auf Frauen bezogene Werbung für Psychopharmaka.

Gerade weil Medizin und Pharmaindustrie immer wieder betonen, daß Frauen Psychopharmaka benötigen, ist es besonders wichtig, daß Frauen hier Widerstand leisten und dafür sorgen, daß Psychopharmakaverordnungen an Frauen zur Ausnahme werden. *Prather* (1985) weist nach, daß alle Psychopharmaka ein feminines Etikett tragen. Mit »feminization of tranquilizers« beschreibt sie den in der medizinischen und pharmazeutischen Literatur präsentierten Mythos, daß diese Medikamente tatsächlich von Frauen gebraucht würden. Sie argumentiert, daß es sich beim Psychopharmakakonsum von Frauen um einen künstlich geschaffenen Bedarf handele, der durch folgende Faktoren bedingt sei:

1. Das Vorherrschen einer männlichen Perspektive in der medizinischen und pharmazeutischen Forschung.
2. Die Macht der Pharmaindustrie, die einen Markt für Tranquilizer schafft, indem sie Frauen als bedürftige Patientinnen darstellt.
3. Die abhängige willfährige Natur traditioneller weiblicher Sozialisation, durch die Frauen die Verordnungen von Ärzten ungefragt akzeptieren und durch die sie depressive, nervöse und ängstliche Symptome häufiger erfahren.

Aufgrund ihrer ansozialisierten Eigenart, »mehr emotionale und psychische Symptome erleben und beschreiben zu können«, werfen Frauen mehr diagnostische Probleme auf für Ärzte, die traditionellerweise weder psychodiagnostisch noch psychotherapeutisch, noch gerontopsychiatrisch oder psychologisch ausgebildet sind. So bestätigt sich bei Ärzten der Eindruck aus der Literatur, daß Frauen für diese Symptome Psychopharmaka brauchen oder aber Psychopharmaka sind die einzige Lösung, die ihnen einfällt, bzw. mit der sie den Besuch beenden können. In der Werbung vollzieht sich nach Analysen von *Prather* (1985) in den letzten zehn Jahren eine alarmierende Verschiebung der Zielpopulation. War es bisher die 35- bis 40jährige Mittelstandspatientin, die Tranquilizer brauchte, richtet sich seither die Pharmawerbung zunehmend auf ältere Frauen, die statt Tranquilizern nun angeblich Sedativa, Neuroleptika und Antidepressiva benötigen sollen. Einen Trend in dieser Richtung bestätigen die oben genannten Verbrauchsdaten aus den Jahren 1980 und 1983. Da insbesondere Antidepressiva und Neuroleptika wesentlich gravierendere psychophysische Wirkungen haben, ist ein Rückgang von Tranquilizerverordnungen zugunsten einer größeren Verbreitung dieser Medikamente keineswegs eine positive Entwicklung. *Prather* äußert die Befürchtung, daß ältere Frauen in Zukunft noch häufiger Opfer übermäßiger Medikalisierung werden dürften. Die Daten dieser Arbeit bestätigen, daß diese Befürchtung längst Wirklichkeit geworden ist (s. Abbildungen 1, S. 17 sowie A3 im Anhang), und zwar ohne daß die Konsumentinnen dagegen protestiert hätten.

»Indem die Pharmaindustrie alte Frauen als tranquilizerbedürftig zeigt, kann sie den Markt für Tranquilizer mit wenig Protest expandieren. In der ganzen Geschichte der Medizin waren die Schwachen und Machtlosen die Opfer neuer Medikamente und medizinischer Techniken. Frauen waren viel häufiger als Männer die menschlichen Versuchskaninchen der modernen Medizin und pharmakologischen Forschung.« (*Prather* 1985, übersetzt von der Verfasserin)

Um diese Rolle zu verlassen, müssen sich Frauen gesellschaftlich erheblich mehr einmischen. Möglicherweise sind besonders die Widersprüche zwischen traditioneller Sozialisation und gegenwärtigen gesellschaftlichen Veränderungen und Anforderungen für Frauen ein Grund, Psychopharmaka zu konsumieren.

Für die Gesundheitserziehung in den Familien sind in der Regel ebenfalls die Frauen zuständig. Nicht selten geben Mütter die eigenen Medikamente bei Bedarf auch an ihre Angehörigen. Nach einer Patientenbefragung teilten zehn Prozent ihre Sedatativa und Hypnotika mit anderen, meist Angehörigen und zwar vor allen Dingen den Töchtern, weniger den Söhnen (*Chambers* 1982; *Prather* 1985; *Bush* u.a. 1984). Nicht nur der von der Mutter zuhause verwaltete Medikamentenvorrat, sondern auch ihre Umgangsweise mit Mißbefindlichkeiten und Erkrankungen dürfte für die Einstellung der Kinder zum Psychopharmakakonsum bedeutungsvoll sein. *Vogt* (1985) fand einen schwachen Zusammenhang zwischen den Angaben von Müttern und ihren Töchtern über ihren je eigenen Psychopharmakakonsum. Ein enger Zusammenhang bestand jedoch zwischen den Angaben der Mädchen über ihren eigenen Konsum psychoaktiver Medikamente und den Konsum ihrer Mütter.

Eines der wichtigsten Argumente gegen einen allzuhäufigen Psychopharmakakonsum sind die massiven psychosozialen Konsequenzen. Auch für diesen Bereich liegen am meisten Untersuchungen zu den langfristigen Auswirkungen der Einnahme von Tranquilizern, speziell

Benzodiazepinen, vor. Die Bedeutung des Konsums aus der Sicht der Patienten wurde von *Cooperstock* und *Lennard* (1979) und *Helman* (1981) untersucht: Erstaunlicherweise haben keineswegs alle Frauen, die regelmäßig über lange Zeit Benzodiazepine nehmen, auch eine positive Einstellung zu diesen Medikamenten.

In einer Befragung von 22 Patientinnen einer Allgemeinpraxis in London *(Gabe* und *Lipshitz-Phillips* 1982) war besonders eindrucksvoll, daß alle befragten Frauen unabhängig von ihrem Tranquilizerkonsum klare Antipathien gegenüber diesen Medikamenten äußerten. Die Konsumentinnen beschrieben zwar ihre Hoffnungslosigkeit gegenüber der Wirkung von Benzodiazepinen, gaben jedoch an, daß sie trotzdem nähmen, was ihnen der Arzt verordnete. Für sie waren diese Medikamente »eklige Medizin«, und sie wußten, daß sie keineswegs Verbesserungen mit diesen Mitteln erreichen, sondern im besten Fall den status quo erhalten könnten. Bemerkenswert ist, daß diese Frauen eine positive Einstellung zu ihrem Arzt formulierten, obwohl sie eine eher negative Einstellung gegenüber seinen Verordnungen geäußert hatten. Auch wenn diese Untersuchung nicht repräsentativ ist, macht sie doch einmal mehr deutlich, daß Frauen auch wider besseres Wissen bereit sind, die Behandlungsvorschläge ihrer Ärzte zu befolgen.

Eine andere Untersuchung aus Oxford (*Catalan* und *Gath* 1985) zeigt, daß die Nichtverordnung angstlösender Medikamente sogar die Zufriedenheit der Patienten steigert. 90 Patienten mit kleineren affektiven Problemen aus zwei Allgemeinpraxen wurden nach dem Zufallsprinzip zu einer Hälfte mit Benzodiazepinen behandelt und zur anderen Hälfte erhielten sie eine kurze allgemeine Beratung durch die Ärzte, die im wesentlichen im Zuhören, Informieren und Beruhigen bestand. Die Wirkung in beiden Gruppen war ähnlich, darüber hinaus gab es keine Hinweise darauf, daß die Patienten ohne Medikamente danach verlangten oder die Zeit ihrer Ärzte stärker in Anspruch nahmen. Sie schienen jedoch zufriedener mit der Behandlung zu sein.

Eigene Erfahrungen mit Teilnehmerinnen aus Selbsthilfegruppen bestätigen, daß Frauen den Verzicht auf Psychopharmaka in der Regel als Fortschritt und als Voraussetzung ihrer persönlichen Weiterentwicklung betrachten. Ähnliches berichten Psychotherapiepatientinnen, die zuvor jahrelang Psychopharmaka konsumiert hatten.

Solche Ergebnisse könnten Ärzte und Patienten ermutigen, zumindest bei weniger gravierenden psychischen Problemen und Erkrankungen einen Behandlungsversuch ohne Psychopharmaka zu unternehmen. Dazu kann der Ausbau gemeindenaher psychosozialer Einrichtungen und die Kooperation solcher Institutionen mit den niedergelassenen Ärzten ebenso beitragen, wie die Stärkung des informellen Bereiches durch ambulante familiäre Hilfen, Selbsthilfekontaktstellen, Förderung von Angehörigenarbeit und Nachbarschaftshilfen, lokaler Gesundheitsinitiativen sozialer Netzwerke und vieles mehr.

Zukünftig gilt es, insbesondere alte Menschen vor unzweckmäßigem Konsum von Psychopharmaka zu schützen. Eine verbesserte gerontopsychiatrische Ausbildung der Ärzte - die dringend erforderlich ist - dürfte allein nicht ausreichen. Vielmehr sind alle in der gesundheitlichen Versorgung mit Alten Beschäftigten aufgerufen, hier mitzuwirken. Der Ausbau qualifizierter gemeindenaher medizinischer und sozialer Dienste und die Sicherung der materiellen Existenzbedingungen (z.B. durch gesetzlich garantierte Mindestrenten) sind ebenso wichtig wie Gesundheitsförderungsprogramme (im Sinne der Weltgesundheitsorganisation) speziell für alte Menschen.

Schlußbemerkungen

Die vorgenannten Beispiele für effektive Interventionen zur Reduktion des übermäßigen Psychopharmakakonsums bezogen sich ausschließlich auf die Gruppe der Tranquilizer und kamen aus anderen Ländern. Der internationale Vergleich der Entwicklung von Tranquilizerkonsum und Arzneimittelgesetzgebung zeigt, daß ein steil angestiegener Verbrauch durch gesetzgeberische Maßnahmen, gezielte Interventionen und sachliche Information der Betroffenen (Ärzte und Patienten) durchaus eingeschränkt werden kann und die psychische Gesundheit eher verbessert als verschlechtert. Der hohe Tranquilizerkonsum ist daher keineswegs eine unabwendbare Folge von Industrialisierung, ökonomischer Krise und wachsenden psychischen und sozialen Belastungen des einzelnen. Vielmehr haben sich in diesem Arzneimittelbereich in den letzten Jahren auch als Folge öffentlicher Diskussion und Kritik deutlich positive Veränderungen im Sinne einer stetigen Reduktion von Tranquilizerverordnungen ergeben, wobei die Bundesrepublick der Entwicklung anderer Länder deutlich hinterherhinkt. Beim Vergleich der Daten von 1980 und 1983 fällt auf, daß der damalige Rückgang der Verordnungen von Schlaf- und Beruhigungsmitteln durch den Anstieg von Neuroleptika-

und Antidepressiva-Verordnungen teilweise wettgemacht wurde (s. Abbildung A1 im Anhang). Die weitere Entwicklung der Verordnungszahlen von 1983 bis 1986 zeigt eine Fortsetzung dieser Tendenzen: Die Verordnung von Tranquilizern (d.h. in der Regel Benzodiazepin) geht weiter zurück, während die Antidepressiva- und Neuroleptika- Verordnungen weiterhin zunehmen! Im »Arzneiverordnungsreport 1987« findet sich - unter dem Stichwort Neuroleptika - folgendes Zitat:

» Zugenommen haben die Verordnungen besonders von solchen niedrig dosierten Präparaten, die auch als Tranquilanzien eingesetzt und von den Herstellern auch zur Therapie von nicht-psychotischen Störungen empfohlen werden... Dies ist jedoch ein nicht unproblematisches Vorgehen, da die Neuroleptika erhebliche Nebenwirkungen besitzen und bislang nicht ausgeschlossen werden kann, daß auch niedrig dosierte Neuroleptika evtl. Spätdyskinesien, d.h. eine der schwersten, da oft irreversiblen Nebenwirkung dieser Substanzklasse auslösen können. Die zunehmende Verordnung dieser Präparate, häufig sogar als injizierbare Depotform, hängt vermutlich mit der zunehmend kritisch gewordenen Einstellung gegenüber Benzodiazepinen zusammen, jedoch werden Vor- und Nachteile von niedrig dosierten Neuroleptika im Vergleich zu Benzodiazepinen zur Zeit kontrovers diskutiert...« (S. 343).

Die letzten Kapitel haben gezeigt, daß Neuroleptika und Antidepressiva in einem hohen Ausmaß, abweichend von wissenschaftlich nachvollziehbaren Kriterien, verordnet werden. Gerade weil diese Medikamente keine idealen Psychopharmaka im Sinne von *Hollister* (s. S. 13) sind, setzt ihre verantwortungsvolle Verordnung Erfahrung und Fachkompetenz voraus. Über diese eher psychiatrische Kompetenz verfügen Praktiker und Internisten, von denen die Hauptmenge von Psychopharmaka verordnet wird, in aller Regel nicht. Bei einer qualifizierten Behandlung psychischer Erkrankungen sind Psychopharmaka immer nur ein Teil in einem Gesamtbehandlungsplan. Bei den niedergelassenen Ärzten in der Bundesrepublik ist dagegen die Verschreibung von Psychopharmaka oft über längere Zeit die einzige Behandlungsmethode. Spätestens seit Vorliegen der Psychiatrie-Enquete 1975 war auch von offizieller Seite eine Abkehr von der rein medizinischen, sprich medikamentösen Behandlung psychischer Erkrankungen gefordert worden zugunsten einer Integration in ein umfassendes System gemeindenaher abgestufter Behandlungsangebote, die dem wissenschaftlich unbestrittenen multifaktoriellen Bedingungsgeschehen bei psychischen Erkrankungen Rechnung tragen sollten. Trotz der erfolgreichen Arbeit vieler daraufhin entstandener psychiatrischer Modelleinrichtungen fand keine umfassende Strukturveränderung der psychiatrischen Regelversorgung statt. Schon zehn Jahre nach der Enquete sprachen viele Fachleute vom Scheitern der Psychiatriereform. Dies liegt auch daran, daß die niedergelassenen Ärzte mit ihrem überwiegend medikamentösen Behandlungsansatz nach wie vor das Behandlungsmonopol haben und seit der konservativen Wende auch die unbestrittenermaßen zweckmäßig und erfolgreich arbeitenden interdisziplinären Modelleinrichtungen immer mehr ums Überleben kämpfen müssen. Für Kenner der psychiatrischen Versorgung ist es äußerst ent-täuschend zu sehen, wie ökonomisch und therapeutisch nützliche und von Angehörigen und Betroffenen gewünschte Einrichtungen personell ausgedünnt und aufgelöst werden, während die Pharmaindustrie weiterhin ungestraft Milliardengewinne für den Verkauf sogar gesundheitsschädlicher Medikamente (wie Normud, Alival, Psyton und Limbatril) verbuchen kann. Es ist an der Zeit, daß die zunehmenden oft irrationalen Verordnungen von »stark wirkenden Psychopharmaka« wie Antidepressiva und Neuroleptika ebenso ins öffentliche Bewußtsein gerückt werden wie zuvor die Beruhigungsmittel. Damit die öffentliche Kritik aber auch wirkungsvolle Konsequenzen hat, ist es allerdings notwendig, nicht allein das Verordnungsverhalten der Ärzte zum Gegenstand kritischer Auseinandersetzung zu machen. Solange die Behandlung psychischer Probleme und Erkrankungen allein als medizinische Aufgabe gesehen wird, sind keine durchgreifenden Verbesserungen der psychischen Gesundheit unserer Bevölkerung zu erwarten.

Auch wenn die Orientierung des ärztlichen Verhaltens am wissenschaftlichen Erkenntnisstand und die ausschließliche Verordnung weniger positiv bewerteter Arzneimittel schon ein wesentlicher Fortschritt wäre, so muß doch davor gewarnt werden, dabei stehen zu bleiben. Solange keine tiefgreifenden Strukturveränderungen im Gesundheitswesen erfolgen, und zwar solche, die sich mehr an der Erhaltung und Wiederherstellung von Gesundheit orientieren als an der Beseitigung von Krankheit und der Ökonomie des medizinisch-industriellen Komplexes, solange kann nicht sicher davon ausgegangen werden, daß der Abbau von Psychopharmaka auch ein Weg zur Gesundheitsförderung ist. Das hat der vielfache Ersatz von Tranquilizern durch Neuroleptika oder Antidepressiva, also noch eingreifenderer Medikamente, gezeigt.

Ebenso könnte eine einseitige Kritik an der Verordnung von Antidepressiva zur Ausweitung anderer, nicht minder schädlicher Behandlungsmethoden wie etwa der Elektroschockbehandlungen führen. Nur wenn mit dem Abbau von Psychopharmaka gleichzeitig der Ausbau gemeindenaher therapeutischer und sozialer Dienste gefördert wird, zusammen mit einer gesundheitsorientierten Arbeitsmarkt-, Sozial-, Familien- und Gesundheitspolitik, kann sich wirklich etwas zugunsten psychisch erkrankter Menschen in der Bundesrepublik Deutschland verändern.

Literatur

Ärztekammer Hamburg: Allgemeine Anordnung zur Rezeptierung von sogenannten Ausweichdrogen in Hamburg vom 18.6.1983

Ärztekammer Hamburg: Erfahrungsbericht der Ärztekammer Hamburg zur »Allgemeinen Anordnung ... s.o.« vom 25.2.1985

Alexander, E.C. : Cardiovascular complications in young patients taking psychotropic drugs. Am. Heart Journal 78, 1969, S. 757-769

AMA Committee on Alcoholism and Drug Dependence: Barbiturates and barbiturate-like drugs; considerations in their medical use. Journal of the American Medical Association 230, 1974, S. 1440 - 1441

American Medical Association (Hrsg.): Drug evaluations. Chicago, 1983 und Littleton, 1977

Angermeyer, M.C. und Rohde, I.I.: Zur Ökologie der psychotherapeutischen Versorgung in der Bundesrepublik. In: Psychotherapie, Psychosomatik, Medizinische Psychologie 37, 1987, S. 161-164

Arzneimittelkommission der deutschen Ärzteschaft (Hrsg.): Arzneiverordnungen - Ratschläge für Ärzte und Studenten. Köln, Deutscher Ärzteverlag, 1976

Arzneiverordnungsreport 1985 und 1987, Hrsg.: Schwabe, U. und Paffrath, D., Stuttgart, G. Fischer Verlag, 1985 und 1987

Babigian, H. M. und Odoroff, C. L.: The mortality experience of a population with psychiatric illness. American Journal of Psychiatry 126 (4), 1969, S. 470 - 480

Baldessarini, R. J.: Drugs and the treatment of psychiatric disorders. The Pharmacological Basis of Therapeutics. In: Gilman, A. G.; Goodman, L. S.; Gilman, A. (Hrsg.), New York, Macmillan Verlag, 1980 (6. Auflage), S. 391 - 447

Balter, M. B. u.a.: Cross-national study of the extent of anti-anxiety/sedative drug use. New England Journal of Medicine 290, 1974, S. 769 - 774

Bauer, M. u.a.: Psychiatrie. Stuttgart, Thieme Verlag, 1980

Baur, W.: Internistische Behandlung psychovegetativer Störungen. Ärztliche Praxis 17, 1965, S. 908 - 909

Beckmann, H.: Die medikamentöse Therapie der Depressionen. Nervenarzt 52, 1981, S. 135 - 146

Beckmann, H. und Goodwin, F. K.: Antidepressant response to tricyclics and urinary MHPG in unipolar patients. Archives of General Psychiatry 32, 1975, S. 17 - 21

Beckmann, H. und Haas, St.: High dose diazepam in schizophrenia. Psychopharmacology 71, 1980, S. 79 - 82

Beckmann, H. und Haas, St.: Therapie mit Benzodiazepinen: Eine Bilanz. Nervenarzt 55, 1984, S. 111 - 121

Benkert, O.: Biochemische Grundlagen der Depression. Klinische Wochenschrift 57, 1979, S. 651 - 660

Benkert, O. und Hippius, H.: Psychiatrische Pharmakotherapie. Berlin, Heidelberg, New York, Springer Verlag, 1980

Bergmann, U.: Studies on patterns and prevalence of psychotropic drug use - Data from the nordic countries. In: Tognoni, G., Bellantuono, C. und Lader, M. (Hrsg.): Epidemiological Impact of Psychotropic Drugs. Amsterdam, Elsevier/North-Holland, Biomedical Press, 1981, S. 183 - 187

Bergmann, U.: Clinical Pharmacological and Epidemiological Aspects. Stockholm, Civiltryckm, 1978

Bergmann, U., Dahlström, M., Gunnarson, C. und Westerholm, B. (Hrsg.): Why are psychotropic drugs prescribed to out-patients? A methodological study. European Journal of Clinical Pharmacology 15, 1979, S. 249

Bergmann, U., Grimsson, A., Wahba, A. H. W. und Westerholm, B. (Hrsg.): Studies in Drug Utilization - Methods and Applications. WHO Regional Publications European Series Nr. 8, Copenhagen, 1979

Bland, R., Parker, J. und Orn, H.: Prognosis in Schizophrenia. Archives of General Psychiatry 35, 1978, S. 72 - 77

Bliding, A.: The abuse potential of benzodiazepines with special reference to oxacepam. Acta psychiat. scan. Suppl. 274, 1978, S. 111 - 116

BMJFG - Bundesministerium für Jugend, Familie und Gesundheit: Bericht über Erfahrungen mit dem Arzneimittelgesetz vom 12. 2. 1982.

Böning, J.: Antidepressive Kombinationstherapie mit Neuroleptika und Tranquilizern. Nervenheilkunde 4, 1982, S. 172 - 175

Böning, J. und Schrappe, O.: Benzodiazepin-Abhängigkeit: Klinik der Entzugs-Syndrome. Deutsches Ärzteblatt 5, 1984, S. 279 - 285

Bowers, M. B., Goodman, E. und Sim, V. M.: Some behavioral changes in man following anticholinesterase administration. Journal of Nervous and Mental Disease 138, 1964, S. 383 - 389

Brown, J. H.: Suicide in Britain. Archives of General Psychiatry 36, 1979, S. 1119 - 1124

Bühringer, G. und Hahlweg, K.: Effizienz psychologischer Behandlung in der Gesundheitsversorgung: Methodologie und Ergebnisse von Kosten-Nutzen-Berechnungen. (unveröffentliches Manuskript), München, 1984

Busch, L.: Kleine Psychiatrie in der Allgemeinpraxis. Orientierungshilfe zur Diagnose und Pharmakotherapie. Ärztliche Praxis 29, 1977, S. 3152

Bush, P.J., Spector, K.K. und Rabin, D.L.: Use of Sedatives and Hypnotics in a Family Practice. South. Med. Journal, 77/6, 1984, S. 677 - 681

Cassel, W. A., Fraser, H. N. und Speilman, A.: Psychiatric morbidity and utilization of insured health services. Canadian Psychiatric Association Journal 17, 1972, S. 417 - 421

Catalan, J. und Gath, D. H.: Regular Review. Benzodiazepines in general practice: time for a decision. British Medical Journal 290, 1985, S. 1374 - 1376

Chambers, C. D.: The use and abuse of Licit Drugs in Rural Families. Chemical Dependencies, Behavioral and Biomedical Issues 4, 1982, S. 153 - 165

Chambers, C.D., White, O.Z. und Lindquist, J.H.: Physician attitudes and prescribing practices: A focus on minor tranquilizers, Journal psychoact. Drugs 15 (1-2), 1983, S. 55-59

Clare, A. W.: Psychotropic drug use in general practice in Britain. In: Tognoni, G., Bellantuono, C., und Lader, M. (Hrsg.): Epidemiological Impact of Psychotropic Drugs. Amsterdam, Elsevier/North-Holland, Biomedical Press, 1981

Cobbin, D. M. u.a.: Urinary MHPG levels and tricyclic antidepressant drug selection. Archives of General Psychiatriy 36, 1979, S. 111 - 115

Cooke, D. J. : Depression: Demographic Factors in the Distribution of Different Syndromes in the General Population. Social Psychiatry 17, 1982, S. 29 - 36

Cooper , B. und Sosna, U.: Psychische Erkrankungen in der Altenbevölkerung - Eine epidemiologische Feldstudie in Mannheim. Nervenarzt 54, 1983, S. 239 - 249

Cooper, B. und Vinzelberg-Sommer, M.: Psychische Erkrankungen im Alter: Epidemiologie und Versorgungsbedarf. In: Häfner, H. und Hermann, H. (Hrsg.): Gerontopsychiatrie. Stuttgart, New York, G. Fischer Verlag, 1981

Cooperstock, R.: Psychotropic Drug Use Among Women. Canadian Medical Association Journal 115, 1976, S. 760 - 763

Cooperstock, R. und Lennard, H. L.: Unveröffentliches Manuskript ohne Titel, 1983

Cooperstock, R. und Lennard, H. L.: Some Social/Behavioral Consequences of Benzodiazepine Use. Referat, 1978

Cooperstock, R. und Lennard, H. L.: Some Social Meanings of Tranquilizer Use. Sociology of Health and Illness 1 (3), 1979, S. 331 - 347

Covi, L., Lipman, R. S. und Smith, V. K.: Diazepam Induced Hostility in Depression. Paper presented at the Annual Meeting of the American Psychiatric Association in Toronto, Canada, 1977

Craig, T. J. und van Natta, P. A.: Disability and Depressive Symptomes in Two Communities. Am. Journ. of Psych. 140 (5), 1983, S. 598 - 601

Crowe, R. R.: Current concepts: Electroconvulsive Therapy - A Current Perspective. New England Journal of Medicine 311 (3), 1984, S. 163 - 166

Davis, J. M.: Overview: Maintenance therapy in psychiatry: I. Schizophrenia. American Journal of Psychiatry 132, 1975, S. 1237 - 1245

Delay, J. und Deniker, P.: 38 cas de psychoses traitès par la cure prolongée et continue de 4568 R. P. Ann. Méd.-Psychol. 110, 1952, S. 364

Diagnosenschlüssel und Glossar psychiatrischer Krankheiten. Deutsche Ausgabe des ICD, 8. Revision. Hrsg.: Degkwitz, R., Helmchen, H., Kockott, G., Mombour, W., Berlin, Heidelberg, New York, Springer Verlag, 1971, 1973, 1975

Dilling, H.: Zur Diagnose depressiver Zustände. Ärztliche Praxis, 1977, S. 13 - 28

DiMascio, A.: The Effects of Benzodiazepines on Aggression: Reduced or Increases? In: Garattini, S., Mussini, E. und Randall, L.O. (Hrsg.): The Benzodiazepines. New York, Raven Press, 1973, S. 433 - 440

Dörner, K.: Diagnosen der Psychiatrie. Frankfurt, Campus Verlag, 1975

Dohrenwend, B. P. und Dohrenwend, B. S.: Sex differences and psychiatric disorders. Am. Journal of Sociology 81, 1976, S. 1447 - 1459
DPM - Der Pharmazeutische Markt. Institut für medizinische Statistik. Frankfurt am Main, 1981

Ellinger, S., Karmaus, W., Mischo-Kelling, M.: Frauen und Medikamente. Epidemologie, Erklärungsansätze und Vorschläge zur Prävention. Hamburg (Manuskript), 1984
Ernst, A. und Füller, I.: Schlucken und Schweigen - wie Arzneimittel Frauen zerstören können. Köln, Kiepenheuer & Witsch Verlag, 1988

Faber, F. R.: Psychotherapie und Allgemeinmedizin - Thesen, Daten und Vorschläge zur ärztlichen Psychotherapie. Psychotherapie - Medizinische Psychologie 34, 1984a, S. 134 - 139
Faber, F.R. Ärztliche Psychotherapie in der Praxis: Daten und Thesen. Deutsches Ärzteblatt 49, 1984b, S. 3647 - 3654
Fauman, M. A.: Psychiatric Components of Medical and Surgical Practice, II: Referral and Treatment of Psychiatric Disorders. American Journal of Psychiatry 140 (6), 1983, S. 760 - 763
Faust, V. und Hole, G. (Hrsg.): Depressionen. Symptomatik - Ätiopathogenese - Therapie. Stuttgart, Hippokrates Verlag, 1983, S. 9 - 17
Finzen, A.: Medikamentenbehandlung bei psychischen Störungen. Rehburg-Loccum, Psychiatrie Verlag, 1979
Finzen, A.: Ist Psychotherapie wirtschaftlich? Frankfurter Allgemeine Zeitung vom 4. 1.1984
Forth, W.: Benzodiazepine: Kein Mittel gegen Alltagsärger. Deutsches Ärzteblatt 47, 1981, S. 2229
Fraser, A. R.: Choice of Antidepressant Based on the Dexamathasone Suppression Test. American Journal of Psychiatry 140 (6), 1983
Freyhan, F. A.: Psychomotilität, extrapyramidale Syndrome und Wirkungsweisen neuroleptischer Therapien. Nervenarzt 28, 1957, S. 504

Gabe, J. und Lipshitz-Phillips, S.: Evil necessity? The meaning of benzodiazepine use for women patients from one general practice. Sociology of Health and Illness Vol. 4 (2), 1982, S. 201 - 209
Gardos, G. und Cole, J. O.: Maintenance antipsychotic therapy: For whom and how long? In: Lipton, M. A., DiMascio, A., Killam, K. F. (Hrsg.): Psychopharmacology: A Generation of Progress. New York, Raven Press, 1978, S. 1169 - 1178

GKV-Arzneimittelindex. Hrsg.: Wissenschaftliches Institut der Ortskrankenkassen (WIdO), Bonn, 1981, 1983, 1984

Glaeske, G.: Kann die Versorgung mit Arzneimitteln besser sein als das Arzneimittelgesetz. Ein Beitrag zur Qualität der ambulanten Pharmakotherapie. Argument-Sonderband 102, Berlin, 1983, S. 29 - 48

Glaeske, G.: Zur Epidemiologie und zum Abhängigkeitspotential von Tranquilizern und anderen Psychopharmaka. In: Jahrbuch 1987 zur Frage der Suchtgefahren. Herausgegeben von der Deutschen Hauptstelle gegen die Suchtgefahren. Hamburg, Neuland Verlag, 1986

Glaeske, G.: Medikamentenstatistik 1986. In: Jahrbuch 1988 zur Frage der Suchtgefahren. Herausgegeben von der Deutschen Hauptstelle gegen die Suchtgefahren. Hamburg, Neuland Verlag, 1987

Glaeske, G. und Schefold, D. (Hrsg.): Positivliste für Arzneimittel. Baden-Baden, Nomos Verlag, 1988

Göthert, M.: Neue pharmakologische Gesichtspunkte zur Klassifizierung und Wirkung von Schlafmitteln. Medizinische Welt 31, 1980, S. 1760 - 1762

Goodwin, F. K. u.a.: Predictors of drug response in the addective disorders: toward an integrated approach. In: Lipton, M. A., DiMascio, A. und Killam, K. F. (Hrsg.): Psychopharmacology: A Generation of Progress. New York, Raven Press, 1978, S. 1277 - 1288

Gottschalk, L. A.: Effects of certain Benzodiazepine Derivatives on Disorganization on Thought as Manifested in Speech. Current Therapeutic Research, 21 (2), 1977, S. 192 - 206

de Graaff, W.J.: A multidiscipline approach to tranqilizer misuse. Patient Couns. Health Educ., 4/3, 1983, S. 156-160

Greenblatt, D. J. u.a.: Pharmacokinetics in Clinical Medicine: Oxazepam versus other Benzodiazepines. Dis. nerv. Syst. 36, 1975, S. 6 - 13

Greenblatt, D. J. u.a.: Oxazepam Kinetics: Effects of Age and Sex. The Journal of Pharmacology and Esp. Therapeutics Vol. 215, 1980, S. 86 - 91

Greenblatt, D. J. und Shader, R. I.: Pharmacotherapy of Anxiety with Benzodiazepines and Beta-Adrenergic Blockers. In: Lipton, M. A.: Psychopharmacology: A Generation of Progress. New York, Raven Press, 1978, S. 1380 - 1390

Greiser, E.: Einführung zum Bewertenden Arzneimittel-Index. In: Greiser, E. (Hrsg.): Bewertender Arzneimittel-Index, Band 2, Wiesbaden, medpharm-Verlag, 1983, S. XI - XXXIII

Greiser E. (Hrsg.): Bewertender Arzneimittel-Index, Band 2: Hypnotika, Sedativa und Psychopharmaka. Wiesbaden, medpharm-Vlg. 1983

Greiser, E. und Westermann, E.: Verordnungen niedergelassener Ärzte in Niedersachsen 1974 und 1976. Hrsg.: Der Bundesminister für Arbeit und Sozialordnung, Bonn, 1979

Grimsson, A. u.a.: The Utilization of Psychotropic Drugs in Finland, Iceland, Norway and Sweden. WHO Regional Publications European Series Nr. 8, Copenhagen, 1979, S. 163 - 174

Haase, H. J.: Therapie mit Psychopharmaka und anderen seelisches Befinden beeinflußenden Medikamenten. Stuttgart, New York, Schattauer Verlag, 1977

Haase, H. J. und Linde, O. K.: Therapeutische Aspekte zur Anwendung von Benzodiazepinen als Tranquilizer. Psycho 4, 1981

Heim, E.: Commentary on »some problems in clinical trials of New York antidepressant agents«. In: Gallant, D. M. und Simpson, M. (Hrsg.): Depression. New York, Spectrum Publications, 1976

Heim, E.: Die Arzt-Patient-Beziehung. In: Heim, E. und Willi, J. (Hrsg.): Psychosoziale Medizin in Klinik und Praxis. Berlin, Heidelberg, New York, Springer Verlag, 1986, S. 444 - 501

Heimann, H.: Methodologische Probleme der Effizienzprüfung von Psychopharmaka. Archiv Psychiatrie und Nervenk. 22, 1975, S. 255 - 268

Heinrich, K.: Psychopharmaka in Klinik und Praxis. Stuttgart, Thieme Verlag, 1976

Helman, C.: Tonic, fuel and food: social and symbolic aspects of the long term use of psychotropic drugs. In: Social Science and Medicine 15 (4), 1981, S. 521 - 533

Helmchen, H.: Häufigkeit depressiver Erkrankungen. Münchner Medizinische Wochenschrift 119 (23), 1977, S. 801 - 806

Hempel, H. D. und Kittel, E.: Zur längerfristigen thymoleptischen Behandlung depressiver Zustände unter besonderer Berücksichtigung spätdepressiver Erkrankungen. Psychiatrie Neurologie Medizinische Psychologie 34, 1982, S. 657 - 662

Hildebrandt, H. und Trojan, A.: Gesündere Städte - kommunale Gesundheitsförderung. Hamburg, Hein & Co., 1987

Hoeper, E. W. u.a.: Diagnosis of Mental Disorder in Adults and Increased Use of Health Services in Four Outpatient Settings. American Journal of Psychiatry 137, 1980, S. 207 - 210

Hole, G.: Das depressive Syndrom in der Allgemeinpraxis. Ärztliche Praxis 31, 1979, S. 2354 - 2359 und S. 2385 - 2389

Hollister, L. E.: Clinical Pharmacology of Psychotherapeutic Drugs. New York, Edinburgh und London, Livingstone, 1978

ICD - International Classification of Diseases: Handbuch der Internationalen Klassifikation der Krankheiten, Verletzungen und Todesursachen, (8. Revision). Wiesbaden, Statistisches Bundesamt, 1968

Jäger, U., Hiruby, K., Haubenstock, A. und Fasching I.: Vergleichende klinische Toxikologie von 5 Benzodiazepinderivaten. Nervenarzt 55, 1984, S. 150 - 153

Janowsky, D. S., El Yousef, M. K., Davis, J. M. und Sekerke, H. J.: A cholinergic - adrenergic hypothesis of mania and depression. Lancet, 1972, Band 2, S. 632 - 635

Jellinek, T.: Mood elevating effect of trihexyphenidyl and biperiden in individuals taking antipsychotic medication. Dis. Nerv. Syst. 38, 1977, S. 353 - 355

Johnson, D. A. W.: A study of the use of antidepressant medication in general pratice. British Journal of Psychiatry 125, 1974, S. 186 - 192

Kales, S., Scharf, M. B., Kales, J. D. und Soldatos C. R.: Rebound Insomnia - A Potential Hazard Following the Withdrawl of Certain Benzodiazepines. Journ. Am. Medic. Assoc. 241, 1979, S. 1692 - 1695

Kay, D. W. K., Fahy, T. und Garside, R. F.: A seven-month double-blind trial of amitriptyline and diazepam in ECT-treated depressed patients. British Journal of Psychiatry 117, 1970, S. 667 - 671

Keeler, M. H. und McLurdy, R. L.: Medical Practice without antianxiety drugs. American Journal of Psychiatry 132, 1975, S. 654

Kemper, N., Poser, W. und Poser, S.: Benzodiazepin-Abhängigkeit. Deutsche Medizinische Wochenschrift 105, 1980, S. 1707 - 1712

Kessler, K. A.: Tricyclic antidepressants: Mode of action and clinical use. In: Lipton, M. A., DiMascio, A., Killam, K. F. (Hrsg.): Psychopharmacology: A generation of progress. New York, Raven Press, 1978, S. 1289 - 1302

Keup, W.: Zahlen zur Gefährdung durch Drogen und Medikamente. In: Jahrbuch 1979 zur Frage der Suchtgefahren. Herausgegeben von der Deutschen Hauptstelle gegen die Suchtgefahren. Hamburg, Neuland Verlag, 1979 S. 64

Keup, W.: Probleme des Medikamentenmißbrauchs. Zeitschrift für Allgemeinmedizin 58, 1982, S. 1814 - 1821
Keup, W. und Platz, W.: Das Mißbrauchspotential der Benzodiazepin-Derivate. transparenz-telegramm, 1980/81, S. 354 - 355
Kielholz, P.: Ergebnisse der Anwendung von Antidepressiva - Rückschau - Vorschau. Das ärztliche Gespräch 27, 1977
Kielholz, P.: Diagnose und Therapie der Depressionen für den Praktiker. München, Lehmann Verlag, 1971
Kielholz, P. (Hrsg.): Die Depression in der täglichen Praxis. Bern, Huber Verlag, 1974
Kind, H.: Psychotherapie und Psychotherapeuten. Stuttgart, Thieme Verlag, 1983
Klein, D. F. und Davis, J. M.: Diagnosis and drug treatment of psychiatric disorders. Baltimore, Williams & Wilkins, 1969
Klever, R.: Zur medikamentösen Psychotherapie in der Allgemeinpraxis. Ärztliche Praxis Nr. 71, 1966, S. 2367 - 2368
Klotz, U.: Pharmakologie, Toxiologie und Abhängigkeitspotential der Benzodiazepine. Deutsches Ärzteblatt 47, 1981, S. 2227 - 2234
Kogan, W. S., Thompson, D. J., Brown, J. R. u.a.: Impact of integration of mental Health services and comprehensive medical care. Medical Care 13, 1975, S. 934 - 942
Komo, E.: Die verordnete Intoxikation - zur strafrechtlichen Kontrolle von Psychopharmakaschäden. Stuttgart, 1978
Kopin, J., Post, R. M. und Goodwin, F. K.: Drug treatment of depressed patients referred for hospitalization. American Journal of Psychiatry 130, 1973, S. 1139 - 1141
Kornhuber, H.H.: Das Risiko Benzodiazepin. Deutsches Ärzteblatt 85, 1988, S. 405
Kovacs, M., Rush, A. J., Beck, A. T. und Hollon, S. D.: Depressed outpatients treated with cognitive therapy or pharmacotherapy. Archives of General Psychiatry 38, 1981, S. 33 - 39
Kranz, H.: Depressionen. Ein Leitfaden für die Praxis. München/Gräfelfing, Banaschewski Verlag, 1970

Krüger, K.: Zur medikamentösen Therapie psychovegetativer Syndrome. Therapiewoche 18 (17), 1968, S. 752
Kruse, W. u.a.: Unerwünschte Arzneimittelwirkungen bei geriatrischen Patienten. Deutsches Ärzteblatt 13, 1983, S. 25 - 32

Kukwa, L.: Pharmakologische Besonderheiten eines Benzodiazepin-Ataraktikums und deren therapeutische Relevanz. Psycho 1, 1980 (Sonderdruck)

Ladewig, D.: Abusus von Benzodiazepin-Tranquilizern. Medizinische Welt 33, 1982, S. 1306 - 1309

Langbein, K. u. a.: Bittere Pillen. Nutzen und Risiken der Arzneimittel. Ein kritischer Ratgeber. Köln, Kiepenheuer & Witsch Verlag, 1983

Linde, O. K.: Der schlafgestörte Patient - Die therapeutischen Alternativen - das aktuelle Problem. Sonderdruck, 1983

Linden, M. und Manns, M.: Psychopharmakologie für Psychologen. Salzburg, Otto Müller Verlag, 1977

Lingjaerde, O., Engstrand, E., Ellingsen, P., Stylo, D. A. und Robak, O. H.: Antipsychotic effect of diazepam when given in addition to neuroleptics in chronic psychotic patients: a double-blind clinical trial. Current Therapeutic Research 26, 1979, S. 505 - 514

Lunde, P. K. M. u.a.: The methodology of drug utilization studies. WHO Regional Publications Europ. Ser. Nr. 8, Copenhagen, 1979, S. 17-28

Manheimer, D. I., Davidson, S. T. und Balter, M. B. u.a.: Popular attitudes and beliefs about tranquilizers. American Journal of Psychiatry 130, 1973, S. 1246 - 1253

Marks, J.: The Benzodiazepines - use, overuse, misuse, abuse. Lancaster, MTP Press, 1978

McCelland, H. A. u.a.: Very high dose fluphenazine decanoate. A controlled trial in chronic schizophrenia. Archives of General Psychiatry 33, 1976, S. 1435 - 1439

McGlashan, T. H. und Carpenter, W. T. jr.: An investigation of the postpsychotic depressive syndrome. American Journal of Psychiatry 133, 1976, S. 14 - 19

Meiner, E.: Beruhigungsmittel in der ärztlichen Praxis. Deutsches Ärzteblatt 33, 1987, S. 921 - 924

Mellinger, G. D. und Balter, M. B.: Prevalence and patterns of use of psychotherapeutic drugs: results from a 1979 national survey of American adults. In: Tognoni, G., Bellantuono, C. und Lader, M. (Hrsg.): Epidemiological Impact of Psychotropic Drugs. Amsterdam, Elsevier/North-Holland, Biomedical Press, 1981

Mellinger, G. D., Balter, M. B., Parry, H. J. u.a.: An overview of psychotherapeutic drug use in the United States. In: Josephson, E. und Carrol, E. E. (Hrsg.): Drug use: Epidemiological and Sociological Approaches. New York, John Wiley & sons, 1974

Meyer, J. E.: Die Therapie der Schizophrenie in Klinik und Praxis. Nervenarzt 55, 1984, S. 221 - 229

Mindham, R. H. S., Howland, C. und Shepherd, M.: An evaluation of continuation therapy with tricyclic antidepressants in depressive illness. Psychol. Med. 3, 1973, S. 5 - 17

Möller, H. J., Kissling, W., Herberger, B. und Kuss, H. J.: Kontrollierte Studie über die möglichen Vorteile einer Kombinationstherapie mit Chlorimipramin und Haloperidol bei endogenen Depressionen. Pharmakopsychiatrie 17, 1984, S. 29 - 33

Morris, J. B. und Beck, A. T.: The efficacy of antidepressant drugs: a review of research 1958 to 1972. Archives of General Psychiatry 30, 1974, S. 667 - 674

Morrison, M.: FDA Consumer 4, 1975, In: Keup, W. und Platz, W. (Hrsg.): Das Mißbrauchspotential der Benzodiazepine. transparenz-telegramm 1980

Murray, N.: Methaminodiazepoxide. Jour. Am. Medic. Assoc. 15, 1960, S. 1760 - 1761

Nadi, N. S., Nurnberger, J. I. und Gershon, E. S.: Muscarinic cholinergic receptors in skin fibroblasts in familial affective disorders. New England Journal of Medicine 311, 1984. S. 225 - 230

Neugebauer, R., Dohrenwend, B.P. und Dohrenwend, B.S.: Formulation of hypotheses about the true prevalence of functional psychiatric disorders among adults in the United States. In: Dohrenwend, B.P., Dohrenwend, B.S., Schwartz-Gould, M., Link, B. Neugebauer, R. und Wunsch-Hitzig, R. (Hrsg.): Mental illness in the United States. Epidemiological estimates. New York, Praeger, 1980

Niebel, G.: Ergebnisse und Probleme vergleichender Therapieforschung bei depressiven Störungen. Verhaltenstherapie und psychosoziale Praxis 16, 1984, S. 202 - 232

Nord, D.: Arzneimittelkonsum in der Bundesrepublik Deutschland - Eine Verhaltensanalyse von Pharma-Industrie, Arzt und Verbraucher. Stuttgart, Enke Verlag, 1976

Ochs, H. R.: Arzneimitteldosierung im Alter. Medizinische Welt 32, 1981, S. 225 - 228

Parry, H. J., Balter, M. B., Mellinger, G. D., Cisin, I. H. und Manheimer, D. I.: National Patterns of Psychotherapeutic Drug Use. Archives of General Psychiatry 28, 1973, S. 760 - 783

Paykel, E. S., DiMascio, A., Haskell, D. u.a.: Effects of maintenance Amitriptyline and psychotherapy for symptoms and depression. Psychol. Med. 5, 1975, S. 56 - 77

Peters, S. H.: Zur Therapie nervöser Herz-, Überforderungs- und Erschöpfungssyndrome. Medizinische Welt 28, 1980

Pfeiffer, W. M.: Transkulturelle Psychiatrie. Stuttgart, Thieme Vlg., 1971

Pflanz, M.: Überlegungen zur primärärztlichen Betreuung der Bevölkerung. In: Döhner, O.: Arzt und Patient in der Industriegesellschaft. Frankfurt am Main, Suhrkamp Verlag, 1973

Physicians' Desk Reference (PDR) to Pharmaceutical Specialities and Biologicals. Oradell, Litton Industries Inc., 1981

Piven, F. F. und Cloward, R. A.: Sozialpolitik und politische Bewußtseinsbildung. Leviathan 7, 1979, S. 283 - 307

Pöldinger, W.: Kompendium der Psychopharmakotherapie. Basel, Roche AG, 1982

Poser, W.: Überlegungen zur Rolle des Arztes bei Prävention und Therapie der Medikamentenabhängigkeit. In: Faust, V. (Hrsg.): Suchtgefahren in unserer Zeit: Alkoholkrankheit - Medikamentenmißbrauch - Nikotinabusus - Rauschdrogenkonsum - Polytoxikomanie. Stuttgart, Hippokrates Verlag, 1983

Poser, W., Kemper, N. und Poser, S.: Mißbrauch und Abhängigkeit bei Benzodiazepin-Hypnotika. In: Hippius, H. (Hrsg.): Internationales Symposium. Benzodiazepine in der Behandlung von Schlafstörungen. München, 1982, S. 63 - 70

Poser, W., Poser, S. und Kemper, N.: Benzodiazepin-Abhängigkeit: Gibt es Unterschiede zwischen den verschiedenen Substanzen ? In: Waldmann, H. (Hrsg.): Medikamenten-Abhängigkeit. Wiesbaden, Akademische Verlagsgesellschaft, 1983, S. 55-63

Praag, H. M. van: Indoleamines in depression. In: Burrows, G. D.: Handbook of Studies on Depression. Amsterdam, London, New York, Excerpta Medica, 1977, S. 303 - 324

Prather, J.: The Feminization of Tranquilizers. Vortrag anläßlich der Tagung Chemie für die Seele - Medikamente für Frauen 4.-6.11.1985 in Bremen

Prien, R. F., Klett, J. und Caffey, E. M. J.: Lithium carbonate and Imipramine in prevention of affective episodes. Archives of General Psychiatry 29, 1973, S. 420 - 425

Pschyrembel, W.: Klinisches Wörterbuch mit klinischen Syndromen und einem Anhang Nomina Anatomica, 253. Auflage. Berlin, New York, de Gruyter-Verlag, 1977

Quitkin, F., Rifkin, A. und Klein, D. F.: Very high dosage vs. standard dosage fluphenazine in schizophrenia. A double-blind study of nonchronic treatment-refractory patients. Archives of General Psychiatry 32, 1975, S. 1276 - 1281

Quitkin, F., Rifkin, A. und Klein, D. F.: Prophylaxis of affective disorders-current status and knowledge. Archives of General Psychiatry 33, 1976, S. 337 - 341

Rafaelsen, O.J., Müller-Oerlinghausen, B. und Hollister, L.E.: Psychopharmaka. Kurzgefaßte Therapiehilfe für die Praxis. Stuttgart, New York, Georg Thieme Verlag, 1983

Redlich, F. C. und Freedman, D. X.: Theorie und Praxis der Psychiatrie. Band 2. Frankfurt am Main, Suhrkamp Verlag, 1974

Rosser, W.W., Simms, J.G., Patten, D.W. und Forster, J.: Improving benzodiazepine prescribing in family practice through review and education. Can. Med. Assoc. Journal 124 (2), 1981, S. 147-153

Rosser, W.W.: Benzodiazepine prescription to middle-aged women. Is it done indiscriminately by family physicians ? Postgrad. Med. 71 (4), 1982, S. 115-120

Rosser, W.W.: Using the perception-reality gap to alter prescribing patterns. Journal Med. Educ. 58 (9), 1983, S. 728-732

Rote Liste, Hrsg.: Bundesverband der Pharmazeutischen Industrie e. V. Aulendorf, Edition Cantor, 1981

Roth, W. F. und Luton, F. H.: Mental health programme in Tennessee. American Journal of Psychiatry 99, 1943

Rush, A. J. u.a.: Comparative efficacy of cognitive therapy and pharmacotherapy in the treatment of depressed outpatients. Cognitive Therapy and Research 1, 1977, S. 17 - 37

Rush, A. J. u.a.: Comparison of the effects of cognitive therapy and pharmacotherapy on hopelessness and self concept. American Jour-nal of Psychiatry 139, 1982, S. 862 - 866
Ryan, H. F. u.a.: Increase in suicidal thoughts and tendencies: Association with diazepam therapy. Journ. Am. Medic. Assoc. 203, 1968, S. 1137 - 1139

Schatzberg, A. F. und Cole, J. O.: Benzodiazepines in depressive disorders. Archives of General Psychiatry 35, 1978, S. 1359 - 1365
Schmidtobreick, B.: Die heimliche Sucht. Mißbrauch und Abhängigkeit von Medikamenten - ein Überblick. Deutscher Caritasverband (Hrsg.), Hamm, 1982
Schoenemeyer, J.: Die Stellung von Dikaliumclorazepat in der modernen Tranquilizer-Therapie unter besonderer Berücksichtigung der abendlichen Einmaldosis. In: Wieck, H. H. (Hrsg.): Langzeittherapie neuropsychiatrischer Erkrankungen. Erlangen, perimed Verlag, 1978
Schönhöfer, P. S. und Stock, K.: Therapeutischer Einsatz von Psychopharmaka. In: Fülgraff, G. und Palm, D. (Hrsg.): Pharmakotherapie, Klinische Pharmakologie. New York, Stuttgart, G. Fischer Verlag, 1979
Schou, M.: Prophylactic and maintenance therapy in recurrent affective disorders. In: Gallant, D. M. und Simpson, G. M. (Hrsg.): Depression. New York, Spectrum Verlag, 1976
Schüssler, G., Linden, M. und Müller-Oerlinghausen, B.: Langfristige Behandlung von Patienten in nervenärztlichen Praxen mit Antidepressiva. Nervenarzt 55, 1984, S. 137 - 142
Schulte, W. und Tölle, R.: Psychiatrie. Berlin, Heidelberg, New York, Springer Verlag, 1980
Shepherd, M.: Introduction: The Terms of Reference. In: Tognoni, G., Bellantuono, C. und Lader, M. (Hrsg.): Epidemiological Impact of Psychotropic Drugs. Elsevier/North-Holland, Biomedical Press, 1981, S. 1 - 15
Shepherd, M. B., Cooper, A., Brown, C. u.a.: Psychiatric Illness in General Practice. London, Oxford, University Press, 1966
Sichrovsky, P.: Krankheit auf Rezept. Köln, Kiepenheuer & Witsch Verlag, 1984
Simon, C.: Klinische Pädiatrie. Stuttgart, Schattauer Verlag, 1976

Singh, M. M. und Smith, J. M.: Reversal of some therapeutic effects of an antipsychotic agent by an antiparkinsonism drug. Journal of Nervous and Mental Disease 157, 1973, S. 50 - 58

Snyder, S. H.: Cholinergic mechanismus in affektive disorders. The New England Journal of Medicine 311 (4), 1984

Snyder, S. H. und Yamamura, H. I.: Antidepressants and the muscarinic acetylcholine receptor. Arch. of Gen. Psychiatry 34, 1977, S. 236 - 239

Spiegel, H. und Aebi, H.-J.: Psychopharmakologie. Stuttgart, Kohlhammer Verlag, 1981

Sörensen, A. und Strömgren, E.: Frequency of depressive states with geographically delimited population groups. Acta Psychiatr. Scand. Suppl. 162 (37), 1961, S. 62 - 68

Stika, L. und Vinar, O.: Utilization of Psychotropic Drugs - An international comparison. Activ. Nerv. Sup. (Prag) 22, 1980, S. 221 - 224

Tomson, G., Lunell, N. O. u.a.: Pharmacokinetics of Oxacepam given during labour. Acta Psychiatr. Scand. Suppl. 274, 1978, S. 75 - 81

Tourney, G.: A history of therapeutic fashions in psychiatry, 1800 - 1966. American Journal of Psychiatry, 124, 1967, S. 784

transparenz-telegramm: Arzneimittelinformationsdienst GmbH. Berlin, 1980 und 1983

VIP - Verschreibungsindex für Pharmazeutika. Institut für Medizinische Statistik GmbH, Frankfurt am Main, 1980 und 1983

Vogt, I.: Frauen als Objekte der Medizin: Das Frauensyndrom. Leviathan 11, 1983, S. 161 - 199

Vogt, I.: Für alle Leiden gibt es eine Pille. Opladen, Westdeutscher Verlag, 1985

Waldmann, H. (Hrsg.): Medikamenten-Abhängigkeit. Wiesbaden, Akademische Verlagsgesellschaft, 1983

Weiershausen, U.: Zur klinischen Relevanz pharmakokinetischer Unterschiede bei Benzodiazepinen. In: Blaha, L.(Hrsg.): Psychovegetative Allgemeinstörungen. Neu Isenburg, IMP Verlag, 1981, S. 128-138

Weissmann, M. M.: The psychological treatment of depression. Evidence for the efficacy of psychotherapy alone in comparison with and in combination with pharmacotherapy. Archives of General Psychiatry 36, 1979, S. 1261 - 1269

Wellhöner, H. H.: Allgemeine und systematische Pharmakologie und Toxikologie. Berlin, Heidelberg, New York, Springer-Verlag, 1976

Weyerer, S. und Dilling, H.: Prävalenz und Behandlung psychischer Erkrankungen in der Allgemeinbevölkerung. Ergebnis einer Feldstudie in drei Gemeinden Oberbayerns. Nervenarzt 55, 1984, S. 30 - 42

Whitelock, F. A.: Depression and suicide. In: Burrows, G. D. (Hrsg.): Handbook of studies on depression. Amsterdam, London, New York, Excerpta Medica, 1977

WIdO (Wissenschaftliches Institut der Ortskrankenkassen): Ausgewogene Absicherung von Gesundheitsrisiken. Gutachten erstellt im Auftrag des Senators für Gesundheit, Soziales und Familie des Landes Berlin. Bonn, 1984

Wittchen, H.-U., und Fichter, M.M. (Hrsg.): Psychotherapie in der Bundesrepublik. Weinheim, Basel, Beltz Verlag, 1980

Wolfersdorf, M. u.a.: Zur Hospitalisation Depressiver - Erste Ergebnisse einer epidemiologischen Studie der Weißenauer Depressions-Station. In: Faust, F. und Hole, G. (Hrsg.): Depressionen. Stuttgart, Hippokrates Verlag, 1983

Woggon, B.: Prognose der Psychopharmakatherapie. Stuttgart, Enke Verlag, 1983

Woggon, B.: Neuroleptika - Absetzversuche bei chronisch schizophrenen Patienten. Inter. Pharmacopsychiat. 14, 1979, S. 34 - 56

Workman, D. G. und Cunningham, D. G.: Effect of Psychotropic Drugs on Aggression in a Prison Setting. Canadian Family Physician 21 (11), 1975, S. 63 - 66

Zitman, F. G.: Undesired effects of benzodiazepine hypnotics and their cause. In: Hippius, H. (Hrsg.): Internationales Symposium. Benzodiazepine in der Behandlung von Schlafstörungen. München 1982, S. 57 - 62

Zintl-Wiegand, A. und Cooper, B.: Psychische Erkrankungen in der Allgemeinpraxis: Eine Untersuchung in Mannheim. Nervenarzt 50, 1979, S. 352 - 359

Anhang: Abbildungen A1 bis A23

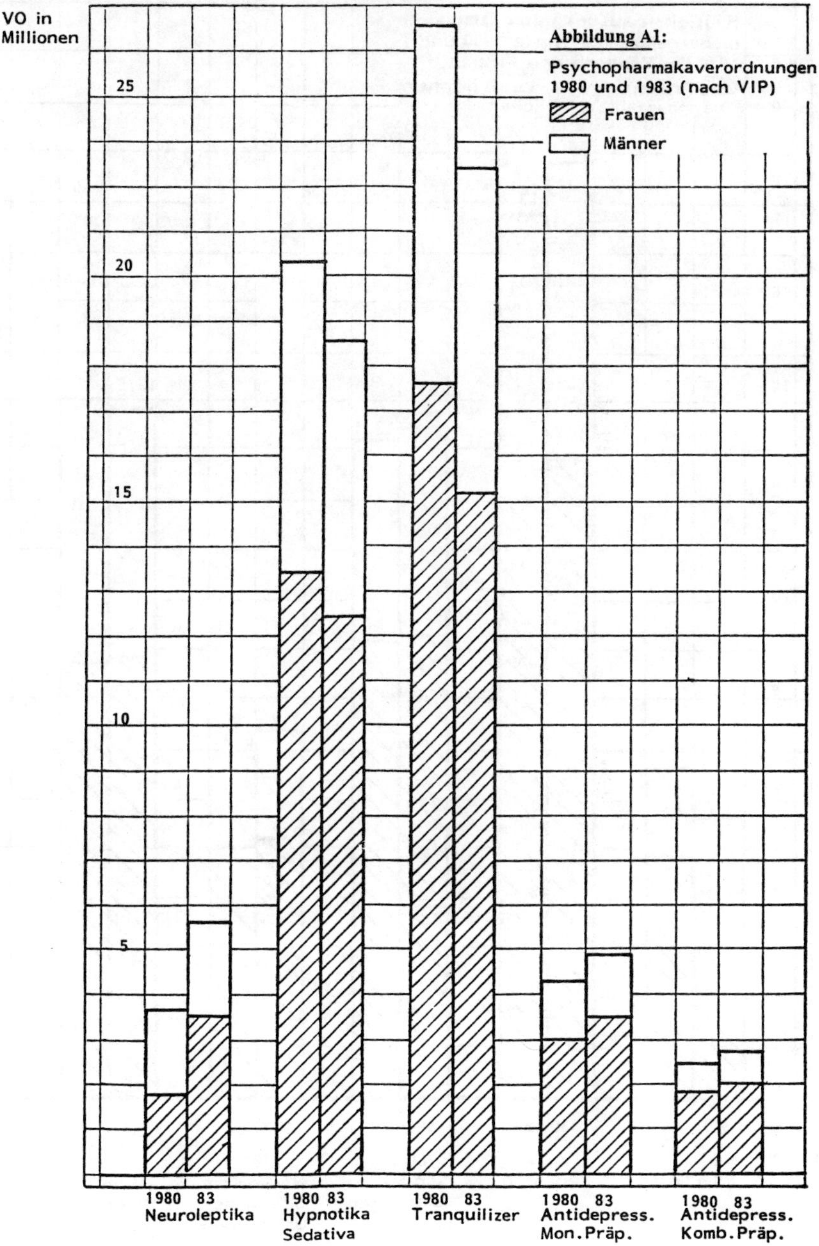

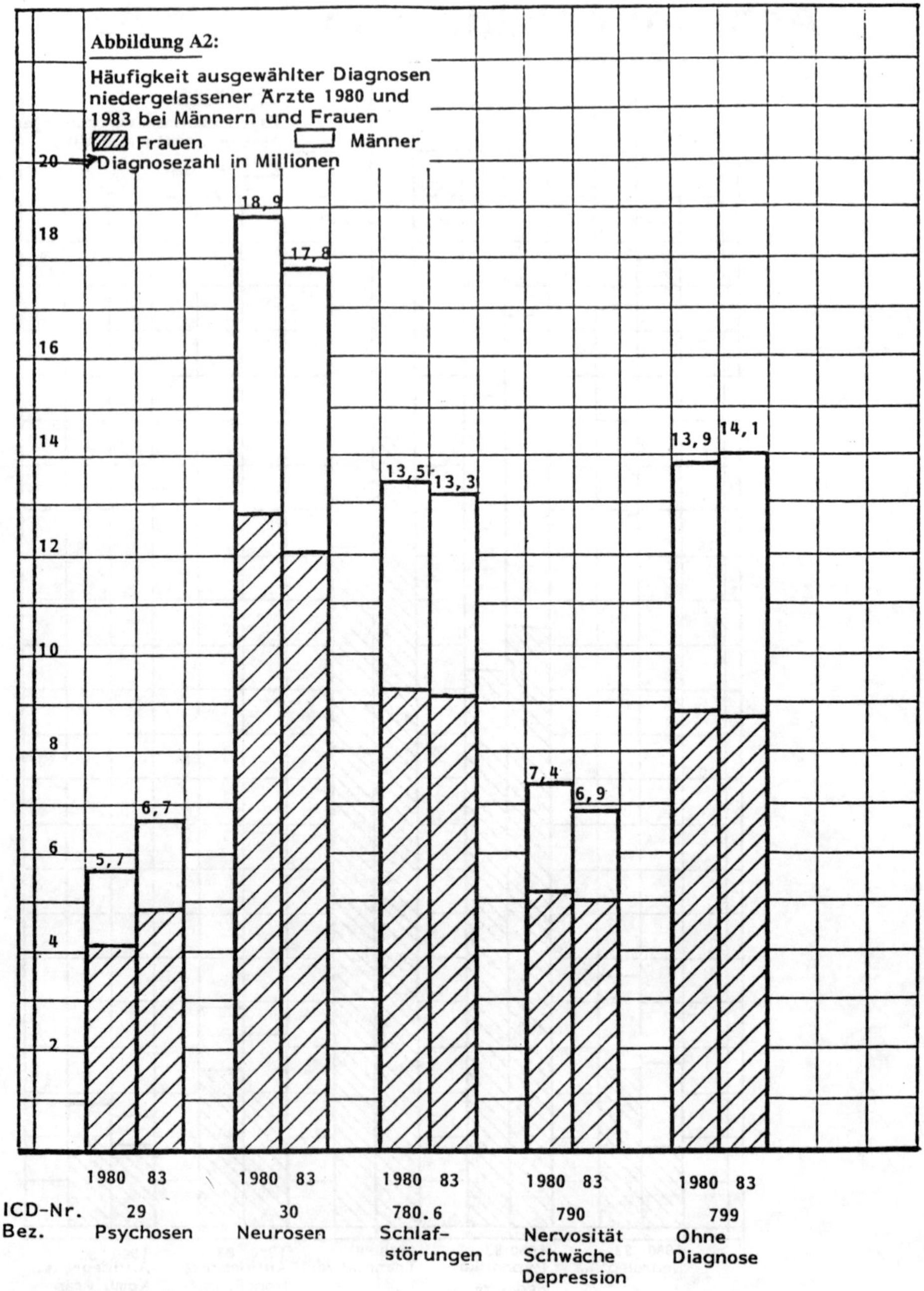

Abbildung A2:
Häufigkeit ausgewählter Diagnosen niedergelassener Ärzte 1980 und 1983 bei Männern und Frauen
Frauen
Männer
20 → Diagnosezahl in Millionen
18
16
14
12
10
8
6
4
2
5,7
6,7
18,9
17,8
13,5
13,3
7,4
6,9
13,9
14,1
1980 83
1980 83
1980 83
1980 83
1980 83
ICD-Nr.
Bez.
29
Psychosen
30
Neurosen
780.6
Schlaf-
störungen
790
Nervosität
Schwäche
Depression
799
Ohne
Diagnose

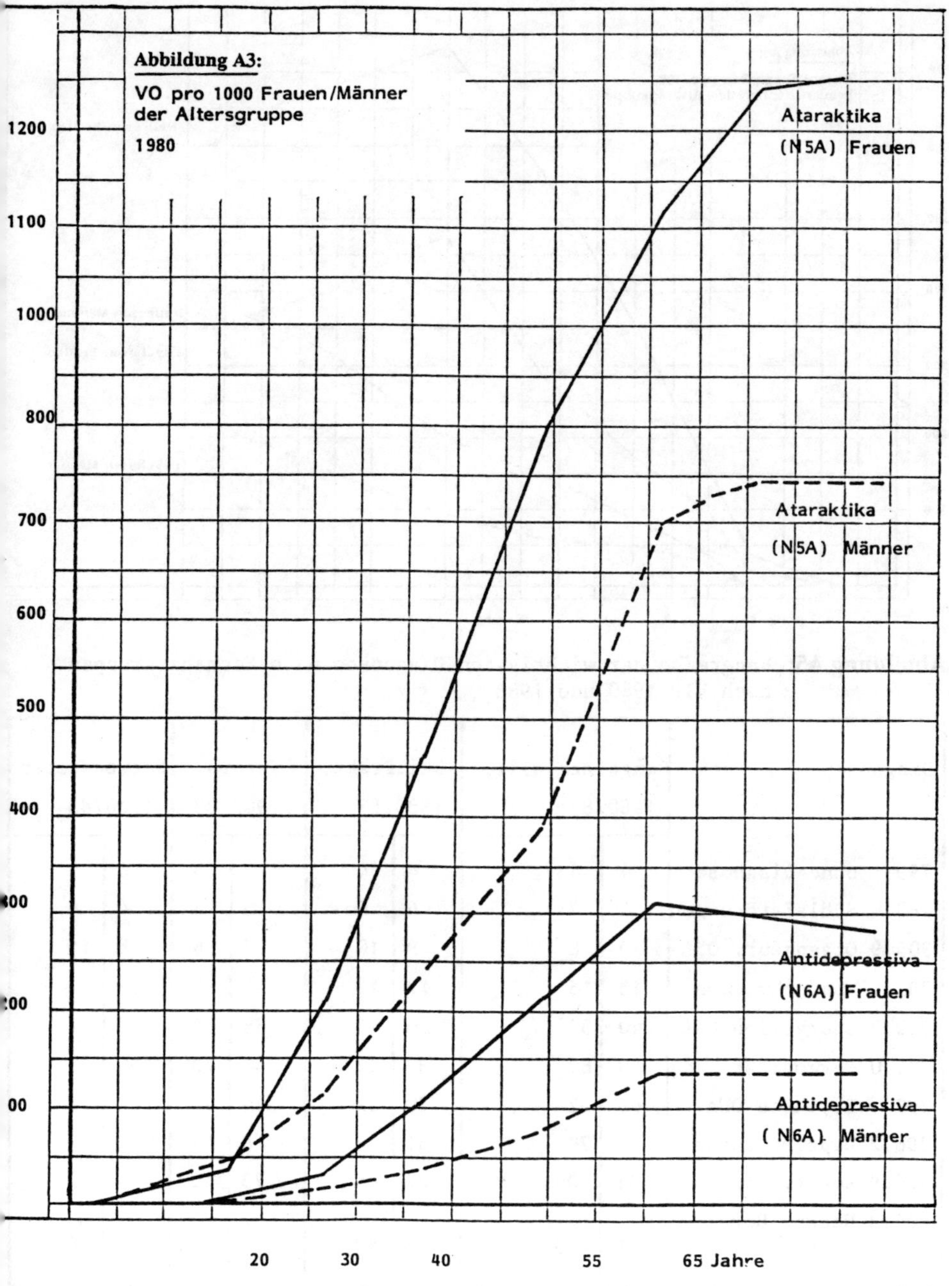

Abbildung A3:
VO pro 1000 Frauen/Männer
der Altersgruppe
1980
1200
1100
1000
800
700
600
500
400
00
00
Ataraktika
(N5A) Frauen
Ataraktika
(N5A) Männer
Antidepressiva
(N6A) Frauen
Antidepressiva
(N6A) Männer
20
30
40
55
65 Jahre

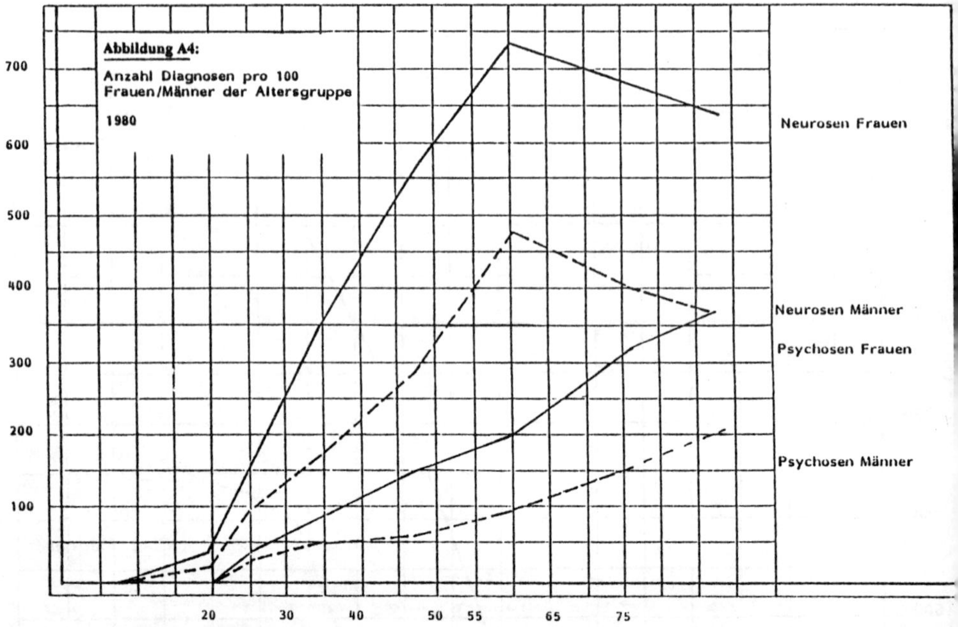

Abbildung A5: Rangreihe der wichtigsten Diagnosen nach Facharztgruppen nach VIP 1980 und 1983

Diagnosen	Rangplatz allg. 1980/83		bei Prakt. 1980/83		Intern. 1980/83		Nervenärzten 1980/83	
799 ohne Diagnose	4	4	4	4	3	3	6	9
780.6 Schlafstörungen	7	7	6	6	5	5	4	4
305.9 Organneur. ONA	9	8	9	10	7	6	8	14
791 Kopfschmerzen	13	15	12	12	21	16	11	12
790.2 Depression ONA	40	35	50	46	38	35	1	1
790.0 Nervosität	49	69	37	52	50	73	30	39
299 Psychose ONA	63	52	70	62	44	45	3	3
296.2 Depr.Psychose	73	70	81	74	58	66	2	2
306.9 sonst.Symptome	84	100	80	85	73	>100		
305.3 Neurot.Herz/ Kreisl.St.	91	108	83	87	74	90	6	6

Abbildung A6: Vergleich der VO-Mengen einzelner Psychopharmaka laut VIP 1980 und 1983 und GKV-Index 1981 und 1983

Präparat	VO-Menge in Tausend				
	1981 GKV	1980 VIP	1983 GKV	1983 VIP	prozentuale Abweichung 1983
Benzodiazepine = BD					
Adumbran	5.927	5.228	4.502	4.555	1
Praxiten	1.416	1.390	1.248	1.328	6
Lexotanil	5.828	4.578	5.172	5.257	2
Valium	2.634	2.513	1.598	1.620	1
Tavor	1.983	1.808	1.681	1.863	10
Tranxilium	1.752	1.662	1.341	1.354	1
Neuroleptika = NL					
Atosil	842	619	801	730	1
Neurocil	565	382	628	441	1
Haldol	534	429	531	536	0
Truxal	411	331	421	387	8
Melleril	333	287	422	368	13
Imap		420	427	650	34
Antidepressiva = AD					
Limbatril	2.639	2.341	1.864	2.003	7
Saroten	709	640	688	598	13
Alival	551	443	428	477	10
Ludiomil	508	522	551	611	10
Tolvin	439	533	393	556	29
Aponal	357	288	388	429	10

Abbildung A7: Pharmakokinetische Eigenschaften der 5 am häufigsten verordneten BD

Substanz Name eingeführt seit	HWZ (h)	Anzahl Metaboliten	Metab. HWZ (h)	DDD (mg)	Besonderheiten
Diazepam Valium 1963	30-40 lang	1	50-80	10	Aktiver kumulierender Metabolit, Elimination abhängig von Alter, Leberfunktion und Proteinbindung, i.m. Applikation ungünstig
Clorazepat Tranxilium 1969	50-146 lang	1	50-80	20	Rasche Bildung des Metaboliten, Elimination abhängig von Alter und Leberfunktion
Bromazepam Lexotanil 1977	12-24 mittel	0		4,5	HWZ verlängert bei alten Patienten
Oxazepam Adumbran 1965	6-15 kurz	0		50	Hepatische Elimination unabhängig von Alter und Leberfunktion, langsame Absorption
Lorazepam Tavor 1972	12-18 kurz	0		2	Elimination unabhängig von Alter und Leberfunktion, relativ hohes Suchtpotential

(Zahlenangaben nach Klotz 1981; arznei-telegramm, 1983)

Abbildung A8: Die wichtigsten Diagnosen zur Begründung von Ataraktika-VO (N5A) 1980 und Tranquilizer-VO (N5C) und Neuroleptika-VO (N5A) 1983

ICD.Nr.	Bezeichnung	1980 N5A (BD + NL) in Tsd.	in %	1983 N5C (BD) in Tsd.	in %	1983 N5A (NL) in Tsd.	in %
30	Neurosen	10998	38	9103	41	1104	20
300.0	Angstneurose	361	1	365	2	46	1
300.2	Phobie	-	-	82	0	21	
300.4	Depressive N.	548	2	445	2	120	2
300.5	Neurasthenie	702	2	452	2	35	1
305	Organneurosen	7323	25	6552	29	420	8
306	Psych.Symptome	958	3	531	3	214	4
79	Mangelhaft bzw. Krankheit	5241	18	3874	17	875	16
790.0	Nervosität	1613	6	1257	6	59	1
790.1	Schwäche	105	0	85	0	21	
790.2	Depression	1803	6	1404	6	502	9
799	Ohne Diagnose	1340	5	994	4	257	5
78	Symptome	4112	14	3980	17	425	8
780.6	Schlafstörung	3711	13	3766	17	283	5
29	Psychosen	3905	13	2270	10	2237	40
295	Schizophrenie	613	2	69	0	583	10
296	Affektive Ps.	1188	4	791	4	492	9
298	Sonstige Psychosen	196	1	155	1	65	1
299	Psychosen ONA	1697	6	1212	5	842	15

Abbildung A9: Ergebnis der hypothesengeleiteten Analyse von Verordnungsunterschieden der 7 BD bei 9 Variablen über Kontingenztafeln mit Chi-Quadrattest

Geprüfte BD	Geschlecht	Alter	Diagnose	Erstkons.	Variable Artzgr.	Arztalter	Gemeindegröße	Kasse	Allein-VO	Anzahl S.U.	Anzahl (S.U)	Anzahl n.s.U.
1 5 BD	S.U.	S.U.	S.U.	S.U.	S.U.	S.U.	S.U.	S.U.	S.U.	9	0	0
2 Adumbran + Praxiten	n.s.	S.U.	S.U.	n.s.	S.U.	S.U.	S.U.	(S.U)	n.s.	5	1	3
3 Valium + Diazepam	n.s.	(S.U)	n.s.	n.s.	S.U.	n.s.	S.U.	S.U.	n.s.	3	1	5
4 Adumbran und Tavor	S.U.	S.U.	S.U.	n.s.	S.U.	n.s.	S.U.	S.U.	S.U.	7	0	2
5 Lex, Val.,Tranx.	S.U.	S.U.	S.U.	S.U.	S.U.	S.U.	S.U.	S.U.	S.U.	9	0	0
Anzahl S.U.	3	4	4	2	5	3	5	4	3			
" (S.U)	0	1	0	0	0	0	0	1	0			
" n.s.	2	0	1	3	0	2	0	0	2			

S.U. = Signifikante Unterschiede, Signifikanzniveau = 0,001
(S.U) = Signifikante Unterschiede, Signifikanzniveau = 0,01
n.s. = Unterschiede nicht signifikant

Abbildung A10:
Prozentuale Verteilung der BD-VO auf Diagnosen nach ICD-Schlüssel

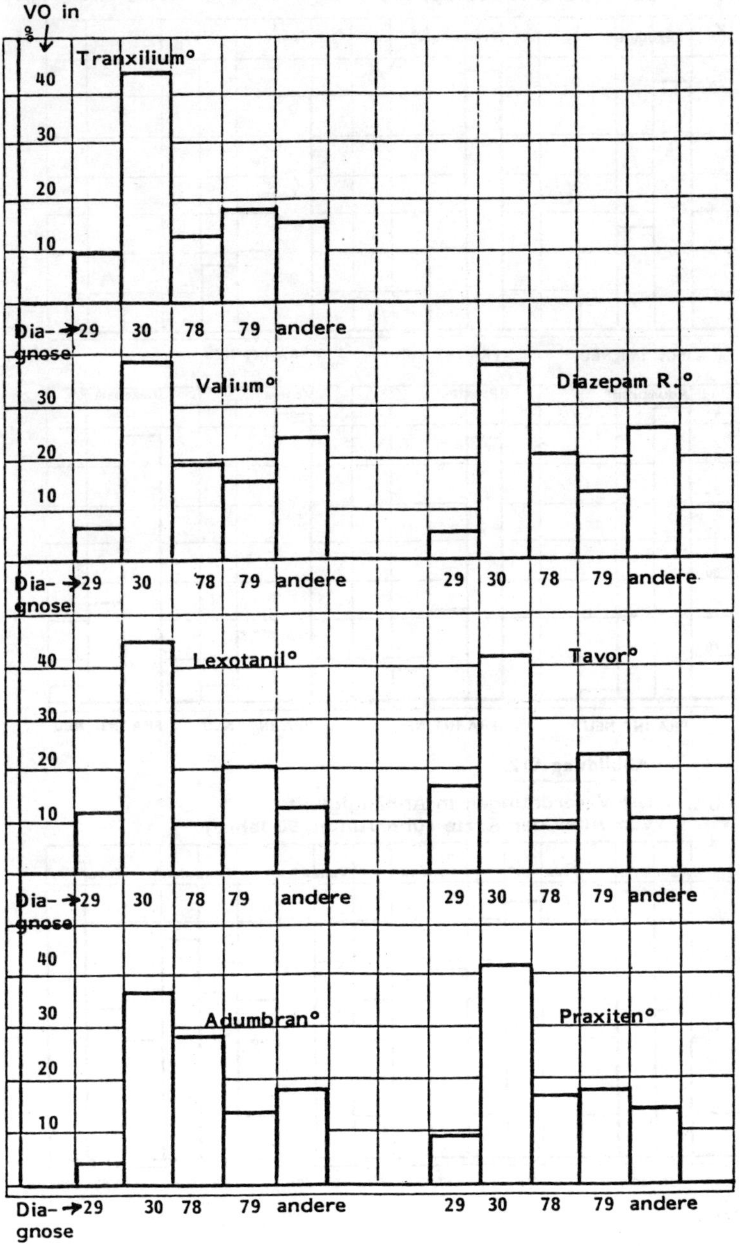

Abbildung A11:

Prozentuale Verteilung der Verordnungen auf die drei Arztgruppen, Praktiker, Internisten, Neurologen

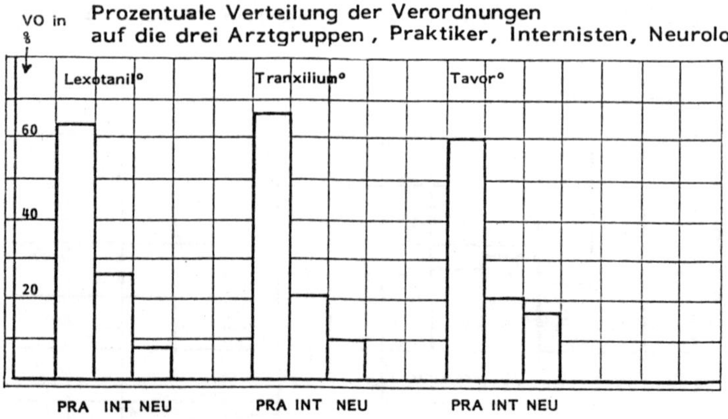

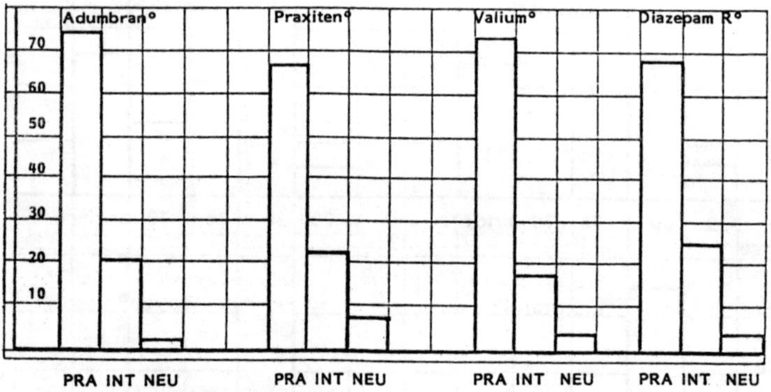

Abbildung A12:

BD-Verordnungen in Abhängigkeit vom Alter der Ärzte (über/unter 50 Jahre)

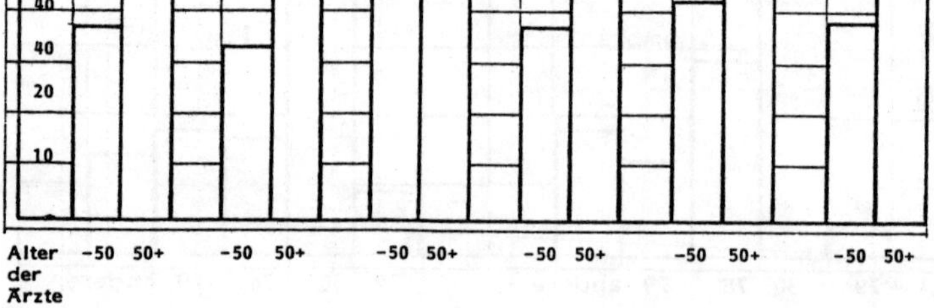

Abbildung A13:

Verordnungen in Abhängigkeit von Gemeindegröße
(über/unter 100 000 Einwohnern)

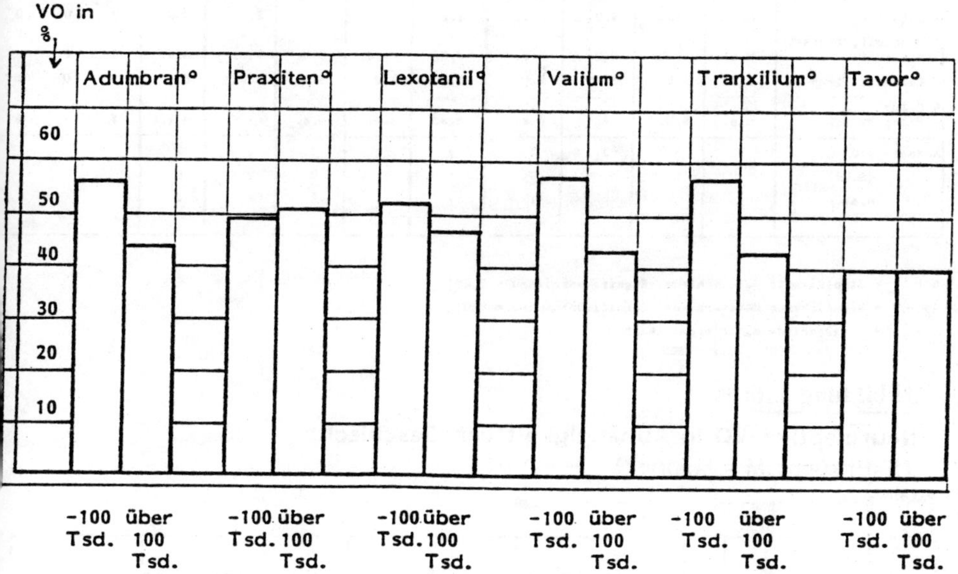

Abbildung A14:

BD-VO in Abhängigkeit
von der Kasse des Patienten

Kasse 1 = RVO-Kassen
Kasse 2 = Ersatzkassen
Kasse 3 = Private Krankenkassen

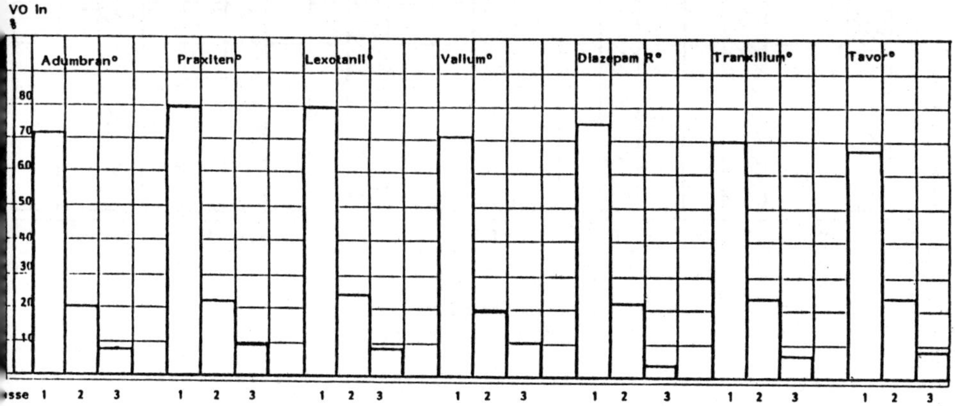

Abbildung A15: Ergebnisse der hypothesengeleiteten Analyse von Verordnungsunterschieden der 5 (6) NL bei 9 Variablen

Fragestellung	Geschlecht	Alter	Diagnose	Erstkons.	Variable Arztgruppe	Arztalter	Gemeindegröße	Kasse	Allein-VO	Anzahl S.U.	Anzahl (S.U)	Anzahl n.s.U
1 5 (6) NL	S.U.	S.U.	S.U.	S.U.	S.U.	S.U.	S.U.	S.U.	S.U.	9	0	0
2 Neurocil, Truxal, Melleril	S.U.	(S.U)	S.U.	n.s.	S.U.	(S.U)	S.U.	n.s.	n.s.	4	2	3
3 Haldol u. Imap	S.U.	S.U.	S.U.	S.U.	S.U.	S.U.	S.U.	S.U.	S.U.	9	0	0
4 Haldol u. Halop.Rat.	n.s.	S.U.	-	n.s.	n.s.	n.s.	n.s.	-	n.s.	1	-	6
Anzahl S.U.	3	3	3	2	3	2	3	2	2			
(S.U)		1		0		1	0	0	0			
n.s.	1			1	1	1	1	1	2			

S.U. = Signifikante Unterschiede, Signifikanzniveau = 0,001
(S.U.) = Signifikante Unterscheide, Signifikanzniveau = 0,01
n.s. = Unterschiede nicht signifikant

Abbildung A16:

Neuroleptika-VO in Abhängigkeit von Geschlecht (F=Frauen, M = Männer).

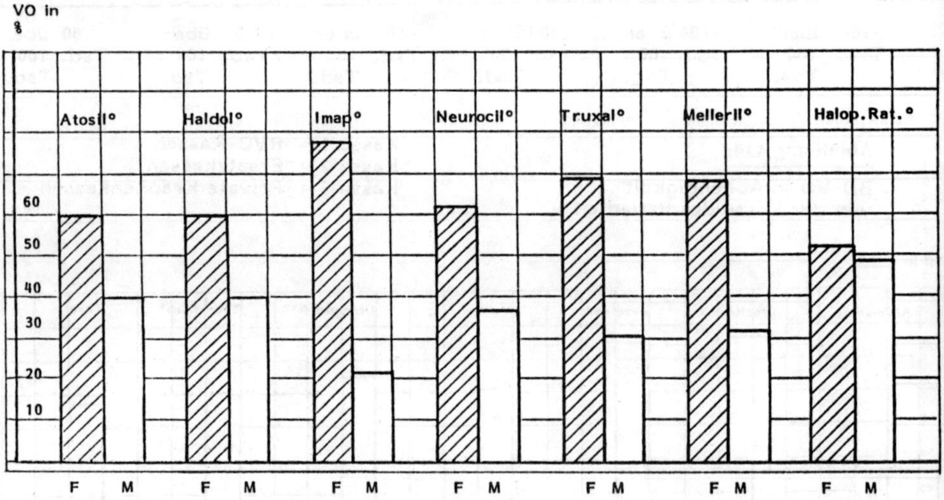

Abbildung A17:

Verteilung der NL-Verordnungen auf Altersgruppen von Patienten

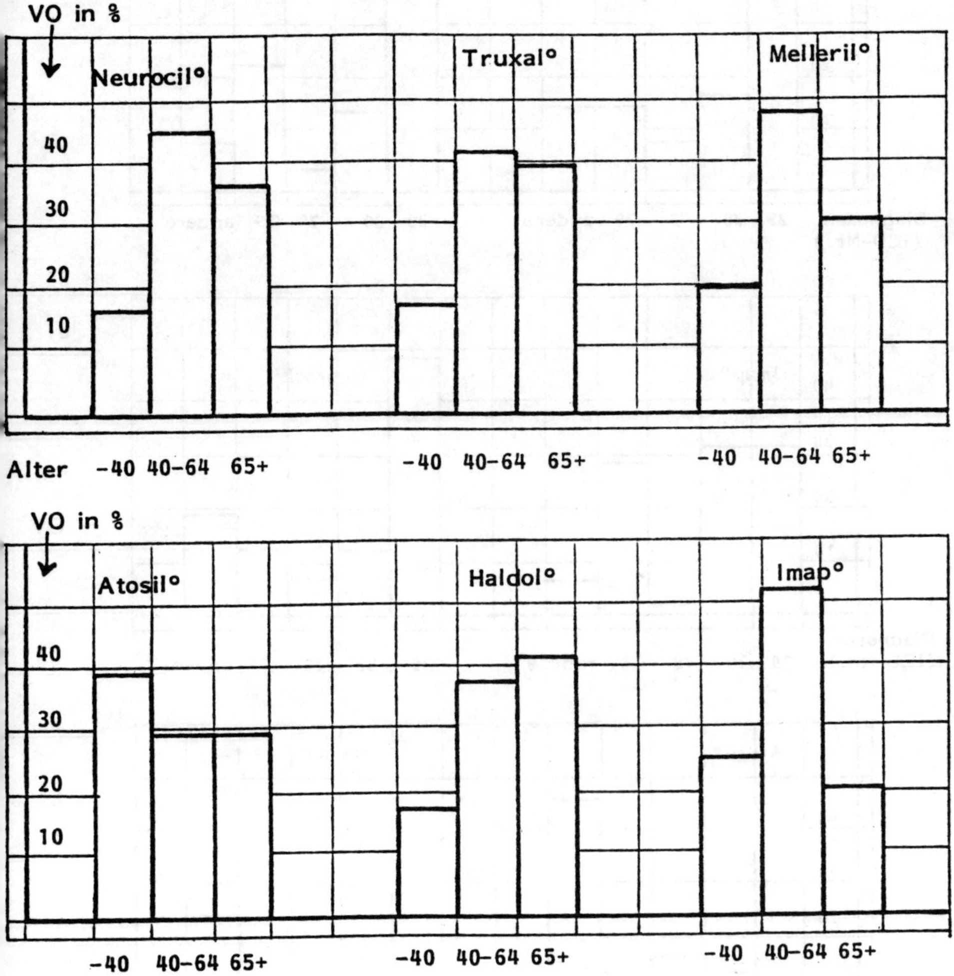

Abbildung A18: NL-Verordnungen in Abhängigkeit von den Diagnosen

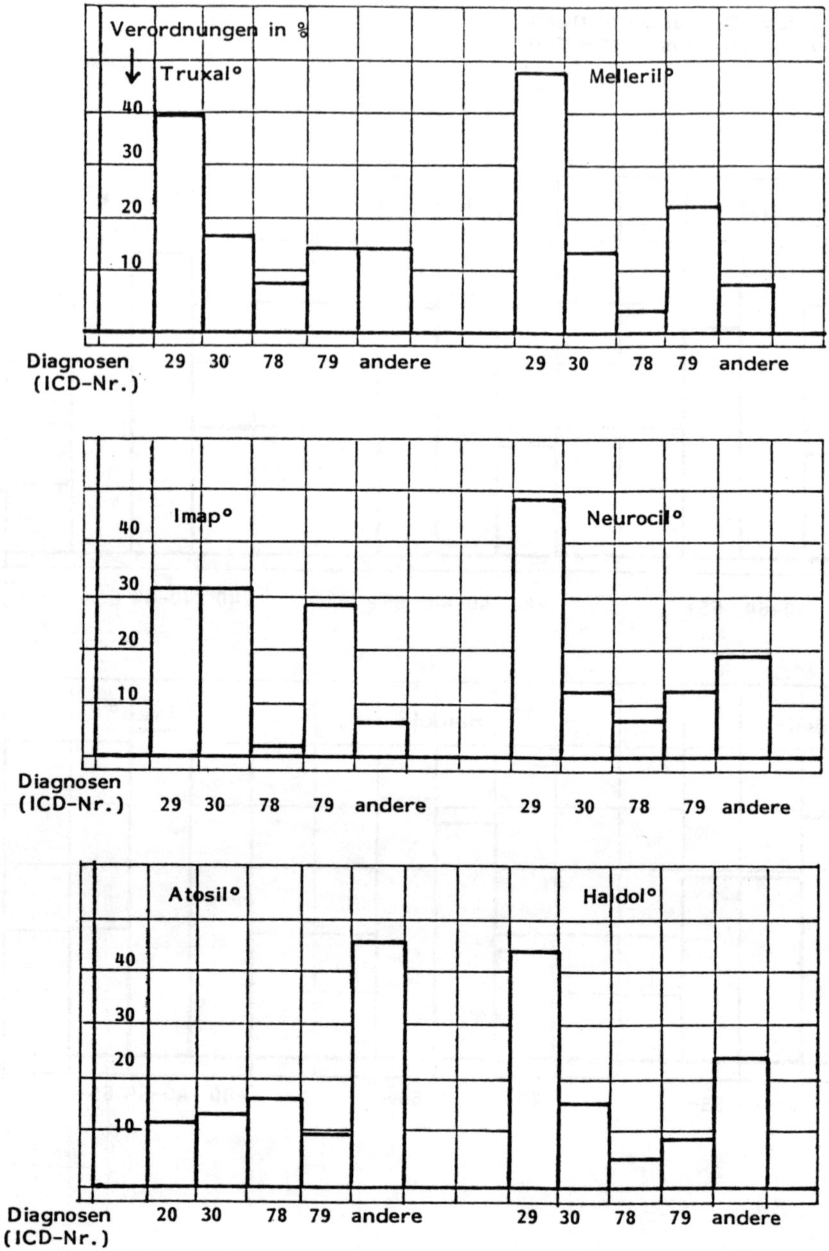

Abbildung A19:

NL-Verordnungen in Abhängigkeit
von der Arztgruppe

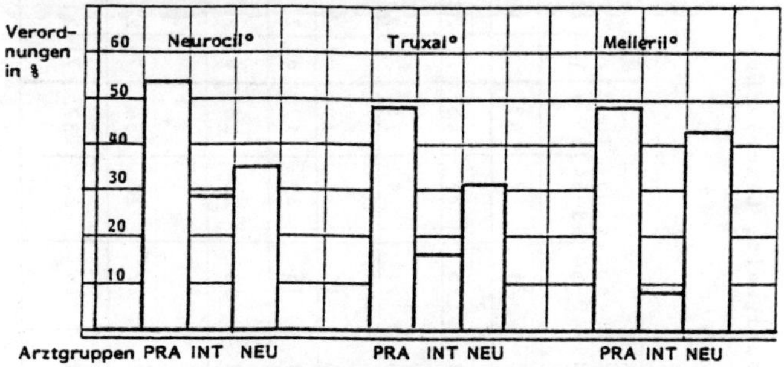

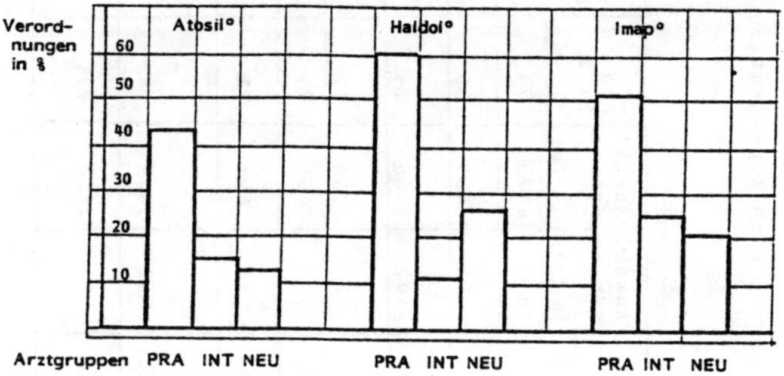

Abbildung A20:

NL-VO in Abhängigkeit vom Arztalter
über/unter 50 Jahre

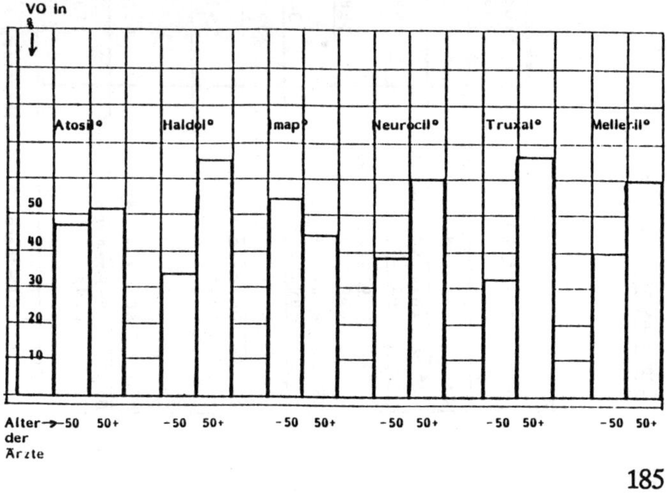

Abbildung A21: Die Patienten mit Depressionen und AD-VO nach Konsultationshäufigkeit, Geschlecht, Alter, Kassen

ICDNr.	Bezeichnung	Gesamtzahl in Tausend 1980	Anzahl Erstkonsultationen		Anzahl Männer	Anzahl Frauen	Frauen in %	Altersverteilung in %				Kassen *) in %		
			in Tsd	in %	in Tsd	in Tsd		0-39	40-54	55-64	65 +	1	2	3
29	Psychosen	5808	999	20	1515	4175	73	16	24	17	43			
296.0	Involut. Melancholie	487	88	20	65	409	86	1	25	29	45	70	22	8
296.2	Depressive Psychose	1888	300	18	402	1466	79	6	11	9	74	72	20	8
298.0	Reakt.depr. Psychose	340	109	35	74	253	77	28	33	20	19	69	26	5
790.2	Depression ONA	3523	731	23	938	2465	72	22	36	29	13	67	23	10
300.4	Depressive Neurose	938	199	33	231	691	75	22	30	22	26	63	28	9
IND.gr.														
N6A	AD-Monopräp.	4264	789	21	1062	3041	74	17	27	22	34	70	23	7
N6C	AD-Kombinationspräp.	2531	436	20	565	1878	77	11	28	24	37	71	21	8

Kasse 1 = RVO-Kasse, 2 = Ersatzkasse, 3 = Privatkasse

Abbildung A22: Vergleich der 3 Facharztgruppen bei 5 Depressionsdiagnosen

1980		% der Diagnosen			Diagnose pro Jahr pro			VO pro Diagnose		
		PRA.	INT.	NEU.	PRA.	INT.	NEU.	PRA.	INT.	NEU.
29	Psychosen	47	18	33	102	120	1.147	1,3	1,2	1,6
296.0	Inv. mel.	34	7	54	6	4	158	1,3	1,4	1,6
296.2	Depr.Ps.	51	20	27	35	43	309	1,3	1,2	1,6
298.0	Reakt.Depr.	36	18	45	5	7	92	1,1	1,2	1,5
300.4	depressive Neurosen	50	24	25	17	25	144	1,1	1,1	1,4
790.2	Depr. ONA	55	18	23	72	73	479	1,2	1,2	1,5
1983										
296.0	Inv. med.	30	8	58	6	4	153	1,2	1,2	1,6
296.2	Depr Ps.	51	17	32	41	37	330	1,2	1,2	1,6
298.0	Reakt.Depr.	38	15	46	5	6	87	1,2	1,1	1,4
300.4	depressive Neurosen	51	18	30	20	20	157	1,1	1,1	1,3
790.2	Depr. ONA	50	20	28	75	82	542	1,1	1,2	1,4

Abbildung A23: Ergebnisse der hypothesengeleiteten Analyse von Verordnungsunterschieden der 5 AD bei 9 Variablen

	Variable									Anzahl		
	Geschlecht	Alter	Diagnose	Erstkons.	Arztgruppe	Arztalter	Gemeinde größe	Kasse	Allein-VO	S.U.	(S.U)	n.s.U.
1 5 AD	S.U.	S.U.	S.U.	S.U.	S.U.	n.s.	S.U.	n.s.	S.U.	7	0	2
2 4 AD (ohne Alival)	0,02	S.U.	S.U.	0,006	S.U.	n.s.	S.U.	n.s.	S.U.	5	2	2
3 Tolvin + Ludiomil	n.s.	n.s.	n.s.	n.s.	0,003	n.s.	S.U.	n.s.	n.s.	1	1	7
4 Saroten + Aponal	0,006	S.U.	S.U.	n.s.	0,006	n.s.	S.U.	n.s.	S.U.	4	2	3
5 Tolvin, Ludiomil Alival	0,002	S.U.	0,007	S.U.	S.U.	n.s.	S.U.	n.s.	n.s	4	2	3
Anzahl S.U	1	4	3	2	3	0	5	0	3			
(S.U)	3	0	1	1	2	0	0	0	0			
n.s.U.	1	1	1	2	0	5	0	5	2			

s.u. = signifikante Unterschiede, Signifikanzniveau = 0,001

(s.u.)= signifikante Unterschiede, Signifikanzniveau < 0,01, wird genau angegeben

n.s. = Unterschiedd nicht signifikant

Aufstellung der im Text erwähnten Präparate mit

Handelsname und Wirkstoff

Adumbran	Oxazepam
Akineton	Biperiden
Alival	Nomifensin
Anafranil	Clomipramin
Aponal	Doxepin
Atosil	Promethazin
Captagon	Fenetyllin-HCL
Decentan	Perphenazin
Diazepam-ratiopharm	Diazepam
Distraneurin	Clomethiazol
Dogmatil	Sulpirid
Dominal	Prothipendyl-HCL
Fortral	Pentazocin
Gamonil	Lofepramin
Haldol	Haloperidol
Imap	Fluspirilen
Insidon	Opipramol
Jatrosom	Tranylcypromin + Trifluoperazin
Laroxyl	Amitriptylin
Leponex	Clozapin
Lexotanil	Bromazepam
Librium	Chlordiazepoxid
Limbatril	Amitriptylin + Chlordiazepoxid
Longopax	Amitriptylin + Perphenazin
Ludiomil	Maprotilin
Medinox	Secorbarbital + Cyclobarbital
Melleril	Thioridazin
Neurocil	Laevomepromazin
Nortrilen	Nortiptylen
Noveril	Dibenzepin

Omca	Fluphenazin
Pantrop	Amitriptylin + Chlordiazepoxid
Parnate	Tranylcypromin
Pertofran	Desipramin
Praxiten	Oxazepam
Psyton	Nomifensin + Clobazepam
Saroten	Amitriptylin
Sigaperidol	Haloperidol
Stangyl	Trimipramin
Tavor	Lorazepam
Temgesic	Buprenorphin
Thombran	Trazedon
Tofranil	Imipramin
Tolvin	Mianserin
Tranxilium	Dikaliumclorazepat (-Chlorazepat)
Truxal	Chlorprothixen
Valoron-N	Tilidin + Naloxon
Vesperax	Etodroxizin-dimaleat + Secobarbital + Brallobarbital
Vivalan	Viloxazin

Positivliste für Psychopharmaka*

Die *Therapiefreiheit* des Arztes kann bei der Auswahl eines Arzneimittels immer nur dann reklamiert werden, wenn unter gleich nützlichen Mitteln ausgewählt wird.
Alles andere ware *Therapeutenfreiheit*!

In dieser Liste sind die Mittel aufgeführt, die nach der bisherigen klinischen Forschung und Erfahrung in Klinik und ambulanter Praxis als therapeutisch zweckmäßig bezeichnet werden können.

Diese Positivliste, als Ergebnis eines sechsjährigen Projektes in Bremen, soll die positive Auswahl eines Arzneimittels erleichtern und damit die Therapiefreiheit ergänzen um die *Therapiesicherheit*!

Die Darstellung der Präparate hat als Ordnungskriterium das Indikationsgebiet und die Inhaltsstoffe nach den international gängigen Namen. Unter diesen internationen Freinamen werden dann die jeweiligen Präparate angegeben, die diesen Inhaltsstoff beinhalten.

Tranquilantien

Benzodiazepin-Derivate
Alprazolam
Bromazepam
Camazepam
Chlordiazepoxid
Clobazam
Clotiazepam
Diazepam
Dikalium-Chlorazepat
Ketazolam
Lorazepam
Medazepam
Oxazepam
Prazepam

Hydroxyzin

Antidepressiva

Noxiptilin
Clomipramin
Amitriptylinoxid
Lofepramin
Amitriptylin
Maprotilin
Protriptylin
Nortriptylin
Dibenzepin
Desipramin
Trimipramin
Imipramin
Melitracen

Psychostimulantien
Psychostimulantien sind aus der Sicht der Autoren für Routine-

verordnungen nicht geeignet. Im Verschreibungsfalle wäre eine diagnostische Begründung den Krankenkassen gegenüber notwendig. Daher sollten diese Mittel wegen des großen Risikos einer Suchtentstehung überhaupt nicht in eine Positivliste aufgenommen werden.

Sedativa und Hypnotika

Antihistaminika
Diphenhydramin
Doxylamin
Meclozin

Benzodiazepin-Derivate
Brotizolam
Flunitrazepam
Flurazepam
Lorazepam
Lormetazepam
Nitrazepam
Temazepam
Triazolam

Chloralhydrat

L-Tryptophan

Neuroleptika (Neuroplegika)

Periciazin
Clopenthixol
Fluphenazin
Perphenazin
Droperidol
Pipamperon
Prothipendyl
Dixyrazin
Haloperidol
Melperon
Flupentixol
Oxypertin
Benperidol
Fluspirilen
Sulforidazin
Chlorpromazin
Thioridazin
Levopromazin
Pimozid
Tiotixen
Promazin
Fluanison
Chlorprothixen
Perazin
Alimemazin
Trifluperidol

*Entnommen aus: Gerd Glaeske und Dian Schefold (Hrsg.): Positivliste für Arzneimittel - Projektergebnisse unter Berücksichtigung pharmakologischer, juristischer und ökonomischer Aspekte, Baden-Baden, Nomos Verlagsgesellschaft 1988.
Wir danken Herausgebern und Verlag für die freundliche Abdruckgenehmigung.